Disability Studies zur Einführung

Anne Waldschmidt

Disability Studies zur Einführung

JUNIUS

Junius Verlag GmbH
Stresemannstraße 375
22761 Hamburg
www.junius-verlag.de

Umschlaggestaltung: Florian Zietz
Titelbild: https://commons.wikimedia.org/wiki/File:Guts_from_three_storeys_below_the_city_(331676726).jpg (bearbeitet)
Satz: Junius Verlag GmbH
Printed in the EU 2020
ISBN 978-3-96060-319-1

Bibliografische Information der Deutschen Nationalbibliothek
Die Deutsche Nationalbibliothek verzeichnet diese Publikation in der Deutschen Nationalbibliografie; detaillierte bibliografische Daten sind im Internet über http://dnb.dnb.de abrufbar.

Zur Einführung ...

... hat diese Taschenbuchreihe seit ihrer Gründung 1977 gedient. Zunächst als sozialistische Initiative gestartet, die philosophisches Wissen allgemein zugänglich machen und so den Marsch durch die Institutionen theoretisch ausrüsten sollte, wurden die Bände in den achtziger Jahren zu einem verlässlichen Leitfaden durch das Labyrinth der neuen Unübersichtlichkeit. Mit der Kombination von Wissensvermittlung und kritischer Analyse haben die Junius-Bände stilbildend gewirkt.

Seit den neunziger Jahren reformierten sich Teile der Geisteswissenschaften als Kulturwissenschaften und brachten neue Fächer und Schwerpunkte wie Medienwissenschaften, Wissenschaftsgeschichte oder Bildwissenschaften hervor. Auch im Verhältnis zu den Naturwissenschaften sahen sich die traditionellen Kernfächer der Geisteswissenschaften neuen Herausforderungen ausgesetzt. Diesen Veränderungen trug eine Neuausrichtung der Junius-Reihe Rechnung, die seit 2003 von der verstorbenen Cornelia Vismann und zwei der Unterzeichnenden (M.H. und D.T.) verantwortet wurde.

Ein Jahrzehnt später erweisen sich die Kulturwissenschaften eher als notwendige Erweiterung denn als Neubegründung der Geisteswissenschaften. In den Fokus sind neue, nicht zuletzt politik- und sozialwissenschaftliche Fragen gerückt, die sich produktiv mit den geistes- und kulturwissenschaftlichen Problemstellungen vermengt haben. So scheint eine erneute Inventur der Reihe sinnvoll, deren Aufgabe unverändert darin besteht, kompetent und anschaulich zu vermitteln, was kritisches Denken und Forschen jenseits naturwissenschaftlicher Zugänge heute zu leisten vermag.

Zur Einführung ist für Leute geschrieben, denen daran gelegen ist, sich über bekannte und manchmal weniger bekannte Autor(inn)en und Themen zu orientieren. Sie wollen klassische Fragen in neuem Licht und neue Forschungsfelder in gültiger Form dargestellt sehen.

Zur Einführung ist von Leuten geschrieben, die nicht nur einen souveränen Überblick geben, sondern ihren eigenen Standpunkt markieren. Vermittlung heißt nicht Verwässerung, Repräsentativität nicht Vollständigkeit. Die Autorinnen und Autoren der Reihe haben eine eigene Perspektive auf ihren Gegenstand, und ihre Handschrift ist in den einzelnen Bänden deutlich erkennbar.

Zur Einführung ist in der Hinsicht traditionell, dass es den Stärken des gedruckten Buchs – die Darstellung baut auf Übersichtlichkeit, Sorgfalt und reflexive Distanz, das Medium auf Handhabbarkeit und Haltbarkeit – auch in Zeiten liquider Netzpublikationen vertraut.

Zur Einführung bleibt seinem ursprünglichen Konzept treu, indem es die Zirkulation von Ideen, Erkenntnissen und Wissen befördert.

Michael Hagner
Ina Kerner
Dieter Thomä

Inhalt

Anhang

1. Vorbemerkung

Dass mit ›Behinderung‹ eine schwierige Lebenssituation verbunden ist, erscheint zunächst selbstverständlich. Wir haben uns daran gewöhnt, ›die Behinderten‹ als hilfsbedürftig und abweichend wahrzunehmen. Dass sie anders sind als ›wir Normalen‹, führen wir nicht auf gesellschaftliche Einflüsse zurück, sondern auf die gesundheitliche Beeinträchtigung, die eine objektiv feststellbare Tatsache zu sein scheint. Ob blind, bewegungseingeschränkt, gehörlos, kleinwüchsig, kognitiv beeinträchtigt, psychisch behindert oder verhaltensauffällig: Die Menschen, die ›behindert‹ *werden* (im Sinne sozialer Benachteiligung), *sind* tatsächlich auch ›behindert‹ (im Sinne einer Abweichung von zumeist als ›natürlich‹ betrachteten Körper- oder Gesundheitsnormen) – so jedenfalls lautet der vorherrschende, kaum hinterfragte Deutungszusammenhang. Ausgeblendet wird dabei häufig, dass Beeinträchtigungen und chronische Krankheiten weitverbreitete Lebenserfahrungen darstellen. Im Grunde ist Behinderung – hier verstanden als gesundheitsrelevante, verkörperte Differenz und Kontrastfolie von ›Normalität‹ – nicht die Ausnahme, die es zu kurieren gilt, sondern die Regel, die in ihren vielfältigen Erscheinungsweisen zunächst einfach zu akzeptieren wäre. Ihr dennoch einen Ausnahmestatus zuzuschreiben hat offensichtlich gesellschaftspolitische und kulturelle Gründe.

Nicht nur der Common Sense, sondern auch die mit Behinderung befassten Wissenschaften wie z.B. die Heil- und Sonderpädagogik vermengen häufig drei Ebenen, die analytisch besser zu trennen wären, um den dahinterstehenden Wechselwirkungen auf die Spur zu kommen: die sinnlich wahrnehmbaren Auffälligkeiten, die dazugehörenden Naturalisierungsdiskurse und die entsprechenden Marginalisierungsprozesse. Wenn es um Behinderung geht, fällt außerdem der Anwendungsbezug auf: Während es als selbstverständlich gilt, dass das Studium der Kunstgeschichte, der Philosophie oder der Soziologie umfassender Fachkenntnis und der Theoriearbeit bedarf, scheint bei Behinderung ein komplexes, grundlagentheoretisches Wissen eher entbehrlich, geht es hier doch vornehmlich darum, den betroffenen Menschen zu helfen und sie (wieder) in die Gesellschaft einzugliedern.

Mit diesen Missverständnissen aufzuräumen, das haben sich die Disability Studies vorgenommen. Dem im deutschsprachigen Raum neuen und noch immer eher unbekannten Forschungsfeld geht es um eine reflexiv-moderne, d.h. die Grundlagen des eigenen Denkens und der daran orientierten gesellschaftlichen Praxis hinterfragende, in diesem Sinne kritische Perspektive auf Behinderung. Die Disability Studies verstehen sich als ein widerspenstiges Projekt, als eine Wissenschaft, die sich vorgenommen hat, hergebrachte Sichtweisen zu dekonstruieren und neue Herangehensweisen zu stimulieren. Dabei zeigt die englische Bezeichnung dreierlei an: Erstens verweist sie auf die Zugehörigkeit zu dem entsprechenden internationalen Diskurs, dessen Kommunikation – wie in der Wissenschaft üblich – vornehmlich auf Englisch stattfindet. Zweitens ist mit der Nutzung der Bezeichnung ›disability‹ (anstatt des deutschen Worts Behinderung) ein Verfremdungseffekt intendiert, der eine Unterbrechung gängiger Assoziationsketten bewirken und dazu anregen soll, über das Phänomen neu und anders nachzudenken. Drittens wird damit eine eigene Forschungsperspektive impliziert: Die Disability Studies hinterfragen die sonst gegenüber ›den Behinderten‹ üblichen

Reaktionen der Distanz, des Mitleids oder der Empathie; sie erwarten die Bereitschaft zu unvoreingenommener Betrachtung all der Selbstverständlichkeiten, welche unseren Umgang mit Personen prägen, die als behindert gelten. Die Ausgangsfrage der Disability Studies lautet daher *nicht*: Wie soll die Gesellschaft mit behinderten Menschen umgehen? Vielmehr gilt es, einen Schritt zurückzutreten und grundsätzlicher zu fragen: Wie, warum und wozu wird – historisch, sozial und kulturell – ›Anderssein‹ als Behinderung hergestellt, verobjektiviert und praktiziert?

Die Disability Studies sind keine ›Behinderungsforschung‹ oder gar ›Behindertenwissenschaften‹; eine solche Übersetzung würde ihrem gesellschaftskritischen und grundlagentheoretischen Anliegen nicht gerecht werden. Einen systematischen Einblick in das Forschungsfeld und die ihm eigene Perspektivierung von (Nicht-)Behinderung zu geben, das ist das Anliegen des vorliegenden Bandes. Er will den Einstieg in ein höchst anregendes, interdisziplinäres Forschungsfeld ermöglichen, über zentrale Theorien, Themen und Debatten orientieren, den aktuellen Stand der Forschung bilanzieren und Anstöße zur Weiterentwicklung liefern. Dabei erfolgt eine historische wie auch internationale Schwerpunktsetzung. Mithilfe des historischen Blicks werden die Anfänge und Geschichte(n), mithin die Genealogie der Disability Studies rekonstruiert. Aus der internationalen Ausrichtung ergibt sich, dass über den deutschsprachigen Diskurs hinaus die Debatten in Großbritannien und den USA, den beiden Herkunftsländern der Disability Studies, sowie auch in anderen Weltregionen berücksichtigt werden. Zusätzlich werden mit den Sozialwissenschaften, der Disability History und den Kulturwissenschaften die drei großen Fächergruppen unterschieden, die für die Disability Studies von Bedeutung sind.

Zu Beginn ist außerdem eine Bemerkung zu dem in diesem Band verwendeten Vokabular angebracht. Ähnlich wie mittlerweile die Begriffe ›Ausländer‹ und ›Flüchtling‹ vermieden oder ›Neger‹ als rassistische Äußerung angesehen werden, gilt der Ausdruck ›die Behinderten‹ aus Sicht der Disability Studies als veraltet und inakzeptabel. Diese als stigmatisierend empfundene Bezeichnung reduziert in verobjektivierender Weise die Betroffenen auf ihr Merkmal; damit erhält das Anderssein einen ›master status‹, und andere Facetten der Person wie etwa Geschlecht, Herkunft oder Beruf verschwinden dahinter. Als alternative Bezeichnung wird deshalb in den Disability Studies die Version ›behinderter Mensch‹ benutzt. Mit der Nutzung des Substantivs ›Mensch‹ (wahlweise: Person, Frau, Mann etc.) soll die allgemeine Zugehörigkeit betont werden; das Adjektiv ›behindert‹ impliziert, dass Behinderung nur einen Aspekt von Individualität darstellt und Menschen immer zugleich multiple Zugehörigkeiten haben: Sie sind jung oder alt, weiblich, männlich oder divers, bi-, hetero- oder homosexuell, haben eine weiße, braune oder schwarze Hautfarbe, sind behindert, chronisch krank oder nichtbehindert etc. Während die britischen Disability Studies bevorzugt ›behinderte Menschen‹ (disabled people, disabled persons) benutzen, hat sich in den USA eher die ›People First‹-Argumentation durchgesetzt. Entsprechend der Formulierung ›Menschen mit Migrationshintergrund‹ heißt es dort ›Menschen mit Behinderungen‹ (people with disabilities). Die Pluralform ›disabilities‹ deutet an, dass es eine Vielzahl von Barrieren gibt, die Menschen behindern können. Diese Version wird auch in dem Übereinkommen über die Rechte von Menschen mit Behinderungen der Vereinten Nationen (Convention of the United Nations on the Rights of Persons with Disabilities; im Folgenden Behindertenrechtskonvention oder UN-BRK) verwendet, wobei die englische Fassung dieses Menschenrechtsdokuments nicht von ›people‹, sondern von ›persons with disabilities‹ spricht. Für die regierungsamtliche Übersetzung der Behindertenrechtskonvention ins Deutsche wurde der Ausdruck ›Menschen mit Behinderungen‹ gewählt. Die Terminologie der Konvention hat mittlerweile weite Verbreitung gefunden, obwohl sich die sprachliche Verwendung als sperrig erweist und es zudem die Kritik gibt, dass die Formulierung ›mit Behinderungen‹ zu sehr das Differenzmerkmal betont und man ja auch nicht von Menschen mit männlichem Geschlecht oder lesbischer Sexualität spricht.

Im deutschen Sprachraum sind zusätzlich die Varianten ›Menschen mit Behinderung‹ und ›Menschen mit Handicap(s)‹ verbreitet. Mit den angehängten Substantiven wird die Behinderungszuschreibung jedoch deutlich akzentuiert; sie scheint eine Art ›Rucksack‹ zu sein, den die betroffene Person mit sich herumträgt. Interessant ist, dass ›Menschen mit Blindheit‹ kaum geläufig ist, jedoch ›Menschen mit Down-Syndrom‹ durchaus verwendet wird. International wird ›persons with disability‹ selten benutzt, da damit eher die Beeinträchtigungsebene impliziert ist und dies der Behindertenrechtskonvention nicht entspricht. Außerdem wird in den Disability Studies die Vokabel ›handicap‹ vermieden, da sie im Englischen wegen ihrer problematischen Begriffsgeschichte als Abwertung empfunden wird. Vor diesem Hintergrund werden in dieser Einführung wahlweise die Varianten ›behinderte Menschen‹ und ›Menschen mit Behinderungen‹ benutzt. Gleichzeitig sollte man sich darüber im Klaren sein, dass Sprachhandlungen nur eine Wirklichkeitsebene unter vielen darstellen. In den Disability Studies gibt es beides: aktive ›Sprachpolitik‹ und zugleich auch kritische Stimmen.

Nach dieser Vorbemerkung erfolgt im zweiten Kapitel eine Einladung zu den Disability Studies. Im dritten Kapitel wird eine Weltreise zu den internationalen Disability Studies unternommen, wobei der Schwerpunkt auf den angloamerikanischen und deutschsprachigen Disability Studies liegt. Danach werden im vierten Kapitel die verschiedenen Modelle von Behinderung, die in den Disability Studies benutzt werden, vergleichend dargestellt. Im fünften Kapitel werden die Theorieansätze referiert, und das sechste Kapitel erläutert die methodologischen Debatten und Ansätze der emanzipatorischen und partizipativen Forschung. Schließlich gibt das siebte Kapitel Einblick in die Forschungserträge der interdisziplinären Disability Studies, bevor abschließend im achten Kapitel aktuelle Kontroversen angesprochen werden.

2. Einladung zu den Disability Studies

Wie Peter L. Berger (2017) in seiner *Einladung zur Soziologie* herausstellt, ist jedes wissenschaftliche Fach eine Einladung zu einer bestimmten ›geistigen Welt‹. Damit auch Gäste kommen, die neugierig sind und Lust haben, z.B. die Disability Studies kennenzulernen, braucht es eine konkrete Aufforderung, um Behinderung einmal ganz anders zu denken. Für die deutschsprachigen Disability Studies lieferten nicht wissenschaftliche Publikationen diesen Antrieb, sondern ein Ausstellungsprojekt, das im Deutschen Hygiene-Museum Dresden vor zwanzig Jahren, von Dezember 2000 bis August 2001, stattfand und mit über 170 000 Besuchern zur bestbesuchten und wichtigsten Ausstellung des Museums seit 1990 wurde. Mitveranstaltet von der Aktion Mensch, thematisierten unter dem Titel ›Der (im-)perfekte Mensch. Vom Recht auf Unvollkommenheit‹ vierzehn Abteilungen die historischen und aktuellen Vorstellungen von Behinderung, Normalität und Perfektion. 2002 wurde die Ausstellung im Martin-Gropius-Bau in Berlin – inhaltlich und gestalterisch adaptiert – noch einmal gezeigt. Die zwei begleitenden, internationalen Tagungen gaben das Startsignal für die Rezeption der Disability Studies im deutschsprachigen Raum (Lutz et al. 2003). Wie sich seither der Diskurs hierzulande entwickelt hat und wo man die Disability Studies in anderen Ländern und Regionen findet, wird Gegenstand des dritten Kapitels sein. Zuvor geht es darum, die Denk- und Arbeitsweise des Forschungsfelds vorzustellen. Zu Beginn werden die Disability Studies im Vergleich zu anderen, ebenfalls mit Behinderung befassten Disziplinen im akademischen Feld verortet; anschließend wird die Geschichte des Behinderungsbegriffs skizziert, und es erfolgt eine Reflexion über Behinderung als analytische Kategorie.

2.1 Disability Studies im akademischen Feld: Standortbestimmung

Bereits die nordamerikanische Aktivistin und Autorin Simi Linton (1998, 135–136) hat darauf hingewiesen, dass es sinnvoll ist, Disability Studies von »Not-Disability-Studies« zu unterscheiden. Schließlich gibt es nicht nur einzelne Disziplinen, sondern ganze Fächergruppen, die seit Jahrzehnten zum Thema Behinderung forschen und lehren. Insofern stellt sich die Frage, wie sich eine Abgrenzung vornehmen lässt und welcher zusätzliche Erkenntnisgewinn mit den Disability Studies verbunden ist. Um zwischen Disability Studies und Not-Disability-Studies zu differenzieren, werden im Folgenden die Unterschiede zwischen den traditionellen Zugängen und den Disability Studies erläutert.

Tatsächlich hat die akademische Beschäftigung mit Fragen, die heute im Kontext von Behinderung behandelt werden, eine jahrhundertelange Tradition; jedoch entwickelte sich erst ab Ende des 19. Jahrhunderts ein entsprechender Spezialdiskurs. Zunächst haben sich Theologie und Philosophie, Anthropologie und Ethik, Medizin und Humangenetik bzw. Eugenik sowie Psychiatrie und Psychologie jeweils getrennt mit behinderungsrelevanten Themenstellungen befasst; dabei benutzte jede Wissenschaft ihren eigenen Zugang. Auch gegenwärtig wird das Thema in den genannten Fächern bearbeitet.

Die *Theologie* fragt beispielsweise nach dem religiösen Sinn gesundheitlicher Beeinträchtigungen und geht im Umgang mit behinderten Menschen von den Gedanken der Caritas und Diakonie aus. Die *Philosophie* problematisiert im Zusammenhang mit Behinderung zentrale Werte und normative Begriffe wie Menschenwürde, Autonomie und Gerechtigkeit; in der *Anthropologie* wird nach dem Menschsein angesichts eines verletzlichen Körpers gefragt, und die *Ethik* geht davon aus, dass mit Behinderung Vorstellungen vom guten Leben auf den Prüfstand gestellt werden. Während in der *Humangenetik*, deren Vorläufer die *Eugenik* war, welche in Deutschland zur nationalsozialistischen Rassenhygiene führte, die Vererbung angeborener Beeinträchtigungen im Mittelpunkt steht, beschäftigt man sich in der *Medizin* mit der Anamnese, Diagnostik, Prävention und Therapie von chronischen Erkrankungen. Gleiches gilt für die *Psychiatrie*, die ihren Schwerpunkt auf psychische Krankheiten legt. Daneben befasst sich die *Psychologie* sowohl mit kognitiven Störungen als auch mit der psychischen Verarbeitung gesundheitlicher Beeinträchtigung. In all diesen Fächern können auch Disability Studies betrieben werden (z.B. Jelinek-Menke 2020; Dederich/Seitzer 2021; Zander 2021). Gleichzeitig unterscheidet sich der jeweilige fachspezifische Blick deutlich von ihrem Anspruch, das Differenzverhältnis (Nicht-)Behinderung neu und gesellschaftskritisch zu denken. Die traditionellen Diskurse sind vornehmlich an Problemlösung interessiert; sie gehen überwiegend von der Situation des betroffenen Individuums und einem Defizitmodell von Behinderung aus.

Ein distanziertes Verhältnis unterhalten die Disability Studies insbesondere zur *Heil- und Sonderpädagogik*, die als die für behinderte Menschen vornehmlich zuständige Disziplin gilt (Möckel 1988; Ellger-Rüttgardt 2008). Unter Bezugnahme auf Wissensbestände aus Theologie und Philosophie, Anthropologie und

Ethik, Medizin, Psychiatrie und Psychologie und ausgehend von ersten Bildungsbemühungen bei blinden und gehörlosen Kindern ab dem 16. Jahrhundert entwickelt sich im Zeitalter der Aufklärung eine pädagogische Praxis für (sinnes-)beeinträchtigte und lernschwache Kinder. Im späten 19. Jahrhundert wird das Fach wissenschaftlich begründet; von Anfang ist es interventionistisch orientiert und zielt auf die pädagogische Förderung und Behandlung von Entwicklungsstörungen ab. Vorangetrieben durch die Heil- und Sonderpädagogik, entsteht bis zum Beginn des 20. Jahrhunderts ein segregierendes Anstalts- und Sonderschulwesen, das den Anspruch erhebt, Kindern und Jugendlichen mit Lern- und Entwicklungsproblemen eine bedarfsgerechte, spezialisierte Bildung anzubieten, ihnen zu Erwerbstätigkeit zu verhelfen und sie in Heimen zu betreuen. Trotz der Verstrickung mit der nationalsozialistischen Rassenhygiene gelingt es der Heil- und Sonderpädagogik, sich nach 1945 wieder zu etablieren; in den 1960er und 1970er Jahren befördert sie den Ausbau der Sonderschulen und erreicht die eigene Akademisierung. Im Laufe des späten 20. Jahrhunderts kommt es zwar entlang der neuen Leitgedanken Normalisierung, Integration und Empowerment zu konzeptionellen Umorientierungen. Allerdings orientiert sich die Heil- und Sonderpädagogik, die je nach inhaltlicher Ausrichtung auch Behindertenpädagogik, Rehabilitationspädagogik oder Förderpädagogik genannt wird, weiterhin am Sonderschulwesen. Entsprechend den schulischen Förderschwerpunkten – z.B. Lernen, Sprache, geistige Entwicklung, emotionale und soziale Entwicklung etc. – unterteilt sich das Fach auch heute noch in eine Reihe von Subdisziplinen. Seit Beginn des 21. Jahrhunderts stehen das Sonderschulwesen und somit auch der Fachdiskurs wegen der Forderung nach inklusiver Bildung und Erziehung verstärkt unter Modernisierungsdruck. Entsprechend versucht man, sich in jüngerer Zeit als

Integrationspädagogik bzw. Inklusive Pädagogik neu aufzustellen.

Aus historischen wie auch prinzipiellen Gründen halten die Disability Studies Abstand von der Heil- und Sonderpädagogik, die bei der Institutionalisierung von Aussonderung und Stigmatisierung eine treibende Kraft war und eher Zurückhaltung zeigt, wenn es um die Umsetzung der schulischen Inklusion geht. Von etwas weniger Distanz ist das Verhältnis zu einer weiteren helfenden Profession geprägt. Das Fachgebiet der *Sozialen Arbeit* (früher: Sozialarbeit und Sozialpädagogik) entstand im Zusammenhang mit der ›sozialen Frage‹ im Zuge der Industrialisierung des 19. Jahrhunderts. Traditionell ist es mit vulnerablen und marginalisierten Gruppen wie etwa Armen und Wohnungslosen befasst und adressiert deshalb auch behinderte Menschen. Als wissenschaftlicher Diskurs während der Weimarer Republik begründet, konzentriert sich die Soziale Arbeit heute auf die außerschulischen Lebensbereiche wie Ausbildung und Beruf, Wohnen und Freizeit; ihre Klientel sind vorzugsweise junge und erwachsene Menschen. Im Kontext der 1968er-Bewegung hat in der jüngeren Geschichte der Sozialen Arbeit die Gesellschafts- und Wissenschaftskritik eine größere Rolle gespielt. Politisch links eingestellte Sozialarbeiter und Sozialarbeiterinnen sympathisierten beispielsweise mit der Behindertenbewegung der 1970er und 1980er Jahre. Auch gegenwärtig zeigt sich das Fach für die Disability Studies aufgeschlossen, wenngleich die helfende und interventionsorientierte Perspektive in der Sozialen Arbeit weiter einen großen Stellenwert einnimmt (Wesselmann 2021).

In den 1980er Jahren entwickelte sich mit den *Rehabilitationswissenschaften* ein weiteres Fachgebiet, das sich um einen mehrdimensionalen, nämlich medizinischen, schulischen, beruflichen und sozialen Rehabilitationsbegriff gruppiert. Die Rehabilitationswissenschaften sind sowohl klinisch-medizinisch als auch sozial- und behindertenpädagogisch ausgerichtet und umfassen darüber hinaus Gesundheits-, Pflege- und Versorgungswissenschaften, Sozialpolitik- und Wohlfahrtsstaatsforschung sowie die Rechtswissenschaft. Mit Bezug auf das in Deutschland nach den beiden Weltkriegen geschaffene und ab den 1970er Jahren erheblich ausgebaute Rehabilitationssystem geht es insbesondere darum, rehabilitative Maßnahmen, Einrichtungen und Angebote zu untersuchen, zu evaluieren und zu gestalten. Was Inhalte und Themen betrifft, gibt es eine Reihe von Überschneidungen mit den Disability Studies; jedoch weisen diese das Konzept der Rehabilitation als im Kern medizinisch-therapeutisch, individualistisch und defizitorientiert, somit als verkürzt zurück. Sie kritisieren auch die immer noch vorhandene Dominanz fachlicher Expertise in der Rehabilitation und verfolgen stattdessen eine an den Betroffenen orientierte Forschung und Lehre.

Vornehmlich durch die bereits erwähnte Behindertenrechtskonvention inspiriert, haben die Leitlinien der Inklusion und Partizipation in den letzten Jahren zur Bildung weiterer, quer zu den etablierten Disziplinen liegender Fachgebiete, nämlich der *Inklusions- und Teilhabeforschung* geführt. Während die Inklusionsforschung bislang thematisch vor allem Fragen der schulischen Inklusion bearbeitet, also einen inklusionspädagogischen Fokus hat, ist es der Teilhabeforschung gelungen, sich breiter aufzustellen und zu vernetzen. 2015 gründete sich in Deutschland ein entsprechendes bundesweites Aktionsbündnis, das neben der traditionellen Rehabilitationsforschung auch die Disability Studies zu seinen Mitgliedern zählt. Im expliziten Anschluss an die UN-BRK geht es der inter- und transdisziplinären Teilhabeforschung darum, Forschung, Entwicklung und Datensammlung im Interesse von Menschen mit Behinderungen und im Einklang mit den Prinzipien Partizipation, Inklusion, Barrierefreiheit und Gleichstellung durchzuführen. Beide Ansätze eint die Bezugnahme auf die Behindertenrechtskonvention und die Zielsetzung der partizipativen Forschung. Gleichzeitig sind die Disability Studies mehr als nur teilhabeorientierte Forschung.

Neben der Praxisrelevanz geht es ihnen auch um eine grundlagentheoretische Perspektive und um Gesellschaftskritik. Außerdem verstehen die Disability Studies Behinderung vornehmlich ungleichheitstheoretisch, nämlich als eine kontingente Kategorie, die höchst unterschiedliche Attribute mit Marginalisierung und Exklusion verknüpft. Sie untersuchen, wie Normalität und Anderssein historisch entstehen, sich zu Wissensbeständen verdichten, mit anderen Ungleichheiten intersektional verknüpfen und soziales Handeln bestimmen. Dabei werden Begriffe wie Vernunft, Menschenwürde, Gleichheit, Autonomie und Solidarität, die für das Selbstverständnis der Gegenwartsgesellschaft zentral sind, kritisch betrachtet. Aus diesem Grund sind die Disability Studies auch breiter aufgestellt als die anderen erwähnten Fachgebiete. Sie nutzen nicht nur Ansätze der Sozial- und Verhaltenswissenschaften, sondern auch das Repertoire der Geistes- und Kulturwissenschaften und unterhalten produktive Beziehungen zu verschiedenen anderen Studien, etwa den Gender und Queer Studies (vgl. 7.4).

In den letzten Jahrzehnten ist es den Disability Studies gelungen, sich ein deutlich konturiertes Profil zu erarbeiten; zugleich haben die zum Ende des 20. Jahrhunderts entwickelten Leitlinien der Inklusion, Partizipation und Gleichstellung zu einem veränderten Umgang mit behinderten Menschen geführt. Als eine Folge hat sich auf internationaler Ebene verstärkt eine sozialwissenschaftliche Forschung zu Behinderung etabliert. Mit der an der UN-BRK ausgerichteten Teilhabe- und Inklusionsforschung etabliert sich auch hierzulande ein moderneres, ebenfalls interdisziplinäres Forschungsfeld zu Behinderung. Um die weiterhin bestehenden Unterschiede in den Perspektivierungen zu markieren, wird im Englischen zwischen allgemeiner sozial- und kulturwissenschaftlicher Forschung zu Behinderung, der *Disability Research* einerseits, und den (Critical) Disability Studies andererseits unterschieden. Um eben diese kritischen Studien zu Behinderung geht es in dieser Einführung.

Halten wir fest: Einerseits ist es nötig und möglich, eine Trennlinie zu bestimmen zwischen den Disability Studies, die Behinderung als soziales, politisches, historisches und kulturelles Phänomen erforschen, und »den angewandten Wissenschaften [...], die ihrem Selbstverständnis und ihrem gesellschaftlichen Auftrag nach auf Intervention, Therapie, Förderung, Kompensation usw. hin angelegt sind« (Dederich 2007, 52). Andererseits gibt es Überlappungen, und die Grenzen sind fließend. Entsprechend argumentiert der schwedische Soziologe Mårten Söder (2009, 67), dass es eine *weite* und eine *enge* Definition von Disability Studies gebe. Das enge Verständnis verbinde das Forschungsfeld mit der Behindertenbewegung, mit der weiten Definition sei dagegen die Disability Research gemeint. Während Söder für den weiten Begriff plädiert, wendet diese Einführung ein engeres, konturierteres Verständnis von Disability Studies an und begreift diese als gesellschaftskritische, bewegungsorientierte Perspektive.

Hilfreich für die eigene Orientierung ist außerdem die Unterscheidung zwischen *expliziten* und *impliziten* Disability Studies (Rioux/Bach 1994, xi). Damit ist gemeint, dass viele Arbeiten, zumal in der frühen Entwicklungsphase der 1980er und 1990er Jahre, im Sinne der Disability Studies argumentieren und insofern eine Wahlverwandtschaft zeigen; oftmals werden jedoch die Disability Studies – ob aus Unkenntnis oder anderen Gründen – nicht ausdrücklich erwähnt. Vor allem in Ländern und Regionen wie etwa China, Osteuropa, der Türkei oder im arabischen Sprachraum, in denen eine Etablierung des Forschungsfelds noch kaum erfolgt ist, findet man verschiedene Beiträge, die sowohl thematisch als auch methodologisch zu den Disability Studies zu zählen sind, auch wenn sie selbst diesen Bezug nicht explizit herstellen. Die oben entwickelten Kriterien bieten zwar eine Wegweisung. Letztlich erfolgt die Zuordnung einzelner Arbeiten aber subjektiv und ist insofern immer nur vorläufig.

2.2 Behinderung: eine soziale Konstruktion

Anstatt die Disability Studies von anderen Wissenschaften abzugrenzen, um ihr Alleinstellungsmerkmal zu bestimmen, kann man auch einen anderen Weg gehen. Fraglich ist nämlich, ob die erwähnten Wissensgebiete überhaupt auf den gleichen Untersuchungsgegenstand fokussieren. Im Kern geht es um die zentrale Frage, was genau unter Behinderung bzw. Disability zu verstehen ist.

Ob Heil- und Sonderpädagogik, Soziale Arbeit, Rehabilitationswissenschaften oder Teilhabeforschung – all diese Fachdiskurse beanspruchen, relevantes Wissen bereitzustellen. Zugleich unterstellen sie, dass es so etwas wie Behinderung als unumstößliche Tatsache tatsächlich gibt. An dieser Stelle zeigt sich ein wesentlicher Unterschied zwischen den Not-Disability-Studies und den Disability Studies: Letztere setzen eben nicht voraus, dass Behinderung eine einfache Tatsache darstellt; vielmehr fordern sie dazu auf, von der Kontingenz der Differenzkategorie auszugehen und nach deren historisch entstandenen, kulturell variablen und gesellschaftlich spezifischen Konstruktionsweisen zu fragen. In diesem Sinne soll im Folgenden die Genealogie des Behinderungsbegriffs nachvollzogen werden.

In dem von Jacob und Wilhelm Grimm begründeten *Deutschen Wörterbuch* heißt es im ersten, 1854 veröffentlichten Band auf

Seite 1341 unter dem Stichwort »behindern«: »verhindern: wart ich daran behindert« und – als weiteres Anwendungsbeispiel – »um uns das vorrücken zu behindern«. Unter dem Substantiv »Behinderung« wird als Erläuterung »Häusliche Behinderung« angegeben. Sprachgeschichtlich handelt es sich bei Behinderung also um die Substantivierung des Verbes ›behindern‹; bis Mitte des 19. Jahrhunderts wird die Vokabel wortwörtlich als Synonym für ›Hindernis‹ oder ›Blockade‹ benutzt, gesundheitliche Beeinträchtigungen werden noch nicht damit bezeichnet.

Auch wenn eine Gesamtdarstellung noch fehlt, zeigen verschiedene Arbeiten der deutschsprachigen Disability History (z.B. Schmuhl 2010; Diehl/Hansen 2017), dass über einen langen historischen Zeitraum, von der Frühgeschichte bis anfangs des 20. Jahrhunderts, Behinderung als Bezeichnung für physische, psychische und kognitive Differenzen nicht verwendet wurde. Stattdessen wurden die entsprechenden Personengruppen jeweils beeinträchtigungsspezifisch benannt. So bürgerten sich die Bezeichnungen ›Idioten‹, ›Schwachsinnige‹ und ›Schwachbegabte‹ für Menschen ein, die wir heute als ›geistig behindert‹ bezeichnen. Bei Sinnesbeeinträchtigungen benutzte man die Ausdrücke ›Blinde‹ oder ›Taubstumme‹; Menschen mit körperlich wahrnehmbaren Auffälligkeiten wurden als ›Krüppel‹ oder ›Invalide‹ und psychisch kranke Menschen als ›Irre‹ bezeichnet. Diese Begriffe waren zum Teil sachlich-beschreibend, zum Teil wurden sie in stark abwertendem und diskriminierendem Sinne gebraucht. Erst zu Beginn des 20. Jahrhunderts lässt sich ein Wandel in den Zuschreibungen und Bewertungen von Beeinträchtigungen beobachten.

1906 wurde die erste Zählung jugendlicher ›Krüppel‹ in Preußen durchgeführt. Im Rahmen dieser statistischen Erfassung wurde Krüppel definiert als »ein in dem Gebrauch seines Rumpfes oder seiner Gliedmassen *behinderter* Kranker« (Biesalski 1911, 13;

Hervorh. A.W.). Bei dieser Gelegenheit fand der Behinderungsbegriff – zunächst noch als Adjektiv und kaum bemerkt – Eingang in die sozialpolitische Terminologie. Die im damaligen Deutschen Kaiserreich neu entstehende Krüppelfürsorge stellte den Krüppelbegriff in den Mittelpunkt, obwohl dieser bereits damals auch abwertend gebraucht wurde. Sie konstruierte ›Verkrüppelung‹ als soziales und ökonomisches Problem, das mittels stationärer Unterbringung der Betroffenen, orthopädisch-chirurgischer Behandlung, (Wieder-)Herstellung körperlicher Funktionen, Berufsausbildung und Erwerbsarbeit gelöst werden sollte (Osten 2004).

Anschließend dauerte es noch bis in die 1920er Jahre, bis sich das Adjektiv ›behindert‹ als Bezeichnung beeinträchtigter Menschen allmählich verbreitete. Dabei kombinierte man zunächst das Adjektiv vornehmlich mit ›körperlich‹ oder ›Körper‹. Maßgeblichen Anteil an dieser Begriffsverwendung hatte vermutlich der 1919 in Berlin gegründete Bund zur Förderung der Selbsthilfe der körperlich Behinderten. Im Umfeld dieser Vereinigung favorisierte man die Substantivierung des Adjektivs ›behindert‹ als Alternative zu der als stigmatisierend empfundenen Bezeichnung Krüppel, die auch in der Amtssprache der Weimarer Fürsorgepolitik noch gängig war (Fuchs 2001; Schmuhl 2010). Der Selbsthilfebund verstand sich als Interessenvertretung der körperlich Behinderten und beabsichtigte mit dem Behinderungsbegriff eine größere gesellschaftliche Anerkennung. Dessen ungeachtet wurde 1920 das Preußische Krüppelfürsorgegesetz erlassen, das vornehmlich die Armen unter den ›Zivilbehinderten‹ adressierte; im gleichen Jahr nahm sich der Weimarer Wohlfahrtsstaat außerdem der kriegsverletzten Soldaten und Arbeits- und Unfallverletzten an, vermied dabei aber den Krüppelbegriff und setzte für diese Personengruppen das sogenannte Schwerbeschädigtengesetz in Kraft.

Im Nationalsozialismus fanden die Wörter ›Behinderte‹ und ›behindert‹ erstmals Eingang in die Rechtssprache. Das Gesetz zur Vereinheitlichung des Gesundheitswesens (1934) definierte »körperlich Behinderte« als eine Personengruppe, deren Fürsorge den staatlichen Gesundheitsämtern übertragen wurde (Schmuhl 2010, 68). Zusätzlich wurde im Reichsschulpflichtgesetz von 1938 mit dem neuen Paragrafen »Schulpflicht geistig und körperlich behinderter Kinder« der Besuch der Sonderschule reichseinheitlich geregelt (ebd., 72), wobei auch die Möglichkeit einer Zurückstellung vom Schulbesuch aufgrund einer geistig und körperlich nicht genügenden Entwicklung vorgesehen wurde.

Die Nationalsozialisten nutzten wahrscheinlich den eher abstrakten Behinderungsbegriff, weil sich so unterscheiden ließ zwischen den bildungsfähigen ›Behinderten‹, deren (beschränkte) Einsatzfähigkeit auf dem Arbeitsmarkt als möglich galt, und den ›Krüppeln‹ und ›Idioten‹, die aus rassenhygienischer Sicht als minderwertig und nutzlos angesehen wurden. Nachdem der Behinderungsbegriff in den 1930er Jahren Eingang in die deutsche Gesundheits- und Bildungspolitik gefunden hatte, wurde er bald in anderen Bereichen, wie etwa der Sonderpädagogik, ebenfalls aufgegriffen.

Nach dem Ende des Nationalsozialismus, während dessen Herrschaft viele behinderte Menschen Opfer von Zwangssterilisation und Euthanasie geworden waren, und in der Nachkriegszeit differenzierte sich mit der Gründung der beiden deutschen Staaten 1949 die Sprachpraxis entsprechend den unterschiedlichen ideologischen Ausrichtungen aus. Während in der DDR (Barsch 2016; Scharf et al. 2019) der Begriff der Schädigung bevorzugt wurde und die Entwicklung der sozialistischen Persönlichkeit als offizielles Ziel der Rehabilitationspädagogik galt, wählte man in der westdeutschen Gesetzgebung für die Gruppe der Kriegs- und Arbeitsunfallopfer erneut die frühere Bezeichnung Schwerbeschädigte; für sie galt ab 1953 das nach dem Weimarer Vorbild konzipierte Schwerbeschädigtengesetz.

Zusätzlich hielt man in der Bundesrepublik bis in die 1950er Jahre hinein am Krüppelbegriff fest, um damit vor allem die ›Zivilbehinderten‹ zu bezeichnen. Kritik kam wiederum von den Organisationen körperbehinderter Menschen, die sich »von der Verbannung des Wortes ›Krüppel‹ aus der Fach-, Amts- und Umgangssprache eine Statusaufwertung«, eine Verringerung des Abstandes zu der relativ privilegierten Gruppe der ›Kriegsbeschädigten‹ sowie eine »deutliche Abgrenzung« gegenüber Menschen mit geistigen Behinderungen oder psychischen Erkrankungen versprachen (Schmuhl 2010, 85). Im Unterschied zu den 1920er Jahren fand diesmal die Stimme der Betroffenen Gehör. Die Novellierung des Fürsorgerechts, die ab Ende der 1950er Jahre in Angriff genommen wurde, brachte mit dem Körperbehindertengesetz von 1957 eine begriffliche Erneuerung. In das 1961 neu geschaffene Bundessozialhilfegesetz (BSHG) wurde schließlich als ein eigenes Kapiel die ›Eingliederungshilfe für Behinderte‹ aufgenommen. Damit wurden vornehmlich beeinträchtigte Kinder und ihre Familien adressiert. Zwar blieb Behinderung ein unbestimmter Rechtsbegriff, jedoch hatte das BSHG wesentlichen Anteil daran, dass der Begriff im Laufe der 1960er Jahre nicht nur in der Rechtssprache, sondern auch in anderen Diskursen gängig wurde.

Für die Begriffsgeschichte ist außerdem die Reformära der ersten sozialliberalen Regierungskoalition von Bedeutung (Bösl 2009). Mit dem Schwerbehindertengesetz, das 1974 das alte Schwerbeschädigtengesetz ablöste, wurde Behinderung neu definiert und der Adressatenkreis erweitert. Zumindest in Westdeutschland wurde der Behinderungsbegriff fortan zu einer Differenzkategorie, die sowohl im Sozialrecht als auch in Wissenschaft und Alltagskultur zunehmend Verbreitung fand. Nicht mehr die Ursache, etwa eine Kriegsverletzung, ein Arbeitsunfall oder ein ›Geburtsfehler‹, sondern die Beeinträchtigung als solche, ob körperlich, geistig oder seelisch behindert, eröffnete nun den Zugang zu Schutzrechten, Nachteilsausgleichen und Rehabilitationsleistungen. Damit rückte man von der unterschiedlichen Bewertung der verschiedenen Beeinträchtigungsformen ab, und in der Folgezeit verschwand auch der Begriff Schwerbeschädigung – zumindest in Westdeutschland – aus dem Sprachgebrauch. Gleichzeitig wurde davon ausgegangen, dass die mit (Schwer-) Behinderung einhergehende, mittels medizinischer Gutachten und Behördenbescheids zuerkannte ›Minderung der Erwerbsfähigkeit‹ oder – seit 1986 neutraler formuliert – der ›Grad der Behinderung‹ einen ›regelwidrigen körperlichen, geistigen oder seelischen Zustand‹ voraussetze, der für das jeweilige Lebensalter untypisch sei und mindestens sechs Monate andauere. Mit der im Laufe der 1970er Jahre vorgenommenen sozialrechtlichen Ausweitung des Rehabilitationsanspruchs auf einen Personenkreis, der noch nicht behindert, jedoch von einer Behinderung bedroht war, diffundierte außerdem die Trennlinie. Einerseits wurde die Inanspruchnahme von Rehabilitationsleistungen im statistischen Sinne normal, andererseits blieben ›die Behinderten‹ eine marginalisierte Randgruppe.

Zum Ende der 1970er Jahre formierte sich außerdem in Westdeutschland die Behindertenbewegung, die mehrere Stränge ausbildete, von denen sich die sogenannte Krüppelbewegung als radikalster Arm verstand (Mürner/Sierck 2009; Köbsell 2012; Lingelbach/Stoll 2013; Stoll 2017). In Bremen, Hamburg und anderen Orten gründeten behinderte Menschen ›Krüppelgruppen‹, in denen Nichtbehinderte nicht zugelassen waren. Den alten Krüppelbegriff benutzten sie für die offensive Selbststigmatisierung, um auf den von Segregation, Diskriminierung und halbherziger Integration geprägten gesellschaftlichen Umgang mit behinderten Menschen aufmerksam zu machen. Mit dem programmatischen ›Krüppelstandpunkt‹ und der Forderung nach Selbstvertretung formulierten sie Positionen, die denjenigen der britischen und US-amerikanischen Behindertenbewegungen sehr nahekamen (vgl. 4.3, 4.4 und 6.1).

In der nicht abgeschlossenen Begriffsgeschichte spielt in jüngerer Zeit die offizielle Politik auf internationaler Ebene eine entscheidende Rolle (Barnes 2020); zur Konzeptionalisierung der englischen Vokabel ›disability‹ und zum heutigen Verständnis des deutschen Behinderungsbegriffs hat sie wesentlich beigetragen. So entwickelte die Weltgesundheitsorganisation (WHO) 1980 mit der Classification of Impairments, Disabilities and Handicaps (ICIDH) erstmalig ein umfassendes Behinderungsmodell, das den Anspruch auf weltweite Geltung erhob. Da dabei jedoch an einem Kausalansatz festgehalten wurde, nach dem Schädigungen die eigentliche Ursache und Benachteiligungsprozesse lediglich eine Folge sein sollten, stieß die Klassifikation auf breite Kritik (Barnes 2020, 18). Die überarbeitete Version – die seit 2001 geltende International Classification of Functioning, Disability and Health (ICF) – benutzt einen komplexen, matrixähnlichen Ansatz, der die Multifaktorialität und Vielschichtigkeit des Behinderungsgeschehens stärker berücksichtigt (WHO 2001). Gleichzeitig wurde die Terminologie modernisiert: ›Disability‹ (Behinderung) ist zur übergeordneten Kategorie geworden, und ›impairment‹ (Beeinträchtigung) wird im medizinischen Sinne benutzt; auf das Wort ›handicap‹ wird verzichtet, da es im Englischen abwertende Konnotationen besitzt. Dessen ungeachtet wird auch die ICF in den Disability Studies kritisch betrachtet (Barnes 2020, 22).

Schließlich verbindet sich mit der Behindertenrechtskonvention der Vereinten Nationen ein weiterer Schritt in Richtung Modernisierung und weltweite Geltung des Behinderungsbegriffs. Bei der Erarbeitung der UN-BRK, bei der Aktivistinnen und Aktivisten der internationalen Behindertenbewegung maßgeblich beteiligt waren, wurde bewusst auf eine genaue Definition verzichtet. Stattdessen heißt es: »[...] disability is an evolving concept and [...] results from the interaction between persons with impairments and attitudinal and environmental barriers that hinders their full and effective participation in society on an equal basis with others« (Preamble e, UN 2006). Diese Formulierung ermöglicht es, Behinderung als dynamisches Geschehen zu fassen und die vielfältigen Wechselwirkungen zwischen Beeinträchtigungen und Barrieren als Behinderung zu verstehen. Zudem wird berücksichtigt, dass Menschen zu verschiedenen Zeitpunkten, in verschiedenen Situationen und in sehr unterschiedlicher Weise von einer Vielzahl ›be-hindernder‹ Barrieren betroffen sein können.

Die Herausforderung dieser Konzeptionalisierung, die seit der Verabschiedung der UN-BRK in 2006 Bestandteil des internationalen Rechts ist, besteht darin, dass in vielen Ländern, die sich – wie Deutschland, Österreich und die Schweiz – dazu entschieden haben, die Behindertenrechtskonvention rechtsverbindlich anzuerkennen, weiter gesetzliche und administrative Regelungen existieren, die den Begriff Behinderung sehr eng, eher statisch und zudem medizinisch fassen. Gleichzeitig lassen sich auch hierzulande Bedeutungsverschiebungen in Politik und Recht feststellen, die in Richtung des internationalen Diskurses deuten und langfristig darauf hinauslaufen könnten, dass sich das Verständnis von Behinderung im Alltag wiederum verändert. Begonnen hat dieser Prozess bereits vor der Verabschiedung der UN-BRK.

So wurde 2001 in Deutschland das aus den 1970er Jahren stammende Schwerbehindertenrecht grundlegend überarbeitet. Damit verbunden war eine Neufassung des Behinderungsbegriffs, bei der nicht mehr von einem ›regelwidrigen körperlichen, geistigen oder seelischen Zustand‹ ausgegangen, sondern normative Implikationen abgeschwächt und der Gesellschaft eine bedeutendere Rolle im Behinderungsgeschehen zugeschrieben wurden. Als vorläufig letzter Meilenstein der rechtlichen Begriffsgeschichte von Behinderung gilt seit 2018 ein nochmals überarbeiteter Behinderungsbegriff, der sich mit der Behindertenrechtskonvention nahezu deckt. Neben die bereits seit 2001 etablierten Schlüsseldimensionen der Abweichung vom ›für das Lebensalter typischen Zustand‹ und der gesellschaftlichen ›Teilhabe‹, die nun als ›gleichberechtigt‹ näher bestimmt wird, sind – entsprechend der UN-BRK – als neue Aspekte die ›Wechselwirkung‹ und die ›einstellungs- und umweltbedingten Barrieren‹ getreten.

Wir können festhalten: In den letzten hundert Jahren hat das Wort Behinderung als Bezeichnung einer Differenzkategorie eine erfolgreiche Karriere erlebt; gleichzeitig fand ein allmählicher Bedeutungswandel statt. Herausarbeiten lassen sich fünf Entwicklungstendenzen, die in der jüngeren Begriffsgeschichte beobachtet werden können: Erstens haben Barrieren und Umweltfaktoren deutlich an Gewicht gewonnen. In mehreren Schritten trat die Orientierung an der Medizin in den Hintergrund, ohne allerdings völlig an Relevanz zu verlieren, und die gesellschaftliche Teilhabe rückte in den Mittelpunkt. Zweitens sind Bemühungen um eine neutrale, möglichst nicht abwertende Terminologie augenfällig. Während man sich zunächst nicht scheute, mit Vokabeln wie Krüppel, Schwerbeschädigung, Regelwidrigkeit etc. zu hantieren, geht es in jüngster Zeit darum, möglichst wertneutrale Beschreibungen zu entwickeln, die es gleichzeitig zulassen, Behinderung als soziales Problem anzuerkennen. Drittens lässt sich eine Strategie der Ausweitung des Behinderungsfelds erkennen. Immer mehr Personengruppen sind seit Mitte des 20. Jahrhunderts in dieses Feld einbezogen worden, indem weitere Beeinträchtigungsformen als Behinderungen definiert sind: zuerst die körperlich wahrnehmbaren Unterschiede, dann die Sinnesbeeinträchtigungen und dic sogcnannten geistigen Behinderungen, schließlich längerfristige psychische Erkrankungen. Viertens ist die Scheidelinie zwischen Behinderung und Nichtbehinderung im Laufe der Zeit immer elastischer geworden. Wie das Beispiel der Behindertenrechtskonvention zeigt, geht es nicht mehr um eine starre Grenzziehung zwischen dem, was als normal, und dem, was als abweichend gilt. Stattdessen wird ein Feld gradueller Differenzierung angenommen, bei dem die als Behinderung bezeichneten Abweichungen sich in Abhängigkeit von situativen und funktionalen Gegebenheiten, je nach der Lebensphase oder auch im Wechselspiel mit anderen (wie etwa genderspezifischen) Zuschreibungen unterschiedlich auswirken. Fünftens lässt sich schließlich ein Trend zur Universalisierung und weltweiten Standardisierung des Begriffs beobachten. Indem Behinderung zum Gegenstand internationaler Politik wurde, mit den Vereinten Nationen und ihren Sonderorganisationen (z.B. der WHO) als zentrale Akteure, ist eine Entwicklung in Gang gekommen, die behinderte Menschen zu einer globalen Personenkategorie werden lässt. Wie sehr die internationalen Normen bereits greifen, zeigt sich in der 2018 erfolgten Anpassung der Begriffsbestimmung im deutschen Sozialrecht.

Die Genealogie von Behinderung als gesellschaftlich relevanter Differenzkategorie zeigt, dass es verschiedener Diskurse, Akteure und Praktiken bedarf, um aus einem allgemeinen, eher ›harmlosen‹ Wort ein Unterscheidungsmerkmal werden zu lassen, bei dem sich Assoziationen wie unfähig, schwach, leidend und hilfsbedürftig geradezu aufdrängen, gezielte Interventionen aus Medizin, Recht und Pädagogik von vorneherein als legitim erscheinen und Diskriminierung, Exklusion und Marginalisierung als quasi ›natürliche‹ Begleiterscheinungen wie selbstverständlich mitgedacht werden.

2.3 Behinderung: eine analytische Kategorie

Wählt man eine historische Perspektive, stellt man also fest, dass die Praxis, körperliche, sinnliche, kognitive und psychische Auffälligkeiten und Abweichungen als Behinderung unter einem gemeinsamen Dach zusammenzufassen, eng mit der Entfaltung des Fürsorgesystems, Rehabilitationsparadigmas und der Sozialgesetzgebung verbunden ist. Auch wenn Untersuchungen zu den verschlungenen Wegen fehlen, die der Behinderungsbegriff genommen hat, um nicht nur in Politik und Recht, sondern auch in Wissenschaft und Wirtschaft, den Massenmedien und im Alltag Verwendung zu finden, kann vermutet werden, dass die Unbestimmtheit der Vokabel die Verbreitung begünstigt hat. In weitaus stärkerem Maße als die alten, an wahrnehmbaren Merkmalen ansetzenden Bezeichnungen – wie etwa blind, idiotisch, taub, verkrüppelt – lässt sich nämlich Behinderung mit den unterschiedlichsten Inhalten füllen.

Aus theoretischer Sicht ist es deshalb sinnvoll, mit Ernesto Laclau (1994) den Begriff als leeren Signifikanten zu verstehen. Dieses Konzept impliziert, dass der Signifikant (das Wort) und das Signifikat (der Vorstellungsinhalt, den ein Wort hervorruft) eine kontingente Beziehung haben und Begriffe nicht einfach Realität bezeichnen, sondern die Sachverhalte herstellen, über die sie sprechen. Indem wir von Behinderung reden oder schreiben, schließen wir an vorhandene Vorstellungen an und tragen gleichzeitig zu dem Wissen über diesen Sachverhalt bei. Leere Signifikanten sind offen für eine Vielzahl von Bedeutungen; sie sind umkämpft und werden durch diskursive Prozesse ›gefüllt‹, die von hegemonialen Positionen bestimmt werden. Im Falle von Behinderung deutet vieles darauf hin, dass auch Menschen mit Behinderungen und ihre zivilgesellschaftlichen Zusammenschlüsse daran beteiligt sind, den Begriff zu setzen, wenn auch mit dem Ergebnis, dass die inhaltliche ›Füllung‹ von Medizin und Politik, Statistik und Recht bestimmt wird.

Als ein Effekt von Internationalisierung und Universalisierung des gesellschaftlichen Diskurses zu Behinderung hat sich außerdem der Begriff Disability sozusagen ›breitgemacht‹. Wenngleich Behinderung und Disability mittlerweile als Synonyme verwendet werden, sollte man sich vergegenwärtigen, dass die beiden Wörter etymologisch und konnotativ durchaus Unterschiedliches bezeichnen. Während das deutsche Wort einen Vorgang, nämlich ›behindert werden‹, meint, dessen Substantivierung impliziert, dass er zu einem dauerhaften, anscheinend unabänderlichen Zustand geronnen ist, steckt in der englischen Vokabel die Negation einer Eigenschaft, nämlich von Fähigkeit, d.h. ›ability‹. Während also im Englischen behinderte Menschen vornehmlich als ›unfähig‹ im Sinne eines Personenmerkmals kategorisiert werden, impliziert der deutsche Behinderungsbegriff eher eine Beziehung zwischen einer Person und der Umwelt (im Sinne von dinglichen Barrieren) oder ein soziales Verhältnis (im Sinne einer blockierenden Begegnung von zwei oder mehreren Personen). Stärker als das englische Wort erlaubt es das deutsche eigentlich, das Gesellschaftliche oder die Rahmenbedingungen des Behinderungsgeschehens mitzudenken: Hemmnisse, Hindernisse oder Einschränkungen existieren letztlich immer nur in Verbindung mit der Umwelt oder anderen Menschen. An dieser Stelle wird deutlich, dass die Begriffsgeschichte von Behinderung längst noch nicht ausbuchstabiert ist; für den umfassenden Überblick mangelt es jedoch an vergleichenden Untersuchungen verschiedener Sprach- und Kulturräume.

Die bisherigen Überlegungen sind ein Beispiel dafür, wie sich mithilfe der Disability Studies die Behinderungskategorie analysieren lässt. Die historische Herangehensweise und der Rückgriff auf das Konzept des leeren Signifikanten liefern Einblicke in die mit diesem Diskurs verbundene Perspektive. Dabei geht es im Wesentlichen darum, Behinderung nicht vorauszusetzen, sondern als kontingent zu verstehen und zugleich kritisch zu hinterfragen. In anderen Worten, mit den Disability Studies ist das Vorhaben verbunden, Behinderung bzw. Disability als analytische Kategorie zu benutzen. Was aber ist genau mit dieser Absicht impliziert?

Zum einen wird damit Behinderung als eine für das Verständnis von Gesellschaft und Kultur bedeutsame Kategorie der Humandifferenzierung in den allgemeinen wissenschaftlichen Diskurs eingeführt. Beispielsweise wird sie in eine Reihe gestellt mit weiteren Differenzkategorien wie etwa ›class‹, d.h. sozialstrukturelle Positionierung, und ›race‹ im Sinne von Hautfarbe, Herkunft und Ethnizität sowie ›gender‹, d.h. Geschlecht und Sexualität. Mithilfe des Intersektionalitätsansatzes (vgl. 5.4) kann die Kategorie in ihrer Verwobenheit mit diesen und weiteren Differenzmerkmalen analysiert werden. Aus Sicht der Disability Studies ist dabei wichtig, Behinderung konsequent als Effekt gesellschaftlicher Zuschreibungspraktiken zu betrachten.

Zum anderen wird ein grundsätzlicher Anspruch verfolgt. Mit der Annahme, dass Behinderung nicht ein universales Phänomen, sondern eine zeitgebundene Kategorie darstellt, deren Konstruktion mit der modernen Gesellschaft in Zusammenhang steht, verbindet sich die Ambition, einen Beitrag zur Erforschung der vernachlässigten gesellschaftlichen Praktiken (vgl. 7.1), der verschütteten Geschichte (vgl. 7.2) und der unausgeleuchteten kulturellen Räume (vgl. 7.3) zu leisten. In und mit den Disability Studies wird Behinderung – ähnlich wie Geschlecht in den Gender Studies – als ein »erkenntnisleitendes Moment« verstanden, dessen Untersuchung »schlaglichtartig Aspekte zum Vorschein bringt, welche verborgen geblieben wären, hätte man sich mit der ›normalen‹ Perspektive begnügt und wäre von einer unversehrten Leiblichkeit in einer fraglos geltenden Welt ausgegangen« (Waldschmidt 2012, 14). Behinderung wird so zum Werkzeug, um gesellschaftliche Wirklichkeit und kulturelle Praktiken noch besser erkennen zu können.

Letztlich entsteht Differenz nämlich erst dann, wenn dafür soziokulturelle Kontexte, d.h. Rahmungen, Strukturen und Bedingungen wie auch konkrete Orte und Institutionen (z.B. die Anstalt im 19. Jahrhundert, die Rehabilitationseinrichtung im 20. Jahrhundert, der Inklusionsbetrieb im 21. Jahrhundert etc.) geschaffen werden. Begreift man Behinderung als Abweichung von jeweils herrschenden Normen und Nichtbehinderung als die Fähigkeit zur Anpassung an Umwelt und Erwartungen, so wird bereits auf der definitorischen Ebene das Selbstverständliche zu einer für den wissenschaftlichen Diskurs relevanten Fragestellung, denn die Konstitution von Normen und entsprechenden Abweichungen ist ohne Gesellschaft und Kultur schlechterdings nicht vorstellbar. Welche Normen (und Abweichungen) existieren in welchen Gesellschaften, wie haben sie sich entwickelt, mit welchen Zuschreibungen und Institutionalisierungen sind sie verknüpft, welche Bedeutung haben sie in sozialen Interaktionen, und welche sozialen Positionen sind mit ihnen verbunden? Aus welchen Gründen wird der eine Unterschied positiv, der andere jedoch negativ bewertet? Diese weitreichenden Fragen stellen sich, wenn man Behinderung als analytische Kategorie benutzt.

Nimmt man sich vor, entsprechend diesem Programm vorzugehen, ist die Annahme hilfreich, dass es sich bei Behinderung, wie erwähnt, um einen leeren, immer wieder neu verstandenen Signifikanten handelt. Gleichzeitig ist davon auszugehen, dass diese Kategorie mit den verschiedensten Zuschreibungen und Erklärungen, Bedeutungen und Interpretationen ›überquillt‹. In ähnlicher Weise hat Joan W. Scott die Begriffe ›Mann‹ und ›Frau‹

verstanden: »Empty because they have no ultimate, transcendent meaning. Overflowing because even when they appear to be fixed, they still contain within them alternative, denied, or suppressed definitions.« (J. W. Scott 1986, 1074) Auch wenn es scheinbar gelingt, Behinderung definitorisch festzuzurren, wie es etwa in Wissenschaft, Politik und Recht immer wieder geschieht, beinhaltet die Kategorie doch immer auch alternative, verweigerte oder unterdrückte Aspekte, und ein Ende des Prozesses von Bedeutungszuschreibung ist nicht in Sicht.

Außerdem ist wichtig zu berücksichtigen, dass allein der Körper das Medium ist, über das (Nicht-)Behinderung überhaupt wahrgenommen werden kann. In dem ersten deutschsprachigen Sammelband zu den Disability Studies, der aus der eingangs erwähnten Dresdner Ausstellung ›Der (im-)perfekte Mensch. Vom Recht auf Unvollkommenheit‹ hervorging, heißt es dazu in der Einleitung: »Man muss sich dabei klarmachen, daß Behinderung oder Imperfektion stets von einem Körper her gedacht wird, auch wenn von ›psychischer‹ oder ›geistiger‹ Behinderung die Rede ist. Einzig an körperlichen Äußerungen, Körperformen, Bewegungen oder Lauten wird sie identifiziert.« (Lutz et al. 2003, 14) In diesem Sinne sind nicht nur auffällige Körperstrukturen und -funktionen, sondern auch alle anderen dauerhaften gesundheitlichen Abweichungen – ob Verletzungen der Seele, fehlende kognitive Fähigkeiten oder Verhaltensauffälligkeiten – eigentlich ›verkörperte Differenz‹ im weitesten Sinne. Alle Auffälligkeiten, die als Behinderung figurieren, werden mittels des Körpers ausgedrückt und können nur über diesen auch wahrgenommen werden.

Die scheinbar fixen Grenzziehungen zwischen körperlicher, geistiger und psychischer Behinderung, von der auch die Behindertenrechtskonvention ausgeht, erweisen sich beim näheren Hinsehen als fluide und immer nur vorläufig. Während in der

Heil- und Sonderpädagogik und den Rehabilitationswissenschaften weiter versucht wird, zwischen den einzelnen Beeinträchtigungsformen fein säuberlich zu trennen, um vermeintlich maßgeschneiderte Förderangebote zu entwickeln, geht es den Disability Studies darum, den Vorgang der Differenzierung an sich kritisch zu beleuchten und die Bedeutung des Körpers dabei zu analysieren. Auch wird das gesamte Panorama der Kategorie Behinderung berücksichtigt. Folglich legen die Disability Studies den Schwerpunkt nicht allein auf Körper- oder Sinnesbeeinträchtigungen, sondern denken die Differenzkategorien, die etwa mit den Attribuierungen ›psychisch‹ oder ›mental‹ verbunden sind, selbstverständlich mit (z.B. Carlson 2015; B. Fraser 2018).

Zusammenfassend lässt sich aus dem Vorhaben, Behinderung als analytische Kategorie zu nutzen, die Aufforderung ableiten, dass Arbeiten, die an die Disability Studies anschließen wollen, in der eigenen Begriffssprache wie auch beim forschenden Vorgehen streng zwischen den sinnlich wahrnehmbaren, verkörperten Merkmalen und Ausdrucksweisen, den dazugehörenden Diskursen, welche die als gesundheitlich relevant wahrgenommenen Auffälligkeiten naturalisieren und handhabbar machen, und den entsprechenden gesellschaftlichen Praktiken, d.h. Problematisierungsweisen und Bearbeitungsformen unterscheiden sollten. Letztlich sind Disability Studies eine Einübung in ein ›anderes‹ Denken, ein Denken, das sich bewusst als ›schräg‹, ›schief‹ oder ›ver-rückt‹ versteht.

3. Internationale Disability Studies – eine Bestandsaufnahme

Bis hierher wurde ein deutschsprachiger Fokus angewandt, um die Geschichte und Relevanz der Behinderungskategorie zu beleuchten und Disability Studies von anderen Fächern abzugrenzen. Zum Kennenlernen des Forschungsfeldes reicht diese eingeschränkte Betrachtungsweise jedoch nicht aus. Wie der auch im deutschsprachigen Raum bewusst verwendete englische Begriff Disability Studies anzeigt, handelt es sich um einen international verbreiteten Diskurs, der sich nur dann wirklich erschließen lässt, wenn man die entsprechenden Aktivitäten zur Kenntnis nimmt. In diesem Kapitel soll deshalb gewissermaßen eine Weltreise stattfinden, die insgesamt fünf Kontinente – Afrika, Asien, Australien, Europa sowie Nord- und Südamerika – abdeckt. Angesichts dieser globalen Verbreitung geht es im Folgenden nur um eine Skizze, wobei die anglophonen ›Mutterländer‹ USA und Großbritannien sowie die deutschsprachigen Disability Studies im Vordergrund stehen. Kursorisch wird auf weitere Aktivitäten in anderen Ländern, Regionen und Sprachräumen verwiesen. Um bei der Erkundung der vielseitigen Landschaft eine Art Wegweisung zu haben, wird zwischen Sozialwissenschaften, Disability History und Kulturwissenschaften unterschieden. Zudem liegt der Schwerpunkt auf den Gründungsmomenten und der aktuell vorhandenen akademischen Infrastruktur; vor allem die Zentren für Disability Studies an den Hochschulen und wichtige Akteure werden kurz vorgestellt. Eine Bilanzierung des Forschungsstands wird im siebten Kapitel erfolgen.

3.1 Internationale Disability Studies in den Sozialwissenschaften

Betrachten wir zunächst die Entwicklung der sozialwissenschaftlichen Disability Studies. Dazu ist es sinnvoll, die Reise in den USA zu starten. Dort hatten ab Ende der 1960er Jahre behinderte Menschen begonnen, ihre Assistenz selbst zu organisieren, um außerhalb von Familie oder Heim eigenständig leben zu können. Einzelne Personen erkämpften sich außerdem den Zugang zu den Hochschulen und damit zu akademischer Bildung. Als Pionier der ersten Stunde gilt Edward (Ed) V. Roberts (1939–1995), ein an Polio erkrankter Aktivist, der im Rollstuhl saß und mit künstlicher Beatmung lebte. Trotz vieler Barrieren gelang es ihm, an der University of California, Berkeley zu studieren. Außerdem begründete er in den 1970er Jahren in Berkeley das erste Center[1] for Independent Living, in dem sich behinderte Menschen gegenseitig unterstützten, um ein selbstbestimmtes Leben zu führen.

Der Medizinsoziologe Irving K. Zola (1935–1994), seinerseits Nestor der Disability Studies, arbeitete in einem historischen Überblick heraus, dass sich bis Ende der 1970er Jahre, der Phase einer »Recognition of Diverse Voices« (Zola 1994, 54–58), und verstärkt in den 1980er Jahren, dem »Age of Empowerment« (ebd., 59–62), der Kampf für die persönliche Autonomie und Bildungsrechte behinderter Menschen verstärkte und verdichtete. Zeitlich parallel zum bewegungspolitischen Engagement sei es den Aktivistinnen und Aktivisten zudem gelungen, den wissenschaftlichen Diskurs zu Behinderung zu beeinflussen. Für die US-amerikanischen Disability Studies war sicherlich ausschlaggebend, dass in den 1980er Jahren einzelne Personen mit Behinderungen bereits Professuren besetzten und sich zugleich in der Behindertenbewegung engagierten. Neben dem im Kindesalter an Polio erkrankten Politikwissenschaftler Harlan Hahn (1939–2008), der Professor an der privaten University of Southern California in Los Angeles war, hatte auch Zola selbst bereits eine Professur für Medizinsoziologie an der privaten Brandeis University in Waltham, Massachusetts, inne. Im Alter von 16 Jahren an Kinderlähmung erkrankt, erlitt er mit 19 außerdem einen Autounfall, als dessen Folge er im Rollstuhl saß. Er studierte Soziologie in Harvard und war bereits 1963 mit seiner akademischen Karriere gestartet. Gleichzeitig war er Mitbegründer des Boston Self Help Center, einer Beratungsstelle für Menschen mit Beeinträchtigungen und chronischen Krankheiten. 1982 erschien sein Buch *Missing Pieces: A Chronicle of Living with a Disability*, das als Meilenstein der US-amerikanischen Disability Studies gilt. Zola wurde so zum »role model« (Deegan/Brooks 1985, xiv) für die erste Generation der nordamerikanischen Disability Studies. Im Laufe der 1980er Jahre begannen weitere Wissenschaftlerinnen und Wissenschaftler, in ihrer Forschungsarbeit die Ideen und Forderungen der Behindertenbewegung aufzugreifen (z.B. Deegan/Brooks 1985; Asch/Fine 1988).

Nachhaltige und entscheidende Aufbauarbeit leistete Zola, indem er mit einer Gruppe von Kolleginnen und Kollegen die Gründung eines Periodikums und einer Fachgesellschaft initiierte. Er wurde erster Herausgeber des ab 1980 erscheinenden *Disability and Chronic Disease Newsletter*, dessen Titel 1986 in *Disability Studies Quarterly* geändert wurde. Als ›the first journal in the field of disability studies‹ erscheint die multidisziplinäre und internationale Fachzeitschrift *Disability Studies Quarterly* mittlerweile seit vierzig Jahren; mit Peer Review und im Open Access wird sie im Auftrag der Fachgesellschaft Society for Disability Studies (SDS) herausgegeben. Deren erster Präsident war ebenfalls Zola. Die Gründung erfolgte 1982 unter dem Namen Section for the Study of Chronic Illness, Impairment, and Disability (SSCIID) als Arbeitsgruppe der Western Social Science Association (WSSA). Heute hat die Fachgesellschaft mehrere Hundert Mitglieder aus der ganzen Welt und repräsentiert die Disability Studies in ihrer Vielfalt. 2015 nahmen an der Jahrestagung 500 Personen teil. Bis 2015 wurden insgesamt 28 Jahrestagungen veranstaltet, welche die inhaltliche Heterogenität und die aktuellen Debatten des Feldes dokumentieren. Anschließend kam es aus finanziellen Gründen zu einer Unterbrechung der Veranstaltungsreihe. Erst 2019 konnte an der Ohio State University wieder eine SDS-Konferenz stattfinden.

In den Anfangsjahren war außerdem die University of Illinois at Chicago ein bedeutender Standort der US-amerikanischen Disability Studies. Ab 1981 bis zu seiner Pensionierung in 2006 arbeitete dort der Medizinsoziologe Gary L. Albrecht, der eine Professur für Health Policy and Administration an der School of Public Health innehatte und außerdem das Fach Disability and Human Development am College of Applied Health Sciences lehrte. Mit *The Disability Business: Rehabilitation in America* (Albrecht 1992) lieferte er zum einen eine kritische Analyse des Rehabilitationssystems. Zum anderen trug er als Hauptherausgeber des *Handbook of Disability Studies* (Albrecht et al. 2001) und der fünfbändigen *Encyclopedia of Disability* (Albrecht 2006) erheblich dazu bei, Behinderung als multidisziplinären Gegenstand zu erschließen. Allerdings ging er von einem sehr weiten Verständnis von Disability Studies aus; die Grenzen zur konventionellen Rehabilitationsforschung waren bei ihm fließend.

In den USA hatte auch die private Syracuse University im Staat New York eine Vorreiterrolle für die Etablierung der sozialwissenschaftlichen Studien zu Behinderung. Bereits in den 1970er Jahren gründete Burton Blatt (1927–1985), ein Erziehungswissenschaftler und Pionier der Deinstitutionalisierungsbewegung, das Center on Human Policy (später: Center on Human Policy, Law, and Disability Studies, heute: Burton Blatt Institute). Unter der Leitung von Stephen J. Taylor (1949–2014) und Arlene S. Kanter entwickelte es sich rasch zum national führenden Zentrum für die Analyse von Behindertenpolitik im Anschluss an die Behindertenbewegung. Unter dem aktuellen Direktor, dem Juristen und Sozialpsychologen Peter Blanck, wird diese Ausrichtung weiterverfolgt. So ist Blanck zusammen mit der irischen Rechtswissenschaftlerin Eilionóir Flynn Herausgeber des 2017 erschienenen *Routledge Handbook of Disability Law and Human Rights*.

Auch an der Law School der Harvard University ist der Arbeitsschwerpunkt Behindertenrecht schon seit 2004 etabliert. Der Direktor des Harvard Law School Project on Disability (HPOD) ist Michael A. Stein, ein Rechtsprofessor und selbst behindert. Er war an der Erarbeitung der Behindertenrechtskonvention beteiligt und ist außerdem außerordentlicher Professor am Centre for Human Rights der südafrikanischen University of Pretoria. Noch früher, nämlich 1988 entstand am College of Education der University of Hawaii at Mānoa das Center on Disability Studies (CDS). Aus kleinen Anfängen hat sich dieses Zentrum zu einem bedeutenden und großen Standort entwickelt. Iniitiert von dem Politikwissenschaftler David Pfeiffer (1934–2003), der als Folge von Kinderlähmung einen Rollstuhl benutzte, wird dort seit 2003 die Fachzeitschrift *Review of Disability Studies. An International Journal* (RDS) ebenfalls mit Peer Review und im Open Access herausgegeben.

Im Laufe der Jahre verbreiteten sich die sozialwissenschaftlichen Disability Studies und wurden aus geografischen und sprachlichen

Gründen relativ schnell sowohl in Australien als auch in Kanada aufgegriffen. Während in Australien Patricia O'Brien am Center for Disability Studies der University of Sydney zu Deinstitutionalisierung (O'Brien/Sullivan 2005) und inklusiver Forschung (vgl. 6.2) arbeitet und außerdem mit Karen Soldatic und Helen Meekosha (2014) die Postcolonial Disability Studies prominent vertreten sind, aber im Vergleich nur wenige Einrichtungen bestehen, verfügen die kanadischen Disability Studies über eine lebendige, zweisprachige Infrastruktur. Bereits seit 1999 existiert an der Faculty of Community Services der Ryerson University in Toronto, Ontario, die School of Disability Studies. In Winnipeg, Manitoba, gibt es das Canadian Centre on Disability Studies, und an der Carleton University in Ottawa, Ontario, besteht eine Disability Research Group. Am King's University College of Western University in London, Ontario, wird seit 2012 das Studienprogramm Disability Studies angeboten, das als interfakultatives Zentrum mit vierzehn Professuren etwa 25 Studiengänge für über tausend Studierende anbietet. Darüber hinaus gibt es an der School of Public Health & Management der University of York in Toronto, Ontario, ein Graduate Program in Critical Disability Studies; möglich sind sowohl ein Masterabschluss als auch – einmalig weltweit – eine Promotion in dem Feld. Nicht zuletzt existiert in Kanada ebenfalls eine Fachgesellschaft, die Canadian Disability Studies Association – Association canadienne d'études sur le handicap (CDSA-ACÉH), die ihre erste Konferenz in 2004 veranstaltet hat. Der erste Jahrgang der von der Gesellschaft herausgegebenen zweisprachigen Fachzeitschrift *Canadian Journal of Disability Studies / Revue canadienne des études sur l'incapacité* datiert auf 2012; sie erscheint mit Peer Review und im Open Access.

Auf der anderen Seite des Atlantiks liegt das zweite ›Mutterland‹ der Disability Studies, nämlich Großbritannien. Auch hier kam es zunächst zu einer starken sozialwissenschaftlichen Prägung des neuen Forschungsfeldes. Viele Pioniere der britischen Disability Studies – wie etwa Paul Abberley (1950?–2004), Michael (Mike) Oliver (1945–2019) und Colin Barnes – haben Soziologie studiert. Eine weitere Parallele zu den USA ist, dass wiederum ein behinderter Soziologe, dem ebenfalls recht früh eine akademische Karriere gelang, die entscheidende Aufbauarbeit leistete.

Oliver, der wegen einer Querschnittslähmung im Rollstuhl saß, begann in den späten 1970er Jahren, die Konzepte und Ideen der Behindertenbewegung in seiner Lehre im Fach Soziale Arbeit an der Universität Kent zu nutzen (Oliver et al. 1983). Als Reader in Disability Studies wechselte er später an die Thames Polytechnic, aus der zu Beginn der 1990er Jahre die University of Greenwich in London entstand. Dort erhielt Oliver – weltweit erstmalig – am Department of Social Work eine Professur für Disability Studies, die er bis zu seiner Pensionierung in 2003 innehatte. Oliver prägte mit seinen zahlreichen Publikationen, z.B. *The Politics of Disablement* (1990) und *Understanding Disability. From Theory to Practice* (2009), zwar den Diskurs, blieb jedoch in institutioneller Hinsicht ein ›Einzeltänzer‹; ähnlich wie Zola hat auch er an seiner Universität kein Zentrum gegründet. Wegweisend waren dagegen seine anderen Aktivitäten.

Bereits Mitte der 1970er Jahre gelang es Oliver und seinem Kollegen Victor (Vic) Finkelstein (1938–2011), an der Open University, der staatlichen Fernuniversität in Großbritannien, die Lehrveranstaltung ›The Handicapped Person in the Community‹ als Wahlmodul im Bachelorstudium maßgeblich mitzugestalten (Oliver 2019, 1029). Finkelstein war ebenfalls ein querschnittsgelähmter Rollstuhlfahrer und ausgebildeter Psychologe. Gebürtig in Südafrika, hatte er sich in seinem Heimatland in der Anti-Apartheid-Bewegung engagiert und war deshalb inhaftiert worden; 1968 erhielt er als politischer Flüchtling in Großbritannien Asyl und wurde zu einem wichtigen Akteur der britischen Behindertenbewegung und Disability Studies. 1986 initiierte Oliver außerdem zusammen mit dem Erziehungswissenschaftler Len Barton die Gründung einer Fachzeitschrift und machte damit einen entscheidenden Schritt zur Etablierung der neuen Forschungsrichtung. Zunächst *Disability, Handicap & Society* genannt und 1994 umbenannt in *Disability & Society*, erscheint diese Fachzeitschrift mit Peer Review nunmehr im 35. Jahrgang und gilt als das weltweit wichtigste Publikationsorgan der internationalen Disability Studies.

Während der Kurs an der Open University 1994 wieder eingestellt wurde, entwickelten sich im Laufe der 1990er Jahre an verschiedenen britischen Hochschulen Zentren für Disability Studies, die mehrheitlich sozialwissenschaftlich orientiert waren. Vorreiter und seither führend ist vor allem die University of Leeds. Mit der Disability Research Unit an der dortigen School of Sociology and Social Policy wurde 1990 unter der Leitung des sehbehinderten Soziologen Colin Barnes eine erste Forschungsstelle gegründet, und zwar in enger Zusammenarbeit mit dem damaligen British Council of Disabled People. 1994 erhielt die Einrichtung einen offiziellen Status an der Universität, und Barnes wurde zum Professor für Disability Studies ernannt. Zunächst standen Forschungsthemen, die für die britische Behindertenbewegung von Bedeutung waren, wie z.B. Behindertenpolitik und Interessenvertretung, im Mittelpunkt. 2000 wurde die Forschungsstelle zum interdisziplinären Centre for Disability Studies (CDS) erweitert; institutionell ist das Zentrum weiterhin an der School of Sociology and Social Policy angegliedert.

Mittlerweile ein interdisziplinäres Netzwerk, das seinen Schwerpunkt weiterhin in den Sozialwissenschaften hat, aber auch die Geisteswissenschaften abdeckt, bearbeitet das Zentrum als aktuelle Schwerpunkte die Soziologie der Behinderung, Behindertenpolitik und -recht, Menschenrechte, Barrierefreiheit und Deaf Studies. Nach Barnes leitete der Politikwissenschaftler Mark Priestley das Zentrum für einen längeren Zeitraum; aktuelle Direktorin ist Anna Lawson, eine international renommierte, blinde Juraprofessorin an der School of Law der Universität Leeds. Priestley fungierte von 2008 bis 2019 als wissenschaftlicher Direktor des Academic Network of European Disability Experts (ANED). Das Netzwerk, das Länderexpertinnen und -experten aus insgesamt 34 europäischen Staaten versammelte und sich programmatisch an den Disability Studies ausrichtete, wurde von der Europäischen Kommission finanziert. Seine Aufgaben waren die alternative Berichterstattung und die kritische Begleitung der Entwicklung und Implementierung behinderungsrelevanter Politiken auf nationaler und europäischer Ebene.

Ein weiteres sozialwissenschaftlich ausgerichtetes, aber deutlich kleineres Zentrum gibt es in Schottland. Das Strathclyde Centre for Disability Research, das an die School of Social & Political Sciences der Universität von Glasgow angegliedert ist, wird von dem ebenfalls behinderten Soziologen Nicholas (Nick) Watson geleitet, der eine Professur für Disability Studies innehat und zusammen mit Simo Vehmas die neueste Ausgabe des *Routledge Handbook of Disability Studies* (2020) herausgibt. Zu nennen sind außerdem das Norah Fry Centre for Disability Studies an der School for Policy Studies der Faculty of Social Sciences and Law der University of Bristol sowie das interdisziplinäre Zentrum ›iHuman‹ der University of Sheffield, das 2018 gegründet wurde. Dort ist der Erziehungswissenschaftler Dan Goodley, dessen Forschungsschwerpunkt die Disability Studies sind, neben dem Medizinsoziologen Paul Martin einer der Direktoren. Zudem wurde 2008 an der Faculty of Arts and Social Sciences der Lancaster University das Centre for Disability Research (CeDR) gegründet. Die Soziologin und frühere Direktorin Carol Thomas (1999, 2007) lebt ebenfalls mit Behinderung und hat wichtige Arbeiten zu den feministischen Disability Studies und der Soziologie der Behinderung vorgelegt. Das Zentrum in Lancaster richtet seit 2003 im Auftrag der britischen Disability Studies Association (DSA) im zweijährlichen Rhythmus internationale Tagungen aus.

Neben Großbritannien haben sich die Disability Studies – wiederum aus geografischen und sprachlichen Gründen – auch in Irland recht frühzeitig etabliert, und zwar mit einem rechtswissenschaftlichen Fokus. Das Centre on International Disability Law & Policy an der Law School der National University of Ireland, Galway, wurde Ende der 1990er Jahre von dem Juristen Gerard Quinn begründet. Er ist Vater einer behinderten Tochter, hat Rechtswissenschaften unter anderem in Harvard studiert und wechselte 2017 an die Universität Leeds; außerdem ist er Gastprofessor am Raoul Wallenberg Institute of Human Rights and Humanitarian Law der schwedischen Universität in Lund. An der Erarbeitung der Behindertenrechtskonvention war Quinn als Repräsentant für Rehabilitation International aktiv beteiligt.

Das irische Zentrum ist weiterhin, auch unter der aktuellen Direktorin Flynn, eine international renommierte Anlaufstelle für die rechtswissenschaftlichen Disability Studies. Es veranstaltet regelmäßig Summer Schools zum europäischen und internationalen Behindertenrecht und beschäftigt sich mit allen Rechtsgebieten, für welche die Behindertenrechtskonvention relevant ist. Allgemein zeichnet sich die rechtswissenschaftliche Forschung im Anschluss an die Disability Studies durch internationale Vernetzungen aus. So geben Quinn und Flynn in Kooperation mit Lisa Waddington seit 2009 das *European Yearbook of Disability Law* heraus. Waddington hat seit 2004 die von dem European Disability Forum, einer europäischen Dachorganisation nationaler

Interessenvertretungen behinderter Menschen, gestiftete Professur für Europäisches Behindertenrecht an der Faculty of Law der niederländischen Universität Maastricht inne. Weitere prominente Rechtswissenschaftler, die international im Anschluss an die Disability Studies arbeiten, sind Angelo D. Marra, ein ebenfalls behinderter, italienischer Rechtswissenschaftler, und Amita Dhanda in Indien. Sie leitet das Centre for Disability Studies an der rechtswissenschaftlichen Nalsar University of Law, Hyderabad. Das Zentrum beschäftigt sich vor allem mit Behindertenrecht und Menschenrechten und beteiligt sich an der Implementation und Überwachung der Behindertenrechtskonvention in Indien. Zu diesem Zweck werden wiederum Kooperationen mit dem Zentrum im irischen Galway und dem nordamerikanischen Zentrum in Syracuse unterhalten.

Eine andere wichtige Einrichtung der sozialwissenschaftlich orientierten Disability Studies ist das 2006 gegründete Centre for Disability Studies an der Universität von Island in Reykjavík (Traustadóttir et al. 2013). Geleitet wird es von Rannveig Traustadóttir, die in Syracuse mit einer Arbeit über Deinstitutionalisierung promovierte und zusätzlich in den Gender Studies fachlich ausgewiesen ist. Das Icelandic Network on Disability Research bildet überdies mit entsprechenden Zusammenschlüssen aus Dänemark, Finnland, Norwegen und Schweden das 1997 gegründete Nordic Network on Disability Research, das zweijährliche internationale Tagungen veranstaltet und bereits seit 1999 die englischsprachige Fachzeitschrift *Scandinavian Journal of Disability Research* mit Peer Review herausgibt, die seit 2018 im Open Access erscheint. Auch wenn die skandinavische Forschung zu Behinderung, die für sich die Bezeichnung Disability Research gewählt hat, nicht zu den Disability Studies im engeren Sinne gehört, gibt es dennoch wegen der gemeinsamen sozialwissenschaftlichen Orientierung viele Berührungspunkte (vgl.

4.2). Vor allem in Schweden und Norwegen bewegen sich zahreiche Akteure – z.B. die Soziologen Söder und Jan Tøssebro sowie die Erziehungswissenschaftler Anders Gustavsson und Vehmas – in beiden Feldern; in Finnland hat Hisayo Katsui die Mitte der 2010er Jahre geschaffene Professur für Disability Studies im Department für Social and Public Policy an der Faculty of Social Sciences der Universität Helsinki inne.

Außer den nordischen Ländern ist für die sozialwissenschaftlichen Disability Studies europäischer Prägung auch Frankreich von Bedeutung (Stiker 2007; Kudlick/Stiker 2016; Thompson 2017). Der Philosoph und Kulturanthropologe Henri-Jacques Stiker gilt als ›Doyen‹ der französischen Disability Studies. 1988 initiierte er in Paris die interdisziplinäre Arbeitsgruppe ALTER, aus der 2012 die Société Européenne de Recherche sur le Handicap – European Society for Disability Research hervorging. Aktuelle Präsidentin der europäischen Fachgesellschaft, die 2019 ihre achte Jahrestagung an der Universität zu Köln veranstaltet hat, ist die Soziologin Isabelle Ville. Außerdem gründete die ALTER-Gruppe gemeinsam mit einem internationalen und interdisziplinären Beirat 2007 die zweisprachige, mit Peer Review erscheinende Zeitschrift *ALTER – European Journal of Disability Research / Revue européenne de recherche sur le handicap*. Dabei erfolgte eine Zusammenarbeit mit dem Institut Fédératif de Recherche sur le HANDICAP, einem bereits 1994 gegründeten Forschungsnetzwerk und später offiziell anerkannten Institut für Behinderungsforschung, das der staatlichen Forschungsorganisation Institut national de la santé et de la recherche médicale (INSERM) angegliedert ist. Maßgeblicher Akteur und zeitweilig der Direktor war der Epidemiologe Jean-François Ravaud, der aufgrund von Kinderlähmung einen Rollstuhl benutzt. 2011 wurde er an der École des hautes études en santé publique (EHESP) zum Professor für das Fach Participation sociale et situations de handicap ernannt.

Auch in anderen Sprachräumen und Ländern lassen sich sozialwissenschaftliche Disability Studies finden. In Italien werden sie vor allem im Kontext der inklusiven Pädagogik betrieben (D'Alessio 2011; Medeghini et al. 2013). Auch die osteuropäischen Länder wie z.B. Polen (Głodkowska et al. 2017) verfolgen einen erziehungswissenschaftlichen Schwerpunkt. In Ungarn ist der Soziologe György Könczei ein wichtiger Akteur. An der Bárczi Gusztáv Fakultät für Sonderpädagogik der Eötvös Loránd University (ELTE) in Budapest etablierte er in den 2000er Jahren die Disability Studies und iniitierte die Gründung einer Fachgesellschaft für Disability Studies als Sektion der Ungarischen Gesellschaft für Soziologie.

Nicht zuletzt sind vor allem die Disability Studies in Afrika (Owusu-Ansah/Mji 2013) sozialwissenschaftlich aufgestellt. Dabei erweist sich wiederum die englische Sprache als Vorteil. In den anglophonen Ländern Afrikas haben sich die Disability Studies schneller als in den frankophonen Sprachregionen entwickelt (Thompson 2017, 250). Was die regionale Verbreitung betrifft, sind die südafrikanischen Länder (McKenzie et al. 2014; Chataika 2019) und insbesondere Südafrika deutlich führend. Im Jahr 2007 entstand das African Network of Evidence to Action on Disability (AfriNEAD). Es ist am Centre for Rehabilitation Studies an der Medicine and Health Science Faculty der Stellenbosch University, Cape Town, South Africa angesiedelt. Bisher wurden alle drei Jahre größere Konferenzen durchgeführt, die in Südafrika, Simbabwe, Malawi und Ghana stattfanden. Außerdem gründete das Afrikanische Netzwerk 2012 das *African Journal of Disability.* Als ›founding editor‹ der englischsprachigen, mit Peer Review arbeitenden und im Open Access verfügbaren Zeitschrift fungiert der weiße Psychologieprofessor Leslie Swartz an der Stellenbosch University, South Africa.

Im deutschsprachigen Raum haben sich die sozialwissenschaftlichen Disability Studies mittlerweile ebenfalls etabliert. Dabei sind enge Verbindungen mit der Soziologie sowie den Rechts- und Erziehungswissenschaften augenfällig. Die soziologischen Disability Studies präsentierten sich erstmalig 2002 in einer Veranstaltung auf dem Soziologiekongress in Leipzig; daraus entstand ein Sammelband (Waldschmidt/Schneider 2007). Anschließend wurden auf den Soziologiekongressen 2006 in Kassel und 2018 in Göttingen sowie 2014 am Max-Planck-Institut für Sozialrecht und Sozialpolitik in München thematisch einschlägige Veranstaltungen durchgeführt. Auch die 2003 durchgeführte Sommeruniversität zu den Disability Studies an der Universität Bremen (Hermes/Köbsell 2003; Waldschmidt 2003a), auf der Priestley die britischen Disability Studies vorstellte, und die Tagung ›Disability Studies im deutschsprachigen Raum‹, die 2018 an der Alice-Salomon-Hochschule in Berlin stattfand (Brehme et al. 2020), waren vornehmlich sozialwissenschaftlich orientiert. An deutschsprachigen Hochschulen lassen sich derzeit ingesamt fünf Standorte der sozialwissenschaftlichen Disability Studies ausmachen, wobei die Aktivitäten in Berlin, Bochum, Hamburg und Köln von behinderten Wissenschaftlerinnen geprägt werden.

Bereits 2004 wurde an der Universität zu Köln die Internationale Forschungsstelle Disability Studies (iDiS) gegründet. Sie ist an den Lehrstuhl für Soziologie und Politik der Rehabilitation, Disability Studies angebunden und wird von Anne Waldschmidt geleitet. Der Kölner Ansatz ist interdisziplinär ausgerichtet und verknüpft mit einem soziologischen Fokus die Sozial- und Kulturwissenschaften mit der Disability History. 2007 begründete Waldschmidt zusammen mit dem Soziologen Werner Schneider, mit Thomas Macho und Heike Zirden aus den Kulturwissenschaften sowie der Erziehungswissenschaftlerin Anja Tervooren die Buchreihe *Disability Studies: Körper – Macht – Differenz*. Waldschmidt (2021) ist außerdem Herausgeberin des ersten deutschsprachigen *Handbuchs Disability Studies*. An der Evangelischen Fachhochschule Rheinland-Westfalen-Lippe in Bochum gibt es zusätzlich seit 2010 die Professur für Recht und Disability Studies, die Theresia Degener innehat. Seit 2015 leitet sie das Bochumer Zentrum für Disability Studies (BODYS), das in seiner Arbeit die Behindertenrechtskonvention in den Mittelpunkt stellt. An deren Entstehung und Erarbeitung war Degener als Mitglied der deutschen Regierungsdelegation maßgeblich beteiligt. Ab 2011 war sie Mitglied des UN-Ausschusses, der die Einhaltung der BRK überwacht, und von 2016 bis 2018 dessen Vorsitzende. Zudem wurde 2014 an der Alice-Salomon-Hochschule für Soziale Arbeit, Berlin, die Professur für Disability Studies eingerichtet, die von Swantje Köbsell, einer Behindertenpädagogin und Aktivistin der Behindertenbewegung, vertreten wird. 2020 wurde schließlich an der Evangelischen Hochschule für Soziale Arbeit & Diakonie der Stiftung Das Rauhe Haus in Hamburg eine fünfjährige, von der Hermann Reemtsma Stiftung finanzierte Professur für Disability Studies und Teilhabeforschung etabliert. Die Berufung erhielt Siegfried Saerberg, der zugleich die Leitung des seit 2014 an der Hochschule angesiedelten Zentrums für Disability Studies und Teilhabeforschung (ZeDiSplus) übernahm.

In Österreich gibt es am Institut für Erziehungswissenschaft der Universität Innsbruck seit 2015 eine Professur mit dem Schwerpunkt Inklusive Pädagogik und Disability Studies, welche die Bildungssoziologin Lisa Pfahl innehat. Sie ist Nachfolgerin von Volker Schönwiese, einem rollstuhlfahrenden Erziehungswissenschaftler und Behindertenaktivisten, der bereits seit den frühen 1990er Jahren als außerordentlicher Professor für Integrationspädagogik an dem Institut arbeitete und als Protagonist der Disability Studies in Österreich gilt. Die 2002 gegründete Arbeitsgemeinschaft Disability Studies Deutschland (AGDS) und die 2007 entstandene Arbeitsgemeinschaft Disability Studies Austria (DiStA) hoben 2018 gemeinsam mit Akteuren aus der Schweiz ein Netzwerk für deutschsprachige Disability Studies aus der Taufe. Geplant sind der verstärkte Austausch und die Herausgabe einer Zeitschrift für deutschsprachige Disability Studies.

3.2 Internationale Disability History

Ähnlich wie die sozialwissenschaftlichen Disability Studies hat auch die Disability History eine internationale Entstehungsgeschichte. Ende der 1970er Jahre begann in Frankreich der bereits erwähnte Kulturanthropologe Stiker, sich für die Geschichte behinderter Menschen zu interessieren, und legte 1982 eine historisch-anthropologische Studie zum behinderten Körper vor, die heute als Klassiker angesehen wird (vgl. auch 3.3 und 5.3). Als Begründer einer expliziten Disability History gilt der US-amerikanische Historiker und Aktivist Paul K. Longmore (1946–2010). Aufgrund einer Polioerkrankung konnte er seine Hände nicht benutzen und war auf künstliche Beatmung angewiesen. Mit seinem 1987 veröffentlichten Aufsatz über die »Hidden History of People with Disabilities« (Longmore 1987) und dem zusammen mit Lauri Umansky herausgegebenen Sammelband *The New Disability History: American Perspectives* (2001) wurde das Forschungsfeld sichtbar.

Nach seiner Promotion in Geschichtswissenschaft wurde Longmore 1992 Professor an der San Francisco State University und 1996 Direktor des von ihm mitbegründeten Institute on Disability an der gleichen Universität. 2012 wurde die Einrichtung in Paul K. Longmore Institute on Disability umbenannt.

Aktuelle Direktorin ist Catherine Kudlick, eine sehbehinderte Historikerin, die 2018 zusammen mit Kim E. Nielsen und Michael Rembis *The Oxford Handbook of Disability History* herausgegeben hat. Rembis ist Direktor des 2009 gegründeten Center for Disability Studies an der Universität Buffalo, die zu dem Hochschulverbund State University of New York (SUNY) gehört. Als Geschichtswissenschaftler führt er den von dem Sozialhistoriker David Gerber bis zu dessen Emeritierung 2012 dort etablierten Schwerpunkt in Disability History fort. Angegliedert an das Zentrum in Buffalo ist außerdem das 1998 von People Inc., einer privaten Serviceorganisation für Menschen mit kognitiven Beeinträchtigungen, initiierte Museum of disABILITY History. Als weltweit einziges ›echtes‹ Museum für die Geschichte von Behinderung bietet es sowohl eine ständige Ausstellung als auch eine Sammlung auf der eigenen Homepage; zusätzlich können Wanderausstellungen zu verschiedenen Themen ausgeliehen werden. Daneben gibt es das rein virtuelle Disability History Museum, das ab 2008 in Zusammenarbeit mit der University of Massachusetts Amherst entstanden ist.

In Großbritannien begannen zunächst die Begründer des sozialen Modells (vgl. 4.4) wie Oliver und Finkelstein im Sinne des historischen Materialismus, die Geschichte behinderter Menschen aufzuarbeiten, ohne allerdings geschichtswissenschaftlich ausgebildet zu sein. Pionierin der britischen Disability History im engeren Sinne war die Geschichtsprofessorin Anne Borsay (1954–2014), die Professorin für Healthcare and Medical Humanities am College of Human and Health Sciences der walisischen University of Swansea war und bereits seit den 1980er Jahren zur Geschichte der Behinderung arbeitete. Borsay initiierte den Forschungsschwerpunkt ›Disability and Industrial Society‹, der von 2013 bis 2016 von ihr koordiniert und vom Wellcome Trust gefördert wurde. Zusammen mit anderen walisischen, englischen und schottischen Partnern untersuchte sie die Auswirkungen der Industrialisierung für behinderte Menschen im Zeitraum 1780 bis 1948, wobei der Fokus auf dem Kohlebergbau lag. Während der Laufzeit verstarb Borsay, die Forschungsarbeit wird von ihrem Kollegen David Turner fortgesetzt.

Ein weiteres großes Projekt der Disability History existiert an der niederländischen Universiteit Leiden. Finanziert vom European Research Council werden dort unter der Leitung der Historikerin Monika Baár unter dem Titel ›Rethinking Disability‹ die globalen Auswirkungen des von den Vereinten Nationen ausgerufenen Year of Disabled Persons (1981) international vergleichend untersucht. Dass sich die Disability History insgesamt vermehrt international ausrichtet, zeigt der Sammelband *The Imperfect Historian*, der von Sebastian Barsch und Anne Klein aus Deutschland und Pieter Verstraete aus Belgien 2013 herausgegeben wurde. 2016 starteten Barsch, Klein, Verstraete und Ylva Söderfeldt aus Schweden den Internetblog *Public Disability History*, um die verschiedenen Disability Histories und die interessierte Öffentlichkeit miteinander ins Gespräch zu bringen. Einblicke in den internationalen Forschungsstand (vgl. 7.2) liefern neben der fünfbändigen *Encyclopedia of Disability* (Albrecht 2006), die eine Vielzahl von historischen Einträgen enthält, das erwähnte *Oxford Handbook of Disability History* (Rembis et al. 2018), die von Susan Burch (2009) herausgegebene dreibändige *Encyclopedia of American Disability History* und *Disability. A Reference Handbook* (Rembis 2019). Zwar fehlt noch eine eigene Fachzeitschrift, jedoch wird seit 2014 von Julie Anderson und Walton Schalick eine einschlägige Buchreihe herausgegeben.

In Deutschland wurde noch bis in die 2000er Jahre hinein vornehmlich die Geschichte der Heil- und Sonderpädagogik aufgearbeitet (z.B. Möckel 1988; Ellger-Rüttgardt 2008). Aktivisten und Aktivistinnen der Krüppelbewegung (vgl. 2.2) begannen in den 1980er Jahren, sich mit der Geschichte von behinderten Menschen zu beschäftigen. 1984 veröffentlichten Udo Sierck und Nati Radtke im Selbstverlag ihr Buch *Die Wohltäter-Mafia. Vom Erbgesundheitsgericht zur Humangenetischen Beratung*. In erweiterter Neuauflage erschien es 1989 im Mabuse-Verlag und ist weiter, nunmehr in fünfter Auflage erhältlich. Diese Arbeit, die retrospektiv als erste Untersuchung deutschsprachiger Disability History gilt, zeigt, dass sich zahlreiche Experten in Behindertenorganisationen und karitativen Verbänden, in Psychiatrie, Pädiatrie, Neurologie und Humangenetik an den NS-Verbrechen beteiligten und als Leiter von Kliniken und Anstalten nach 1945 die Ausrichtung der ›Behindertenhilfe‹ wesentlich mitbestimmten. Sierck, in der Geschichtswissenschaft ein Autodidakt, hat später unter anderem auch zur Geschichte der Behindertenbewegung (Mürner/Sierck 2012) publiziert. Neben Volker van der Locht (1997), der mit einer Arbeit zur Motivstruktur der Behindertenfürsorge im Fach Geschichtswissenschaft promoviert wurde, gilt außerdem die Historikerin Petra Fuchs (2001, 2021) als Vorreiterin. Mit ihren Arbeiten zur Geschichte der Behindertenbewegung und Krüppelfürsorge in der Weimarer Zeit und zur Euthanasie im Nationalsozialismus hat sie wesentlich dazu beigetragen, die kritische Geschichtsforschung zu Behinderung zu etablieren.

Die explizite Disability History startete hierzulande jedoch erst mit der Etablierung der Disability Studies ab der Jahrtausendwende. Nach entsprechenden Beiträgen in den ersten deutschsprachigen Sammelbänden (Lutz et al. 2003; Waldschmidt 2003a) und einzelnen Studien (Bösl 2009; Gottwald 2009) gab es auf dem Deutschen Historikertag 2008 in Dresden erstmalig eine Veranstaltung zur Disability History. Der anschließende Sammelband *Disability History. Konstruktionen von Behinderung in der Geschichte* (Bösl et al. 2010) begründete das Forschungsfeld im deutschsprachigen Raum. Mittlerweile gibt es neben der Internationalen Forschungsstelle Disability Studies an der Universität zu Köln, wo die Zeitgeschichte der Behinderung zum interdisziplinären Programm gehört, an verschiedenen deutschsprachigen Instituten für Geschichtswissenschaft entsprechende Forschungsschwerpunkte.

Von 2007 bis 2016 wurde an der Universität Bremen unter Leitung der Mittelalterhistorikerin Cordula Nolte das mediävistische, interdisziplinär und international ausgerichtete Verbundprojekt ›Homo debilis‹ durchgeführt. In diesem Kontext wurde das heuristische Konzept einer Dis/ability History entwickelt, die entsprechend dem methodischen Grundsatz, dass es immer sowohl um ›Behinderung‹ als auch um ›Nichtbehinderung‹ gehen muss, beansprucht, historische Gesellschaften und Kulturen als Ganzes anhand der Analysekategorie Dis/ability zu untersuchen (Nolte 2009, 2013a). Als ein Ergebnis des Verbundprojekts ist das Handbuch *Dis/ability der Vormoderne* (Nolte et al. 2017) entstanden. Nach Auslaufen der Drittmittelförderung wird in Bremen der Arbeitsschwerpunkt weiterverfolgt (Nolte 2020). Ein weiterer Forschungsschwerpunkt der deutschsprachigen Disability History ist die Zeitgeschichte nach 1945 (Lingelbach/Waldschmidt 2016). An der Universität Kiel wurde unter der Leitung von Gabriele Lingelbach bisher die Geschichte von Interessenvertretung (Stoll 2014, 2017) und Behindertensport (Schlund 2017) bearbeitet. 2018 startete Lingelbach mit ihrem Kieler Kollegen Sebastian Barsch und der Historikerin Elsbeth Bösl von der Universität der Bundeswehr München ein Verbundprojekt, um mit Schwerpunkt auf die DDR-Geschichte (Barsch 2016; Scharf et al. 2019) und den deutsch-deutschen Vergleich die Geschichte von Familien mit behinderten Kindern, medialer Inszenierungen von Behinderung sowie von Mobilitätstechnik und gebauter Umwelt zu untersuchen. Zusammen mit Bösl und Mahren Möhring gibt Lingelbach außerdem die Buchreihe *Disability History* heraus.

Zusätzlich wird die deutschsprachige Disability History weiter durch Initiativen und Anstöße aus der Behindertenbewegung befruchtet. Das in Kassel ansässige Bildungs- und Forschungsinstitut zum selbstbestimmten Leben Behinderter (bifos e.V.) führte Mitte der 2010er Jahre ein Zeitzeugenprojekt durch. In Kooperation mit dem Verein Gedächtnis der Nation e.V. und der Bundeszentrale für Politische Bildung wurden Interviews mit politisch aktiven Menschen mit Behinderungen aufgezeichnet, die im Internet zugänglich sind. Schließlich gibt es verschiedene Bemühungen, Quellen zur Geschichte der Behindertenbewegung aufzubewahren und zugänglich zu machen. So hat der Verein MOBILE – Selbstbestimmtes Leben Behinderter e.V. in Dortmund das Archiv der behindertenpolitischen Selbsthilfe ins Leben gerufen. Weitere digitalisierte Quellenbestände bieten das Portal ›Archiv der Behindertenbewegung‹ und das Projekt ›Quellen zur Geschichte der Menschen mit Behinderungen‹ an der Universität Kiel. Künftig sollen die verschiedenen Archivierungsprojekte auf einer zentralen Plattform zur ›Geschichte der Behinderung / Disability History‹ verknüpft werden. Auch in Österreich werden Dokumente zur Geschichte der Behindertenbewegung über die Internetbibliothek ›bidok – behinderung inklusion dokumentation‹ bereitgestellt.

3.3 Internationale Cultural Disability Studies

Im Unterschied zu den sozialwissenschaftlichen Disability Studies und der Disability History haben sich die kulturwissenschaftlichen Disability Studies nicht unmittelbar aus der Behindertenbewegung heraus entwickelt. Jedoch unterstützen die meisten Vertreterinnen und Vertreter die Anliegen der sozialen Bewegung behinderter Menschen. Außerdem haben viele von ihnen – wie etwa David Bolt, Rosemarie Garland-Thomson, David T. Mitchell und Tobin Siebers (1953–2015) – eigene Behinderungserfahrungen oder stammen – wie beispielsweise Lennard J. Davis – aus Familien mit behinderten Angehörigen. Inspiriert ist die kulturwissenschaftliche Forschung zu Behinderung außerdem von der Disability Culture & Arts, den weltweiten künstlerischen Tätigkeiten behinderter Menschen, die parallel und häufig aus der Behindertenbewegung heraus entstehen (Hadley/McDonald 2018; Saerberg 2021). Begibt man sich auf die Suche nach den Anfängen der Cultural Disability Studies, stellt man fest, dass die frühe, sozialkonstruktivistisch ausgerichtete Forschung zu Gehörlosigkeit, d.h. die Deaf Studies (vgl. 7.4), relevant waren und außerdem nicht allein – wie zumeist behauptet – die US-amerikanischen Disability Studies die Vorreiterrolle einnahmen, sondern auch Frankreich als Geburtsland der kulturwissenschaftlichen Studien zu Behinderung gelten kann.

So wurde zwar bereits 1984 der Begriff der Deaf Studies am Centre for Deaf Studies der englischen University of Bristol geprägt. Jedoch gab es schon vorher, in den 1970er Jahren, nicht nur in den USA, sondern auch in Paris die ersten Aktivitäten, die sich im Nachhinein als Deaf Studies avant la lettre rekonstruieren lassen. Der Soziologe Bernard Mottez (1930–2009), der an der École des hautes études en sciences sociales (EHESS) Arbeitssoziologie lehrte und sich in diesem Rahmen für marginalisierte soziale Gruppen interessierte, begann damals, sich mit der Gebärdensprache und der Gehörlosengemeinschaft zu beschäftigen. 1975 besuchte er den VII. Kongress der World Federation of the Deaf, der das wegweisende Thema ›Full Citizenship for All Deaf People‹ hatte. Dort lernte er den amerikanischen Linguisten Harry Markowicz kennen, mit dem er zusammen 1977 die Zeitschrift *Coup D'œil* begründete, die bis 1984 existierte. Außerdem führte Mottez bis Anfang der 1990er Jahre regelmäßig Seminare zur Gebärdensprache und der Gehörlosengemeinschaft an der EHESS durch.

Weitgehend unbemerkt vom internationalen Diskurs begann ebenfalls in Paris in den späten 1970er Jahren Stiker mit seinen Recherchen zum behinderten Körper in der Kulturgeschichte. 1982 erstmalig und 2013 in überarbeiteter Auflage veröffentlicht, begründete sein Buch *Corps infirmes et sociétés* die Cultural Disability Studies, wenn auch zunächst nur implizit, da Stiker die Forschungsrichtung noch nicht kannte. Erst in den 1990er Jahren besuchte er eine Tagung der US-amerikanischen Society for Disability Studies. Die Arbeiten von Stiker und Mottez gelten heute als die beiden Wurzeln der französischen Disability Studies. Lange Zeit entwickelten sie sich getrennt voneinander, mittlerweile sind sie an dem Pariser Hochschulinstitut Centre d'étude des movements sociaux (CEMS) an der EHESS im ›Programme Handicap & Sociétés‹ unter der Leitung der Soziologin Isabelle Ville institutionell zusammengeführt. Mit einer 2015 veranstalteten internationalen Tagung an der Sorbonne in Paris und dem daraus entstandenen Sammelband *Discours et représentations du handicap. Perspectives culturelles* (Roussel/Vennetier 2019) haben die kulturwissenschaftlichen Studien in Frankreich weiter an Profil gewonnen.

In Großbritannien gab es zwar mit dem bereits 1978 gegründeten (und 2013 geschlossenen) Centre for Deaf Studies an der University of Bristol lange Zeit einen Vorreiter in den Deaf Studies, jedoch scheint es kaum Verbindungen zu den frühen Disability Studies gegeben zu haben. Vermutlich verhinderte deren historisch-materialistischer Ansatz, dass sich eine breite kulturwissenschaftliche Debatte entwickeln konnte. Dabei hätten Anschlüsse an die in den 1960er Jahren von Stuart Hall und Raymond Williams begründeten Cultural Studies britischer Prägung wegen der theoretischen Affinität durchaus nahegelegen. Sie waren ebenfalls marxistisch orientiert und verstanden Alltagskultur(en) als Ort hegemonialer Machtverhältnissen und Ausdruck politischer Kämpfe. Während Oliver (2009, 49) noch in den 2000er Jahren die Bedeutung von »cultural values« als nicht zentral ansah, solange die Armut unter behinderten Menschen weit verbreitet und die gesellschaftliche Marginalisierung das Hauptproblem sei, forderte Tom Shakespeare (1994), ebenfalls Soziologe, prominenter Behindertenaktivist und ein früherer Mitarbeiter des Zentrums in Leeds, die stärkere Wahrnehmung der kulturellen Ebene und stellte heraus, dass behinderte Menschen durch Repräsentationen in Theater und Film, der Literatur, bildenden Kunst und den Medien ›verobjektiviert‹ würden.

Mittlerweile haben sich die Cultural Disability Studies auch in Großbritannien etabliert. David Bolt, ein blinder Kulturwissenschaftler, der ab 2009 als Lecturer für Disability Studies und seit 2019 als Professor für Disability and Education an der Faculty of Liberal Arts, Education and Social Sciences der Liverpool Hope University arbeitet, leistete hierfür die Aufbauarbeit. So schuf er das Centre for Culture & Disability Studies (CCDS) und initiierte das International Network of Literary & Cultural Disability Scholars. In diesem Rahmen werden seit 2009 regelmäßig Seminare und seit 2011 interdisziplinäre Tagungen durchgeführt. Außerdem begründete Bolt 2006 das interdisziplinär und international ausgerichtete, mit Peer Review arbeitende *Journal of Literary and Cultural Disability Studies*. Zudem ist er Mitherausgeber der Buchreihe *Literary Disability Studies*. 2020 gab Bolt zusammen mit dem nordamerikanischen Kulturwissenschaftler Robert McRuer das historisch angelegte, sechsbändige Werk *A Cultural History of Disability* heraus.

Während sich in Frankreich die Cultural Disability Studies weitgehend unbemerkt vom internationalen Diskurs entwickelten und es in Großbritannien zu einer relativ späten Formierung kam, zeigen sich im Rückblick vor allem die nordamerikanischen Disability Studies für die Kulturwissenschaften offen. Wichtige Vorarbeit leistete der nordamerikanische Literaturwissenschaftler Leslie A. Fiedler. Seine 1978 publizierte Studie zu den Freakshows war zwar vom medizinischen Blick beeinflusst, inspirierte aber eine ganze Reihe weiterer Arbeiten, die – wie Bogdan (1988) und Garland-Thomson (1996, 1997) – im expliziten Anschluss an die Disability Studies vorgelegt wurden. Eine andere frühe Arbeit veröffentlichte 1987 der Kulturanthropologe Robert F. Murphy (1924–1990). Darin thematisierte er die eigenen Erfahrungen als Rollstuhlfahrer und reflektierte den nordamerikanischen Lebensstil (vgl. 5.3 und 7.3).

Ähnlich wie in Frankreich gaben auch in den USA die sich in den 1980er Jahren formierenden Deaf Studies wichtige Impulse. Zum einen wurde 1983 eine Selbsthilfevereinigung von und für ›Children of Deaf Adults‹ (CODA) gegründet, um einen Erfahrungsaustausch hörender Kinder von gehörlosen Eltern zu ermöglichen. Zum anderen erhielt 1986 die Gallaudet University, Washington, D.C. – weltweit einmalig – den offiziellen Universitätsstatus; sie ging aus einer 1864 von Edward M. Gallaudet, einem CODA, als Schule gegründeten Bildungseinrichtung für gehörlose und hörbehinderte Menschen hervor. Unter dem Slogan ›Deaf President Now‹ gelang es 1988 einer von Studierenden und Beschäftigten getragenen Protestbewegung, mit Irving K. Jordan den ersten gehörlosen Präsidenten der Universität durchzusetzen.

Ebenfalls ein CODA ist der Literaturwissenschaftler Lennard J. Davis, ein Doyen der kulturwissenschaftlichen Disability Studies nordamerikanischer Prägung. Er lehrt an der University of

Illinois at Chicago sowohl Englisch an der School of Arts and Sciences als auch Disability Studies an der School of Applied Health Sciences und Medical Education am College of Medicine. Davis hat mit seinen Büchern *Enforcing Normalcy: Disability, Deafness and the Body* (1995), *Bending over Backwards: Disability, Dismodernism, and Other Difficult Positions* (2002) und *The End of Normal: Identity in a Biocultural Era* (2014) Pionierarbeiten vorgelegt. In seinem autobiografischen Werk *My Sense of Silence: Memoir of a Childhood with Deafness* (2000) schreibt er über seine Kindheit als hörender Sohn, dessen Muttersprache nicht Englisch, sondern Gebärdensprache ist. Seit 1997 gibt Davis außerdem den – mittlerweile in fünfter Auflage (2017) erschienenen – Sammelband *The Disability Studies Reader* heraus.

Auch wenn die University of Illinois at Chicago jahrelang ein zentraler Standort der interdisziplinären Disability Studies und mit Davis als dort lehrendem Professor sowie weiteren prominenten Akteuren gerade auch für die Cultural Disability Studies von Bedeutung war, ist es dort bislang nicht zur Gründung eines eigenen Zentrums gekommen. Aktuell gibt es in den USA lediglich an der privaten New York University ein Center for Disability Studies (CDS), das kulturwissenschaftlich ausgerichtet ist. Seit 2017 wird das New Yorker Zentrum von zwei Professorinnen geleitet, der Kulturanthropologin Faye Ginsburg, die fachlich in den Gender Studies ausgewiesen ist, und Mara Mills, einer Medienwissenschaftlerin. An anderen US-amerikanischen Universitäten gibt es – ähnlich wie in Chicago – einzelne Akteure, die das Feld mit ihren Forschungen seit Jahren prägen.

Eine prominente Persönlichkeit ist etwa die Literaturwissenschaftlerin Rosemarie Garland-Thomson. Während ihrer Promotionsphase an der Brandeis University wurde sie von Zola inspiriert, die eigene Behinderung wissenschaftlich zu reflektieren. Mit einem Sammelband zu den Freakshows (1996) sowie ihren

Studien *Extraordinary Bodies: Figuring Physical Disability in American Culture and Literature* (1997) und *Staring: How We Look* (2009) hat sie wegweisende Arbeiten vorgelegt. Die von Garland-Thomson zusammen mit Sharon L. Snyder and Brenda J. Brueggemann herausgegebene Edition *Disability Studies: Enabling the Humanities* (2002) war für die Cultural Disability Studies grundlegend. Seit 2002 ist Garland-Thomson Professorin an der privaten Emory University in Atlanta. Sie lehrte dort zunächst Women's Studies und veröffentlichte zu den feministischen Disability Studies, bevor sie 2014 in das Fach Anglistik wechselte. In den letzten Jahren hat sich Garland-Thomson vornehmlich mit den kulturellen Implikationen der Bioethik beschäftigt. An der Emory Universität rief sie die Disability Studies Initiative ins Leben, um quer zu den Fächern die interdisziplinäre Zusammenarbeit zu stärken. Dem hiesigen Diskurs lieferte Garland-Thomson mit Vorträgen auf den internationalen Tagungen in Dresden (2001), Berlin (2002) und Köln (2012) wichtige Impulse; auch regte sie 2006 ein Schwerpunktheft über die deutschsprachigen Disability Studies in *Disability Studies Quarterly* an. Jüngst war sie Mitherausgeberin eines zweibändigen Werks zur Zukunft der interdisziplinären Disability Studies (Ellis et al. 2019a,b).

An den Tagungen in Berlin und Köln war außerdem Siebers beteiligt, der bis zu seinem frühen Tod in 2015 die Professur für englische Sprache und Literatur, Kunst und Design an der University of Michigan in Ann Arbor innehatte. Seine Bücher *Disability Theory* (Siebers 2001) und *Disability Aesthetics* (Siebers 2010) sowie die auf Deutsch erschienenen Essays über Kunst, Ästhetik und Behinderung (Siebers 2009) haben die Disability Studies maßgeblich geprägt. Seit 2015 vergibt die University of Michigan den Tobin Siebers Prize for Disability Studies in the Humanities für ein herausragendes Buchmanuskript. Mit der Ehrung ist die

Veröffentlichung in der renommierten, von Mitchell und Snyder seit 2000 in Kooperation mit University of Michigan Press herausgegebenen Buchreihe *Corporealities: Discourses of Disability* verbunden.

Mitchell, ein Literaturwissenschaftler, und Snyder, eine Filmwissenschaftlerin, haben ebenfalls die deutschsprachige Debatte beeinflusst. Ihr Sammelband *The Body and Physical Difference: Discourses of Disability* (Mitchell/Snyder 1997) und die gemeinsam verfassten Monografien *Narrative Prosthesis: Disability and the Dependencies of Discourse* (Mitchell/Snyder 2000) und *Cultural Locations of Disability* (Snyder/Mitchell 2006a) gelten als Schlüsselwerke der Cultural Disability Studies. Neuere Publikationen (Mitchell/Snyder 2015; Mitchell et al. 2019) setzen sich mit Biopolitik, Neoliberalismus und ›ablenationalism‹ auseinander. Nach Stationen an der University of Illinois at Chicago, wo sie als Kollegen von Albrecht und Davis am Institute on Disability and Human Development am College of Applied Health Sciences bis 2008 das bereits 1997 gegründete, weltweit erste Doktorandenprogramm in Disability Studies leiteten, und der Temple University lehren Mitchell und Snyder seit 2013 am Department of English der George Washington University in Washington, DC. Ihr dortiger Kollege ist der prominente Kulturwissenschaftler McRuer (2006), dem das Verdienst zukommt, die Queer Disability Studies (vgl. 5.4 und 7.4) begründet zu haben.

Eine bedeutende Vertreterin der Cultural Disability Studies in den USA ist auch die Englischprofessorin Susan M. Schweik, die an der University of California at Berkeley lehrt. In *The Ugly Laws* (2010) analysiert sie die Verdrängung von behinderten Menschen aus öffentlichen Räumen am Ende des 19. und Beginn des 20. Jahrhunderts. Der Standort Berkeley ist für die Disability Studies von Bedeutung, da hier in den 1960er Jahren Roberts, der bereits erwähnte Vorstreiter für das selbstbestimmte Leben und

Bildungsrecht behinderter Menschen, studierte. Zu seinen Ehren richtete die Universität das Ed Roberts Fellowship in Disability Studies für Postdoktoranden ein, für das Schweik verantwortlich war, bis es Mitte der 2000er Jahre eingestellt wurde. Seit 2010 sind die Disability Studies an der Universität Berkeley in das große, interdisziplinäre Othering and Belonging Institute eingegliedert, wo sie als eines von sieben Research Clusters mit dem Fokus auf Inklusion und Diversität betrieben werden.

Im deutschsprachigen Raum ist die Entwicklung der kulturwissenschaftlichen Disability Studies ganz ähnlich wie auf internationaler Ebene verlaufen, wenn auch zeitlich verzögert und nicht ganz so dynamisch. Hierzulande entwickelten sich bereits zu Beginn der 1980er Jahre die ersten Anfänge der Deaf Studies (Rombach/Kellermann 2021). So wurde 1983 an der Universität Hamburg die Forschungsstelle für Gebärdensprache etabliert, aus der 1987 das Zentrum für Deutsche Gebärdensprache und Kommunikation Gehörloser hervorging. Ebenfalls 1987 wurde *DAS ZEICHEN – Zeitschrift für Sprache und Kultur Gehörloser* gegründet; allerdings hat sie kein Peer Review und ist damit keine akademische Publikation im strengen Sinne. Die von der Gesellschaft für Gebärdensprache und Kommunikation Gehörloser e.V. (GGKG e.V.) herausgegebene und im 34. Jahrgang (2020) veröffentlichte Zeitschrift hat früh Impulse der internationalen Deaf Studies und der deutschsprachigen Disability Studies aufgegriffen.

Vor allem die Arbeiten von Christian Mürner, einem aus der Schweiz stammenden, seit 1977 in Hamburg lebenden Behindertenpädagogen und Publizisten, lassen sich im Rückblick in die kulturwissenschaftlichen Disability Studies einordnen. Mürner, der sich als nichtbehinderter Unterstützer der Krüppelbewegung versteht und unter anderem mit dem Aktivisten Udo Sierck publiziert, veröffentlichte z.B. zu *Behinderung als Metapher* in der

Literatur (Mürner 1990) und der *Medien- und Kulturgeschichte behinderter Menschen* (Mürner 2003). Mit dem Kulturvergleich beschäftigt sich der Sammelband *Disability in Different Cultures: Reflections on Local Concepts* (Holzer et al. 1999), der aus einem Symposium des Vereins Behinderung und Entwicklungszusammenarbeit e.V. hervorging.

Was die expliziten Disability Studies betrifft, hatte hierzulande – im Unterschied zu Großbritannien – der kulturwissenschaftliche Ansatz von Anfang an Bedeutung. In der Gründungsphase fanden gleich drei entsprechende Veranstaltungen statt. Zum einen gab es die beiden internationalen Tagungen ›Der (im-)perfekte Mensch‹ (2001 in Dresden) und ›Phantomschmerz‹ (2002 in Berlin) im Rahmen der erwähnten Ausstellung des Deutschen Hygiene-Museums (Lutz et al. 2003); zum anderen wurde 2003 als Teil der Sommeruniversität in Bremen die Tagung ›Kulturwissenschaftliche Perspektiven der Disability Studies‹ durchgeführt (Waldschmidt 2003a). An der Kölner Universität fand außerdem 2012 die internationale Tagung ›Contact Zones: Disability, Culture, Theory – Encounters between Disability Studies and Cultural Studies‹ statt (Waldschmidt et al. 2017). Auch die Buchreihe *Disability Studies* ist kulturwissenschaftlich orientiert. Ein eigenes Zentrum haben die deutschsprachigen Cultural Disability Studies noch nicht. Jedoch gibt es vielfältige Forschungsaktivitäten (vgl. 5.3. und 7.3).

In der Literaturwissenschaft hat z.B. Urte Helduser (2016) eine Studie zu *Imaginationen des Monströsen. Wissen, Literatur und Poetik der Missgeburt 1600–1835* vorgelegt. Mit sinnlicher Wahrnehmung und medialen Praktiken des Sehens und Hörens im Kontext von Behinderung beschäftigt sich die Medienwissenschaftlerin Beate Ochsner (Ochsner/Stock 2016). Hatte sie zunächst die Produktion von Behinderung in der visuellen Kultur thematisiert (Ochsner/Grebe 2013), untersucht sie seit Mitte der

2010er Jahre im Rahmen einer Forschungsgruppe an der Universität Konstanz die mit dem Cochlea-Implantat verbundenen Verheißungen und Zumutungen für hörbeeinträchtigte Menschen. Künftig könnte sich auch die in 2020 erfolgte Berufung von Saerberg, einem Kultursoziologen und blinden Künstler, auf die erwähnte Stiftungsprofessur am ZeDiSplus in Hamburg befruchtend auswirken.

Der Überblick über die internationale Forschungslandschaft zeigt, dass sich die kulturwissenschaftlichen Disability Studies nicht nur mit einer Vielzahl von Themen befassen, sondern – ebenso wie die anderen Stränge der Disability Studies – weltweit betrieben werden. Für die Tschechische Republik ist z.B. die Kulturwissenschaftlerin Kateřina Kolářová zu nennen. Sie lehrt am Department of Gender Studies der geisteswissenschaftlichen Fakultät der Prager Karlsuniversität und veranstaltete 2010 die internationale Tagung ›Cripping Neoliberalism: Interdisciplinary Perspectives on Governing and Imagining Dis/Ability and Bodily Difference‹. Neben Aufsätzen zu Intersektionalität, Sexualität, Gender und zur postsozialistischen Behindertenpolitik (Kolářová 2015; 2017) hat sie 2013 den ersten Sammelband zu den kulturwissenschaftlichen Disability Studies auf Tschechisch herausgegeben.

Außer den in diesem Kapitel erwähnten Ländern gibt es weitere Sprachräume und Regionen wie etwa die arabisch-islamische Welt (Marshall et al. 2009), den Iran (Goodrich 2019), Israel (Eichengreen et al. 2016) und Russland (Rassell/Iarskaia-Smirnova 2014; Hartblay 2014; Nosenko-Stein 2017), in denen Disability Studies betrieben werden. Zum Schluss der Tour, die wir in den USA und damit auf dem amerikanischen Kontinent begonnen haben, bietet es sich an, einen kurzen Abstecher zu den Ländern Südamerikas und den spanischsprachigen Disability Studies zu machen, die bis jetzt noch eher Nachzügler sind, sich aber in der letzten Zeit ebenfalls zu Wort melden. Zur Iberischen Halbinsel hat der nordamerikanische Kulturwissenschaftler Benjamin Fraser unter anderem über *Disability Studies and Spanish Culture* (2013) publiziert; aus Sicht der Queer Disability Studies beschäftigt sich auch McRuer (2018) mit Spanien. Zu den *Disability Studies in the Hispanic World* hat Encarnación Juárez-Almendros (2013) ein Schwerpunktheft im *Arizona Journal of Hispanic Cultural Studies* herausgegeben, dessen sechs Beiträge sich neben Spanien auch mit Mexiko und Guatemala befassen. Perspektiven »from the Americas« bieten Amy Reed-Sandovala und Roberto Sirvent (2019). Juárez-Almendros (2013, 153–154) konstatiert zwar noch »the scarcity of equivalent works in the Hispanic humanities«, merkt aber zugleich an, es gebe »a developing interest in disability criticism – and in the historical investigation of disability – in the fields of modern and contemporary Hispanic Studies«.

4. Modelle von Behinderung in den Disability Studies

Häufig erfolgt der Einstieg in die Disability Studies nicht über die Rezeption des internationalen Forschungsstandes, wie es die gerade unternommene Weltreise nahelegt, sondern im Rahmen einer Modelldebatte, d.h. einer Auseinandersetzung über verschiedene Perspektivierungen von Behinderung. Sicherlich haben die Modelle von Behinderung maßgeblich zur Profilierung des Forschungsfeldes beigetragen, die Theoriearbeit im engeren Sinne können sie jedoch nicht ersetzen. Um das Anliegen der Disability Studies zu verstehen, ist die Kenntnis der heuristischen Ansätze dennoch sinnvoll. Vorab sei erwähnt, dass es mittlerweile eine Vielzahl von Modellen in den Disability Studies gibt (Pfeiffer 2002; Wasserman et al. 2016; Conway 2017; Goodley 2017a). Für die britischen Disability Studies ist z.B. das affirmative Modell von Behinderung wichtig. Es gründet »in the benefits of life style and life experience of being impaired and disabled« (Swain/French 2000, 569) und will das Selbstbewusstsein behinderter Menschen stärken. Die Dis/ability History der Vormoderne diskutiert unter anderem das »environmental model« und »religious model« (Nolte et al. 2017, 63–68). In den kulturwissenschaftlichen Disability Studies schlägt Petra Kuppers (2009) ein »rhizomatic model of disability« vor; für die literaturwissenschaftliche Analyse hat Bolt (2015) das »tripartite model of dIsability« entwickelt. In den Deaf Studies werden wiederum eigene Ansätze wie das kulturlinguistische Modell diskutiert (Rombach/Kellermann 2021). Angesichts dieser Vielfalt kann es im Folgenden nicht um Vollständigkeit gehen. Vielmehr beschränke ich mich auf die Ansätze, die in dem Diskurs als zentral angesehen werden, und orientiere mich dabei an Shakespeare (2006) und Goodley (2017a). Dabei wird en passant auch die wichtige Rolle der Behindertenbewegung für die Entstehung der Disability Studies deutlich werden (Köbsell 2021). Da die Modelldiskussion an anderer Stelle bereits intensiv geführt wurde (z.B. Waldschmidt 2005, 2018), fällt die Darstellung eher knapp aus.

4.1 Das individuelle Modell

Die Modelldiskussion in den Disability Studies dient vor allem dazu, sich von gängigen Denkweisen über Behinderung abzusetzen. Deren Gemeinsamkeiten können mithilfe der Rekonstruktion eines sogenannten individuellen Behinderungsmodells zusammengefasst werden, das auch unter den Bezeichnungen medizinisches Modell oder Rehabilitationsansatz firmiert. Genau genommen müsste es eigentlich individualisierendes oder individualistisches Modell heißen (Waldschmidt 2005, 16), denn der Ansatz denkt die komplexe Differenzkategorie Behinderung primär von der einzelnen Person aus und blendet die gesellschaftlichen Bedingungen weitgehend aus. Das individuelle Modell von Behinderung hat sich implizit entwickelt. Im Unterschied zu den anderen Varianten wurde es nie ausdrücklich formuliert.

Die Vorannahmen individualisierender Betrachtungsweisen fassen Michelle Fine und Adrienne Asch (1988) so zusammen: Erstens werde eine Beeinträchtigung ausschließlich in der Biologie verortet, weshalb Behinderung unkritisch als unabhängige Variable verstanden werde. Zweitens werde angenommen, dass die Probleme einer behinderten Person im Wesentlichen durch ihre Beeinträchtigung verursacht seien. Drittens werde die behinderte Person als ›Opfer‹ betrachtet, das seine Situation nicht selbst verschuldet habe. Viertens werde vorausgesetzt, dass Behinderung für das Selbstkonzept betroffener Personen und ihre Bezugsgruppen von zentraler Bedeutung sei. Fünftens werde davon ausgegangen, dass Behinderung automatisch mit einem Bedürfnis nach Hilfe und sozialer Unterstützung einhergehe. Thomas (1999) resümiert die Grundannahmen des individualisierenden Ansatzes so: »that impairment is a misfortune or a tragedy, that disabled people's problems stem mainly or exclusively from their impairment, that rehabilitation – or restoration to as near as normal functioning as possible – must be the desired goal, and that people with impairment are dependent, limited, objects of pity« (ebd., 17).

Die Gesellschaft kommt bei diesem Modell eigentlich nur auf zwei Ebenen ins Spiel: Erstens gelten Bildung, Rehabilitation und Versorgung behinderter Menschen als sozialpolitische Handlungsfelder, für die der Staat verantwortlich ist. Zweitens werden Vorurteile und Stigmatisierungen als hinderlich für Rehabilitation und Inklusion angesehen, weshalb Bewusstseinskampagnen an die ›Normalen‹ appellieren, hilfsbereit und respektvoll mit denjenigen umzugehen, die ›im Schatten leben‹. Was die Praxisrelevanz betrifft, ist das individuelle Modell sicherlich bis in die 1980er Jahre hinein vor allem in den westlichen Wohlfahrtsstaaten nahezu unangefochten gewesen. Dass es in den letzten vier Jahrzehnten in die Defensive geraten ist, lässt sich unter anderem auf die internationale Politik zurückführen. Wie bereits angesprochen, hat z.B. die WHO in ihrer International Classification of Functioning, Disability and Health von 2001 verstärkt gesellschaftliche Faktoren berücksichtigt. Zudem betont seit 2006 die Behindertenrechtskonvention, dass Behinderung aus Wechselwirkungen zwischen Beeinträchtigungen und Barrieren entsteht, welche die Partizipation am gesellschaftlichen Leben ›behindern‹. Noch ist allerdings unklar, ob die veränderten Begrifflichkeiten und Denkansätze tatsächlich auch zu einem anderen Umgang mit Behinderung führen. Die Beharrungskraft traditioneller, defizitorientierender Sichtweisen lässt sich in vielen Forschungs- und Praxisfeldern feststellen. So wird in der Heil- und Sonderpädagogik weiter mit dem Störungsbegriff gearbeitet, und selbst die Inklusionspädagogik ist vor dem Rückfall in individualisierende Denkweise nicht gefeit, wenn sie etwa auf das ›Förderkind‹ abhebt anstatt auf Bildungspolitik, Schulstrukturen und pädagogische Praktiken.

4.2 Das relationale Modell aus Skandinavien

Der Blick nach Nordeuropa zeigt, dass dort der individualisierende Ansatz schon seit Längerem keine Monopolstellung mehr hat. Im Kontext der Enthospitalisierungsbewegung wurde ab den 1950er Jahren insbesondere in Norwegen und Schweden, aber auch in Dänemark, Finnland und Island eine Perspektive entwickelt, die Behinderung als eine Interaktion zwischen Beeinträchtigungen und Umweltbedingungen versteht. Unter den hier diskutierten Ansätzen ist dieses relationale Modell der älteste Versuch, Behinderung gesellschaftsorientiert zu denken. Der Forschung zu Behinderung in den skandinavischen Ländern hat es die wesentlichen Impulse geliefert (Gustavsson et al. 2005; Roulstone 2013; Söder 2013). Der Fokus auf die gesellschaftliche Ebene verbindet den Ansatz mit den Disability Studies. Prominente Vertreter des relationalen Modells wie etwa Tøssebro aus Norwegen sowie Gustavsson und Söder aus Schweden sympathisieren deshalb mit den kritischen Studien. Auch das Centre for Disability Studies in Reykjavík bezieht sich unter anderem auf das relationale Modell (Bertilsdotter Rosqvist et al. 2018, 1). Bei seiner Entwicklung spielte allerdings die Behindertenbewegung nur eine marginale Rolle.

Aus Sicht der britischen Disability Studies hat das relationale Modell entscheidende Schwächen (Barnes 2020, 25). Erstens stützt es sich auf das Normalisierungsprinzip, ein vor allem in den 1960er bis 1980er Jahren einflussreiches Reformkonzept, das postuliert, dass sich die Einrichtungen für behinderte Menschen an den in der Mehrheitsgesellschaft üblichen Lebensbedingungen und Alltagswelten orientieren und ein Leben ›so normal wie möglich‹ gewährleisten sollten. Auch wenn es im Sinne der Disability Studies ist, die primär auf Verwahrung ausgerichteten Großeinrichtungen der Behindertenhilfe und Psychiatrie aufzulösen und in kleinere Einrichtungen zu überführen, üben sie doch am Normalisierungsprinzip – teilweise scharfe – Kritik (Chappell 1992, 39; Oliver 2009, 87–105; Bertilsdotter Rosqvist et al. 2018, 2). Problematisiert wird vor allem der damit einhergehende Normalisierungsdruck: Zwar gehe es offiziell darum, das Leben in den Einrichtungen und nicht die Bewohner selbst zu normalisieren, jedoch werde implizit von den Menschen mit Behinderungen erwartet, sich an die Normen und Standards der Mehrheitsgesellschaft anzupassen.

Zweitens ist das relationale Modell mit der skandinavischen, in der zweiten Hälfte des 20. Jahrhunderts von sozialdemokratischen Regierungen maßgeblich gestalteten Wohlfahrtsstaatlichkeit eng verbunden. Ihr zufolge hat Sozialpolitik die Aufgabe, einen nichtdiskriminierenden Zugang zu Sozial- und Versorgungsleistungen für alle Gesellschaftsmitglieder zu gewährleisten. Im Sinne dieses universalistischen Ansatzes ist auch die Unterstützung von Menschen mit Behinderungen inkludierend zu gestalten. Im relationalen Modell werden deshalb staatliche Sozialpolitik und professionelle Expertise grundsätzlich positiv gesehen. Dagegen problematisieren die Disability Studies die bevormundende Rolle von Experten und die kontrollierende, disziplinierende Funktion staatlicher und karitativer Institutionen. Selbstkritisch meint Söder (2013, 102), die Motivation für die Entwicklung des relationalen Modells sei eigentlich eine Kritik am klinisch-medizinischen Ansatz gewesen, doch sei es letzlich zu vage geblieben.

4.3 Das US-amerikanische Minderheiten- oder Randgruppenmodell

Im Unterschied zum relationalen Ansatz ist das US-amerikanische Minderheiten- oder Randgruppenmodell explizit im Kontext der Behindertenbewegung formuliert worden. Inspiration für diese neue soziale Bewegung lieferten in den USA zum einen die Bürgerrechtsbewegung der Schwarzen, zum anderen die Bewegungen der Frauen und der Homosexuellen. Mobilisierend wirkte sich auch der Vietnamkrieg aus, als dessen Folge Kriegsveteranen, die mit Beeinträchtigungen aus dem Krieg zurückkehrten, begannen, sich politisch zu engagieren. Ungeachtet ihrer Unterschiede hatten die Strömungen ein gemeinsames Grundverständnis: »[They] tended to focus on issues of ›majority‹ or ›dominant‹ groups versus ›minority‹ or ›disempowered‹ groups. Thus the problem faced by people with disabilities is seen as resulting from the stigma that is placed upon them by people without disabilities and the resulting exclusion and disenfranchisement from public life.« (Conway 2017, 305)

Vor allem Hahn und Zola, die bereits erwähnten Sozialwissenschaftler und Behindertenaktivisten, gelten als Begründer des Minderheitenansatzes. Hahn (1983) entwickelt das Konzept, indem er die Situation behinderter Menschen mit anderen Randgruppen vergleicht. Zwar könnten – im Unterschied etwa zu ethnischen oder religiösen Minderheiten – behinderte Menschen nicht auf eine gemeinsame kulturelle Tradition zurückgreifen. Gleichwohl gebe es drei Gründe für ihren Randgruppenstatus (ebd., 38–39): Erstens seien behinderte Menschen mit ähnlichen Diskriminierungen wie andere Minderheiten konfrontiert; ihre gesellschaftliche Ausgrenzung führe zu der Einweisung in Sonderschulen und einer eingeschränkten Teilhabe am Arbeitsmarkt, zum Ausschluss aus dem öffentlichen Raum durch Barrieren und zu einem höheren Armutsrisiko. Zweitens sei ähnlich wie bei anderen Randgruppen die Identifizierung als ›behindert‹ in sozialen Begegnungen relativ leicht möglich, da Beeinträchtigungen zumeist wahrnehmbar und behinderungsbedingte Hilfsmittel sichtbar seien. Diese Markierungen würden wie schwarze Hautfarbe oder religiöse Zeichen zur Rechtfertigung von Ausgrenzung und Abwertung benutzt. Drittens sei die Behinderungseigenschaft in der Regel weder selbst gewählt, noch könne sie ohne Weiteres aufgegeben oder wie ein Kleidungsstück einfach abgelegt werden; vielmehr handele es sich um eine unfreiwillige Zuschreibung mit Zwangscharakter.

Trotz dieser frühen Konzeptualisierung arbeiteten die US-amerikanischen Disability Studies das Modell nicht weiter aus. Möglicherweise war dies der pragmatisch-politischen Ausrichtung des Randgruppenansatzes geschuldet. Konkret ging es um den Kampf für gleiche Rechte, gegen Diskriminierung und Aussonderung, für die kulturelle Anerkennung und Repräsentation. Dabei wurde unter dem Slogan ›Nothing About Us Without Us‹ großer Wert auf die Selbstvertretung gelegt. Entsprechend konzentrierten sich die Aktivistinnen und Aktivisten darauf, Centers for Independent Living aufzubauen, in denen behinderte Menschen andere gleichermaßen Betroffene bei der Gestaltung eines selbstbestimmten, barrierefreien Alltags mit persönlicher Assistenz unterstützten. Gleichzeitig wurde auf der politischen Ebene Lobbyarbeit unternommen, womit man recht früh erfolgreich war. Bereits 1973 wurde mit Section 504 des Rehabilitation Act ein nationales Gleichstellungsgesetz verabschiedet, das öffentlichen Stellen und öffentlich finanzierten Einrichtungen Diskriminierung auf der Basis von Behinderung verbot. Zusätzlich wurde 1990 das Gesetz ›Americans with Disabilities Act‹ (ADA) erlassen, das Barrierefreiheit im öffentlichen Raum und die rechtliche Gleichstellung insbesondere im Arbeitsleben gewährleistete.

4.4 Das soziale Modell der britischen Disability Studies

Unter den hier vorgestellten gesellschaftsorientierten Ansätzen ist das soziale Behinderungsmodell britischer Prägung am prominentesten (Barnes 2020). Im Laufe der Jahrzehnte hat es das Randgruppenmodell aus den USA in den Hintergrund gedrängt. In vielen Darstellungen werden die beide Ansätze – trotz einiger Unterschiede (Wasserman et al. 2016) – aber auch miteinander vermischt, da sie sich wegen ihrer Verwurzelung in der Behindertenbewegung und der gesellschaftskritischen Ausrichtung ähneln.

Im Wesentlichen sind es drei Grundannahmen (Oliver 2009, 41–57), die den Kern des sozialen Modells ausmachen: Erstens sei Behinderung eine soziale Ungleichheit und für die Exklusion und Aussonderung behinderter Menschen seien die sozioökonomischen Strukturen ursächlich. Zweitens sei Behinderung (disability) von der Beeinträchtigung (impairment) systematisch zu unterscheiden. Während es sich bei letzterer um eine klinisch relevante Auffälligkeit oder funktionale Einschränkung handle, sei Behinderung das Produkt sozialer Organisation. Sie entstehe aufgrund einer Vielzahl an Barrieren, die eine gleichberechtigte Teilhabe am Leben in der Gemeinschaft verhinderten. Drittens müsse nicht der einzelne, sondern die Gesellschaft sich ändern. Behinderung sei nicht ein individuelles, sondern ein soziales Problem, das der solidarischen Unterstützung bedarf. Zudem könnten sich behinderte Menschen selbst vertreten, denn sie seien zu Selbstbestimmung fähig und mündige Bürgerinnen und Bürger.

Die Entstehungsgeschichte des sozialen Modells (Barnes 2020, 14–17) lässt sich auf eine konkrete Initialzündung zurückführen. 1972 hatten die beiden körperbehinderten Aktivisten Paul Hunt (1937–1979) und Finkelstein in England eine neue Behindertenrechtsorganisation initiiert, die Union of the Physically Impaired Against Segregation (UPIAS). Der Zusammenschluss argumentierte gegen Bevormundung durch Experten, segregierende Heimunterbringung und eine vom Fürsorgegedanken geleitete Behindertenpolitik. Zur gleichen Zeit setzte sich die Disability Alliance, ein zivilgesellschaftlicher, vom Stellvertretungsgedanken geleiteter Behindertenverband, für Fürsorgeleistungen für behinderte Menschen ein. Im November 1975 trafen sich die (männlichen) Vertreter beider Organisationen zu einer Diskussionsrunde, die protokolliert wurde (UPIAS/Disability Alliance 1976). Seitens UPIAS wurden in diesem Zusammenhang das Recht auf Arbeitsmarktteilhabe und ein unabhängiges Leben gefordert, schließlich hätten das Armutsrisiko und die soziale Isolation behinderter Menschen gesellschaftliche Wurzeln. Grundlage der Auseinandersetzung war das von der UPIAS erarbeitete Positionspapier *Fundamental Principles of Disability*. Dieses Dokument (ebd.) gilt als die früheste, wenn auch implizite Version des sozialen Behinderungsmodells.

Bei der Lektüre gewinnt man den Eindruck, dass auch im britischen Diskurs der Randgruppenansatz durchaus präsent ist. Jedoch wird das Wort Minderheit (minority) weder in den *Fundamental Principles* noch in der Diskussion explizit benutzt. Es finden sich auch keine Hinweise auf die zeitgleich stattfindende, ebenfalls bewegungspolitische und thematisch sehr ähnliche Debatte in den USA. Dagegen wird mit der mehrfach auftauchenden Formulierung, Behinderung sei »a particular form of social oppression« (ebd., 14), auf den Unterdrückungsbegriff explizit Bezug genommen. Eine genauere Erläuterung erfolgt jedoch nicht. Erst Abberley (1987) wird versuchen, eine entsprechende Theorie zu entwickeln, und dabei im Wesentlichen neomarxistisch argumentieren (vgl. 5.2).

Folgende Passage aus dem Positionspapier gilt als Schlüsselaussage und Ausgangspunkt des sozialen Behinderungsmodells: »In our view, it is society which disables physically impaired people. Disability is something imposed on top of our impairments, by the way we are unnecessarily isolated and excluded from full participation in society. Disabled people are therefore an oppressed group in society.« (UPIAS/Disability Alliance 1976, 3) Offensichtlich mithilfe sozialwissenschaftlicher Vorannahmen wird somit die Beeinträchtigung oder Schädigung, aus der nicht zwangsläufig Behinderung resultiert, streng getrennt von der Benachteiligung, Isolation und Exklusion durch die Gesellschaft. Diese würden zwar – ›unnecessarily‹ – auf eine Beeinträchtigung zurückgeführt, hingen aber nicht notwendigerweise damit zusammen. UPIAS fasst folglich Disability als kontingente, keineswegs hinreichende Folge von Impairment. Als entscheidender Faktor dafür, dass ein Behinderungsgeschehen stattfindet, wird die gesellschaftliche Reaktion angesehen.

Da sich UPIAS als Interessenvertretung körperlich beeinträchtigter Menschen verstand, hatte man sich zunächst nur auf diese Personengruppe bezogen. Schnell war jedoch klar, dass ein umfassenderer Ansatz sinnvoll war. Entsprechend initiierte UPIAS zu Beginn der 1980er Jahre auf nationaler Ebene die Gründung des British Council of Disabled People als beeinträchtigungsübergreifendes Selbstvertretungsorgan. Bei dessen Konstituierung im Jahr 1981 wurde Finkelstein als erster Sprecher gewählt. Im gleichen Jahr gelang es, das soziale Behinderungsmodell auch auf der internationalen Ebene zu verankern. Ebenfalls unter aktiver Beteiligung von Finkelstein wurde mit Disabled Peoples' International (DPI) eine von Betroffenen geführte, global agierende Behindertenrechtsorganisation gegründet. Auf dem ersten Gründungskongress 1981 wurde der britische Ansatz von DPI übernommen und verallgemeinert; auf der Ebene der Beeinträchtigung ging es nun um »physical, mental or sensory impairment« (Thomas 1999, 15).

Nach diesen bewegungspolitischen Ereignissen dauerte es nicht lange, bis die Grundideen des sozialen Modells auch von der Wissenschaft aufgegriffen wurden. Ab Mitte der 1970er Jahre begannen Abberley, Barnes, Finkelstein, Oliver und andere, das Konzept in Forschung und Lehre zu benutzen. Die meisten frühen Akteure brachten neben ihrer wissenschaftlichen Qualifikation persönliche Behinderungserfahrungen mit, vertraten neomarxistischen Positionen und waren in der britischen Behindertenbewegung aktiv. Die Akademisierung des Ansatzes, die sicherlich nicht zufällig in einer Phase der Konjunktur kritischer Sozialwissenschaft stattfand, wird vor allem Oliver zugeschrieben. Er nutzte das UPIAS-Konzept für seine Lehre im Fach Soziale Arbeit und im Rahmen des Kurses ›The Handicapped Person in the Community‹ an der Open University. 1983 veröffentlichte er zusammen mit Bob Sapey und Pam Thomas das Buch *Social Work with Disabled People*, das als erstmalige wissenschaftliche Veröffentlichung des sozialen Modells gilt (Oliver et al. 1983). In der Folgezeit machte das soziale Modell sowohl in Großbritannien als auch international eine beachtliche Karriere: »It was foundational to the [British] Disability Discrimination Act (1995) and the later Equality Act (2010) [...]. The social model also influenced the United Nations Convention on the Rights of Persons with Disabilities [...], which was one of the most innovative and far-reaching pieces of legislation.« (Berghs et al. 2019b, 1035)

Gleichzeitig wurde das soziale Modell aber auch Opfer des eigenen Erfolgs (Barnes 2020, 19–23). Denn der ursprüngliche Begründungszusammenhang, die dezidierte Kritik an Struktur und Logik der kapitalistischen Gesellschaft, geriet mit der Zeit immer mehr in den Hintergrund. Während Oliver (2009, 2019) auf dem materialistischen Standpunkt beharrt hat, verkürzt z.B. Goodley (2017a, 11) den Ansatz auf »a social barriers concern«, auch wenn er gleichzeitig konzediert: »The social model approach is classic counter-hegemony [...].« Zudem hat das soziale Modell in den letzten Jahrzehnten immer wieder vielstimmige Kritik auf sich gezogen (z.B. Shakespeare/Watson 2002; Shakespeare 2006, 29–53). Gleichzeitig gilt es auch heute noch sowohl für die Behindertenbewegung wie auch für den wissenschaftlichen Diskurs als zentraler Referenzpunkt, und in aktuellen Einführungen, Hand- und Lehrbüchern insbesondere der britischen Disability Studies (z.B. Swain et al. 2014; Cameron 2014; Goodley 2017a, Watson/Vehmas 2020) wird es weiter eingehend behandelt.

Olivers (2019) posthum veröffentlichte Bilanz fällt allerdings eher resignativ-pessimistisch aus. Er argumentiert, dass es dem Diskurs wie auch der Bewegung in den 1970er bis Ende der 1990er Jahre um die Themen ›disability politics, activism and pride‹ gegangen sei (ebd., 1029–1030). In der anschließenden Phase bis zur Gegenwart hätten dagegen ›disability corporatism, managerialism and special pleading‹ dominiert (ebd., 1030–1032). Während Oliver einen national geprägten Blick hat und die UN-BRK nicht erwähnt, plädieren z.B. Berghs et al. (2019b) für ein erneuertes soziales Modell, das ausgehend von den Grund- und Menschenrechten »true citizenship« (ebd., 1037) in den Mittelpunkt stellt. Tatsächlich könnten die jüngsten Entwicklungen, die in Großbritannien vom Brexit, massiven Kürzungen sozialstaatlicher Leistungen und einer als schwach wahrgenommenen Behindertenbewegung geprägt sind, dazu führen, dass die Debatte um das soziale Modell künftig wieder Fahrt aufnimmt.

4.5 Das menschenrechtliche Modell

Die mehrfach angesprochene UN-Behindertenrechtskonvention gilt gemeinhin als Umsetzung und somit größter Erfolg sowohl des sozialen Modells von Behinderung als auch des Randgruppenansatzes als der beiden im Kontext der Behindertenbewegung entwickelten Ansätze. Bereits in den 1990er Jahren, während der Vorbereitungsphase der internationalen Verhandlungen zur Erarbeitung der Konvention, entstanden Veröffentlichungen, die in Richtung eines menschenrechtlichen Modells von Behinderung wiesen (z.B. Degener/Koster-Drees 1995). In ihrer Studie *Human Rights and Disability. The Current Use and Future Potential of United Nations Human Rights Instruments in the Context of Disability* argumentierten z.B. Quinn und Degener (2002), dass eine Menschenrechtskonvention für behinderte Menschen notwendig sei.

In den letzten fünfzehn Jahren hat die UN-BRK zur Wahrnehmung von Menschen mit Behinderungen als Menschenrechtssubjekte entscheidend beigetragen. Sie enthält nicht nur eine internationale Kodifizierung der behindertenspezifischen Menschenrechtspolitik, sondern auch ein umfassendes Konzept von Behinderung als Menschenrechtsfrage. Entsprechend hebt Degener (2015, 2017) in ihrer Darstellung des menschenrechtlichen Modells hervor, dass es universale Menschenrechte gibt, die jedem Mitglied der Menschheitsfamilie und somit auch behinderten Menschen von vorneherein zustehen. Der allgemeine Katalog der Menschenrechte müsse allerdings für Menschen mit Behinderungen spezifiziert und konkretisiert werden, da nur so gewährleistet sei, dass eine Inanspruchnahme der Rechte in der Praxis auch stattfinden kann. Stärker als die anderen Ansätze betont das menschenrechtliche Modell die Bedeutung von Grundrechten und fordert dazu auf, alle Menschen mit Behinderungen als Rechtssubjekte anzuerkennen. Zugleich überschneidet es sich mit dem Randgruppenmodell und dem sozialen Modell insofern, als es ebenfalls die Herausbildung kollektiver Identitäten – z.B. von gehörlosen Menschen, behinderten Frauen oder Migrantinnen mit Behinderungen – unterstützt. Ähnlich wie die anderen Perspektiven bietet das menschenrechtliche Modell Leitlinien für die Behindertenpolitik, etwa wenn es darum geht, inklusive Erziehung zu verwirklichen, Barrierefreiheit zu gewährleisten oder Armut zu bekämpfen.

Vor allem Degener versucht, den Ansatz dezidiert in Abgrenzung zum sozialen Modell zu begründen. Allerdings fehlt es bisher noch an einer differenzierten Begründung, warum es sich bei dem menschenrechtlichen Modell tatsächlich um einen neuen Ansatz und nicht eher um eine rechtswissenschaftliche Variante des sozialen Modells handeln soll. Beschäftigt man sich genauer mit der Entstehung von Recht und Rechtsstaatlichkeit sowie der Geschichte der Menschenrechte, wird man feststellen, dass es sich dabei essenziell um gesellschaftliche Praktiken handelt. Insofern geht es im menschenrechtlichen Modell weiterhin um eine gesellschaftsorientierte Perspektive. Aus diesem Grund ist nachvollziehbar, dass z.B. Berghs et al. (2019b, 1037) für »a stronger social model: a social model of human rights« plädieren.

4.6 Das kulturelle Modell

Parallel zu den bisher skizzierten Perspektivierungen von Behinderung entstanden ab Ende der 1980er Jahre vor allem in den US-amerikanischen Disability Studies eine Reihe von Arbeiten (z.B. Murphy 1987; Bogdan 1988; Davis 1995; Garland-Thomson 1997), die mithilfe geisteswissenschaftlicher Zugänge und Methoden kulturell bedingte Ausgrenzungen und symbolische Vorstellungen von Behinderung untersuchten. Zusätzlich entwickelten sich vielfältige künstlerische Aktivitäten von und mit behinderten Menschen, die auch als Disability Culture & Arts bezeichnet werden (vgl. 3.3). Wenn auch zunächst nur implizit, begründeten diese verschiedenen Beiträge das kulturelle Modell von Behinderung (Goodley 2017a, 13–16). Im Wesentlichen handelt es sich dabei ebenfalls um eine gesellschaftsorientierte Variante, schließlich sind kulturelle Handlungen und Artefakte immer schon in die Gesellschaft eingebettet. Dennoch erscheint es sinnvoll, mithilfe der Cultural Studies den Zusammenhang von Behinderung und Kultur als eigenes Thema zu behandeln. Was die Konturen des kulturellen Modells betrifft, begegnet man an dieser Stelle der Schwierigkeit, dass es zwar eine entsprechende vielfältige Forschung gibt, deren Gemeinsamkeiten sich jedoch nicht ohne Weiteres auf einen Nenner bringen lassen. Gleichwohl lassen sich einige Grundannahmen herausschälen (Waldschmidt 2005, 2018).

Erstens wird davon ausgegangen, dass es sich bei Behinderung nicht allein um eine Form gesellschaftlicher Benachteiligung handelt, sondern um eine kontingente, kulturell und historisch spezifische Problematisierungsweise von Auffälligkeit und Abweichung. Erst die Assoziation unterschiedlicher Merkmale und Eigenschaften mit Anormalität stellt die kollektive Identität behinderter Menschen her. Um zu verstehen, wie und warum Behinderung zu einer naturalisierten und verkörperten Kategorie der Humandifferenzierung werden konnte, ist, zweitens, ein vertieftes Verständnis der Kategorisierungsprozesse, die kritische Analyse ausgrenzender Wissensordnungen und der durch sie konstituierten Realität notwendig. Mit dem kulturwissenschaftlichen Ansatz wird, drittens, die analytische Perspektive umgedreht und zugleich erweitert: »Behinderung [wird] als heuristisches Moment [genutzt], dessen Analyse kulturelle Praktiken und gesellschaftliche Strukturen zum Vorschein bringt, die sonst unerkannt geblieben wären. [...] Nicht behinderte Menschen als Randgruppe, sondern die Mehrheitsgesellschaft wird zum eigentlichen Untersuchungsgegenstand.« (Waldschmidt 2005, 26–27) Viertens hat das Modell – ähnlich wie die anderen Ansätze – einen emanzipatorischen Anspruch. Kritisiert wird eine gesellschaftliche Praxis, in der es primär darum geht, homogene Gruppen zu bilden und diese zu hierarchisieren, anstatt Heterogenität und Diversität anzuerkennen und wertzuschätzen. Die kulturelle Repräsentation soll dazu beitragen, behinderte Menschen nicht als zu integrierende Minderheit, sondern als ›integralen‹ Bestandteil der Gesellschaft anzuerkennen.

In den nordamerikanischen Disability Studies argumentierte vor allem Garland-Thomson (2002, 2) recht früh für ein »understanding [of] disability as a category of analysis and knowledge, as a cultural trope, and an historical community«. Aus kulturanthropologischer Sicht plädierte auch Patrick J. Devlieger (2005) für ein kulturelles Modell, um Zusammenhänge von Migration, Ethnizität und Behinderung zu untersuchen. Snyder und Mitchell (2006a, 10) verwendeten ebenfalls den Ausdruck »cultural model«, um Behinderung »as a site of resistance and a source of cultural agency previously suppressed« zu analysieren. Eleoma Joshua und Michael Schillmeier (2010, 5) sprachen mit Blick auf die deutschsprachigen Disability Studies von einem »cultural turn« und verstanden darunter die Analyse von Kunst, Literatur und Massenmedien. Für die Postcolonial Studies hoben Clare Barker und Stuart Murray (2013, 65) hervor, dass es darum gehe, »to highlight specific located examples of disability in cultural contexts«. In jüngerer Zeit hat vor allem Waldschmidt (2018) Vorschläge zur stärkeren Profilierung des kulturellen Modells gemacht. Dabei geht sie von einem breiten Begriff von Kultur (vgl. 7.3) aus und argumentiert, dass damit der Anspruch kritischer Forschung zu Behinderung neu belebt werden könne (vgl. 5.4).

Trotz dieser Beiträge und einer damit verbundenen stärkeren Konturierung des kulturellen Modells haben sicherlich Devlieger et al. (2016, 19) recht, wenn sie darauf hinweisen, dass die Ausarbeitung dieses Ansatzes ein unvollendetes Projekt sei. Allerdings gilt dies für die anderen Modelle ebenso. Da die Auseinandersetzung über mögliche Perspektiven auf Behinderung ein Kerngeschäft der Disability Studies darstellt, wird insgesamt die ›Modelldebatte‹ sicherlich weitergehen.

4.7 Vergleichendes Fazit

Goodley (2017a, 9) stellt als wissenschaftliche Leistung des Diskurses heraus: »Disability studies' most important conceptual leap is this move from the individual to society.« Dabei haben die einzelnen Modelle jeweils eigene Beiträge geleistet. Gleichzeitig sind die Trennlinien letztlich fließend und eindeutige Zuordnungen oft nicht möglich, wie sich an einem Beispiel zeigen lässt: »The work of Tom Shakespeare in Britain can be characterised as a shift from a strong British social model perspective (that he occupied in the early 1990s) to a present-day alliance with the Nordic relational model (via a brief dalliance in the late 1990s with postmodern cultural modellists' ideas).« (ebd., 19)

Zudem haben alle dargestellten Behinderungsmodelle ihre Stärken und Schwächen. Selbst das *individuelle Modell*, das einen einseitigen biophysischen Begriff von Normalität benutzt, erweist sich in Rehabilitation und Sozialrecht als hilfreich, wenn es darum geht, individuell angepasste Behandlungsansätze und Unterstützungsangebote zu entwickeln (Rößler 2021). Das *relationale Modell* und das mit ihm verbundene Normalisierungsprinzip haben dazu beigetragen, die Versorgungsstrukturen in Richtung Inklusion auszurichten und die Teilhabemöglichkeiten für behinderte Menschen zu erweitern. Jedoch muss sich der Ansatz die Kritik gefallen lassen, dass er dem Wohlfahrtsstaat gegenüber allzu wohlwollend eingestellt ist, die Kontroll- und Disziplinierungsfunktionen sozialer Dienstleistungen ausblendet und nicht wirklich interessiert an den Erfahrungen und der Selbstvertretung der Betroffenen ist (Oliver 2009, 87–105). In den USA wurde das *Randgruppenmodell* zur Inspirationsquelle für den Kampf um politisch-rechtliche Gleichstellung und Selbstvertretung, persönliche Autonomie und kulturelle Repräsentation. Allerdings kann die damit verbundene Betonung der sozio-politischen Bedingungen bei den Einzelnen auch zum Gefühl der Machtlosigkeit führen. Wenn es um Selbstvertretung geht, verlangt der Ansatz überdies ein hohes Maß an Kompetenzen. Außerdem unterscheidet er nicht deutlich genug zwischen Beeinträchtigung und Behinderung (Goodley 2017a, 18).

Das britische *soziale Modell* von Behinderung hat seine Stärke ebenfalls in der Polyvalenz: Gleichermaßen anschlussfähig an akademische Diskurse wie an Interessenvertretung und persönliche Lebenspraxis, begründet es sowohl politische Programmatik und Identitätspolitik als auch eine sozialwissenschaftlich orientierte Heuristik. Viele Einwände gegen das soziale Modell zielen in die gleiche Richtung wie beim Randgruppenansatz (ebd., 14). Beide Ansätze basieren etwa auf der Annahme, dass es eine relativ homogene Gruppe behinderter Menschen gibt, die gemeinsame Interessen eint. Das soziale Modell geht zusätzlich mit seiner Trennung von Impairment und Disability von einer zu einfachen Dichotomie von ›Natur‹ und ›Kultur‹ aus und vernachlässigt die verkörperten Dimensionen von Behinderung (Hughes/Paterson 1997). Eine andere Schwäche dieses Ansatzes ist der strukturtheoretische Fokus, der die Auswirkungen von Beeinträchtigungen auf den Alltag und die sozialen Interaktionen vernachlässigt. Sowohl dem sozialen Modell als auch dem Randgruppenansatz kann man im Übrigen vorwerfen, dass sie zu sehr einer Unterdrückungsthese verhaftet sind. Behinderung wird in beiden Perspektiven vornehmlich als Diskriminierung und Exklusionsmechanismus verstanden. Aus dem Blick gerät dabei, dass die Zuschreibung der Kategorie zumindest in den westlichen Wohlfahrtsstaaten den Zugang zu Unterstützungsleistungen und Nachteilsausgleichen eröffnet, auch wenn die Inanspruchnahme häufig mit sozialer Kontrolle und Stigmatisierung verbunden ist.

Dagegen wirkt das *menschenrechtliche Modell* zu wenig gesellschaftskritisch. Einerseits repräsentiert es einen »klaren menschenrechtlichen Paradigmenwechsel in der Behindertenpolitik« (Degener 2015, 57), andererseits handelt es sich um ein affirmatives ›UN-BRK-Modell‹, dessen Grundannahmen sich direkt aus der Behindertenrechtskonvention ableiten. Es tendiert dazu, die Ambivalenzen der internationalen Menschenrechtspolitik und des weltgesellschaftlichen Regimes der Vereinten Nationen zu vernachlässigen. Auch ist der Ansatz sehr pragmatisch orientiert und liefert bisher noch wenig Inspiration für die Theorieentwicklung in den Disability Studies. In diesem Punkt unterscheidet er sich vor allem vom kulturellen Modell von Behinderung, das dezidiert zur theoretischen Debatte beitragen will.

Das *kulturelle Modell* fordert zum Hinterfragen der eigenen – impliziten und expliziten – Vorannahmen und Bewertungen auf. Es postuliert, Behinderung und Normalität konsequent als Wechselverhältnis zu verstehen. Aber auch dieser Ansatz hat seine Schwächen (Waldschmidt 2018, 78). So kann er dazu führen, sich auf ›Kultur‹ im engeren Sinne zu konzentrieren und dabei bildende Kunst, Theater, Film und Literatur auf Kosten von Alltagsleben und Populärkultur zu privilegieren. Auch behandeln entsprechende Studien oft nur Symbole, Bedeutungen und Diskurse, Einstellungen und Werte, Traditionen und Verhaltensweisen. Im Kontext von Behinderung sind jedoch immer auch (materielle) Dinge, Objekte, Maschinen, Technologien und Institutionen als konkrete Objektivationen von Kultur relevant. Zudem führt das Modell manchmal dazu, die Bedeutung von Kultur zu überschätzen. Als Folge werden Machtverhältnisse und Probleme von Herrschaft, Gewalt und sozialer Ungleichheit vernachlässigt. ›Kulturalisierung‹ sollte jedoch immer auch Anlass von Kritik sein, denn oft werden damit Hegemonien und Ungerechtigkeiten verschleiert.

Schließlich trifft man, wie zu Beginn des Kapitels erwähnt, und dies gilt für jedes besprochene Modell, häufig auf das Missverständnis, dass es sich dabei um einen Theorieansatz handle. Bereits Oliver (2009, 49) sowie Barnes und Geof Mercer (2010, 33, 70) haben darauf hingewiesen, dass das soziale Modell nicht den Anspruch einer Theorie erhebt, sondern lediglich dazu auffordert, Theorieentwicklung zu betreiben. Letztlich sind Modelle nur heuristische Werkzeuge und müssen immer auch durch die Kunst des Theoretisierens ergänzt werden.

5. Theorieansätze in den Disability Studies

In ihrer Vorlesung »Was ist Theorie?« heben Hans Joas und Wolfgang Knöbl (2004, 18) hervor, dass Theorie »so notwendig wie unvermeidlich [sei], denn ohne sie wäre kein Lernen, kein konsistentes Handeln möglich: ohne Generalisierungen und Abstraktionen wäre uns die Welt nur als ein wirrer Flickenteppich einzelner unverbundener Erfahrungen und Sinneseindrücke zugänglich.« In anderen Worten und im Blick auf die Disability Studies: Während die vorgestellten Modelle von Behinderung lediglich unterschiedliche Blickrichtungen vorgeben, wird erst mit Theorie ›the eye of the beholder‹, der beobachtende Blick, gewissermaßen scharf gestellt, und aus dem ›wirren Flickenteppich‹ unterschiedlichster, mit Behinderung verbundener Praktiken wird ein klar erkennbares Gewebemuster.

Bei der folgenden Erkundung der in den Disability Studies benutzten Theorieansätze ist zum einen zu berücksichtigen, dass entsprechend der disziplinären Ausrichtung des Feldes vorrangig Theorien aus den Sozial- und Kulturwissenschaften zur Anwendung kommen. Angesichts des in diesen Fächergruppen vorherrschenden theoretischen Pluralismus, der sich auch in den Disability Studies widerspiegelt, können lediglich die wichtigsten Theorien referiert werden. Gleichzeitig ist es notwendig, sich dabei vor allem auf die internationale Debatte zu beziehen. Deren Sichtung fokussiert, neben den deutschsprachigen Beiträgen, überwiegend auf Arbeiten, die auf Englisch vorliegen. Diese Einschränkung korrespondiert mit dem nach wie vor angelsächsisch geprägten Profil der Disability Studies.

5.1 Die Klassiker Erving Goffman und Michel Foucault – Rezeption und Kritik

Am Beginn der Disability Studies stand letztlich eine Unzufriedenheit mit gängigen Ansätzen der Medizinsoziologie und Sozialpsychologie, die bis in die 1980er Jahre hinein benutzt wurden, um Behinderung zu theoretisieren. Dabei wurde diese überwiegend als eine Form sozialer Abweichung begriffen. Implizit ging damit die Vorannahme einher, dass es sich um einen unerwünschten Zustand handle, der vermieden, behandelt oder zumindest gelindert werden müsse. Vor allem die von dem nordamerikanischen Soziologen Talcott Parsons anfangs der 1950er Jahre ausgearbeitete strukturfunktionalistische Gesellschaftstheorie fand breite Resonanz. Der Medizinsoziologie lieferte Parsons' (1958) konsequent soziologische Analyse des Gesundheitssystems die theoretische Grundlegung. In diesem Zusammenhang entwickelte er das Konzept der Krankenrolle, die er als ein Bündel normativer Verhaltenserwartungen mit klar definierten Rechten und Pflichten der kranken Person gegenüber der Gesellschaft verstand. Dieser Ansatz wurde aufgegriffen, um eine ähnliche, jedoch eigenständige ›Behindertenrolle‹ zu konzipieren (Haber/Smith 1971). Zwar wurde die damalige Debatte zu Behinderung auch um sozialkonstruktivistische Rollenansätze (R. A. Scott 1969) bereichert. Der Konsens, dass Behinderung als soziale Unfähigkeit (incapacity) und Abweichung (deviance) zu verstehen sei, wurde jedoch nicht infrage gestellt. Erst die Disability Studies problematisierten diese normative Bewertung und entwickelten dezidierte Kritik an dem Rollenkonzept (z.B. Thomas 2007, 16–19; Barnes/

Mercer 2010, 43–70). Indirekt wurde so die Ausarbeitung eigener Theorieansätze unterstützt. Da der Ansatz von Parsons bereits hinlänglich reflektiert ist, soll er an dieser Stelle nicht weiter vertieft werden. Mit dem kanadischen Soziologen Erving Goffman und dem französischen Philosophen Michel Foucault werden stattdessen zwei andere Klassiker vorgestellt, die für die Theoretisierung von Behinderung in den Disability Studies zentral und in den aktuellen Debatten stärker präsent sind.

Zu Beginn der 1960er Jahre trat der vor allem in den USA dominierende Strukturfunktionalismus in den Hintergrund, und es begann eine Phase, in der handlungstheoretische Ansätze die Theorieentwicklung prägten und den mikrosoziologischen Zusammenhängen das Hauptinteresse galt. In diesem Zusammenhang zog das Werk Goffmans die Aufmerksamkeit auf sich. Eigentlich ein allgemeiner Soziologe, der sich auch mit Geschlechterbeziehungen, Interaktionsritualen und der Selbstpräsentation im öffentlichen Raum beschäftigte, widmete er sich in zwei seiner frühen Arbeiten Phänomenen, die für die Lebensrealität behinderter Menschen relevant sind. Neben *Asyle* (1961), einer ethnografischen Untersuchung über die Situation von Psychiatriepatienten, ist vor allem seine 1963 erstmalig veröffentlichte Studie *Stigma* für die Disability Studies bedeutsam.

In *Asyle* entwickelt Goffman (1973) das Konzept der ›totalen Institution‹. Darunter subsumiert er nicht nur Gefängnisse, Internate und Klöster, Waisenhäuser und Altersheime, sondern auch ›Blindenheime‹ und ›Irrenhäuser‹. Die Gemeinsamkeit dieser Einrichtungen sei es, Gruppen von Menschen räumlich zusammenzufassen und ihre Tätigkeiten und den Tagesablauf einem umfassenden System expliziter formaler Regeln zu unterwerfen. Mit der Absicht, eine soziologische Identitätstheorie zu entwickeln, erkundet Goffman (1975) in *Stigma* außerdem Probleme des Identitätsmanagements unter der Bedingung von Abweichung.

Untersucht werden der Umgang mit Stigmatisierungsprozessen, die mit einem Stigma verbundenen ›Beschädigungen‹ von Identität und die Praktiken interaktiver Normalisierung. Während *Asyle* vor allem für die Psychiatriekritik wichtig wurde und weltweit die Enthospitalisierungsbewegung der 1960er und 1970er Jahre befruchtet hat, haben die Disability Studies die Arbeit meist nur beiläufig rezipiert (Barnes/Mercer 2010, 50) und nur vereinzelt für eigene Theoretisierungen genutzt (Nunkoosing/Haydon-Laurelut 2012). Im Unterschied dazu hat sich *Stigma* als hochgradig stimulierend für die kritischen Studien zu Behinderung erwiesen, wobei allerdings ein unterschiedlicher Umgang diesseits und jenseits des Atlantiks ins Auge fällt.

In den USA bezog sich Zola recht früh auf Goffman und sorgte für die Verbreitung seiner Arbeiten (Snyder/Mitchell 2006b, 176). Anläßlich eines von der Society for Disability Studies 2013 veranstalteten Plenums zum fünfzigsten Jahrestags des Erscheinens von *Stigma* (Brune et al. 2014) berichtet beispielsweise Garland-Thomson, dass die Lektüre, auf die sie von Zola hingewiesen wurde, einem ›Erweckungserlebnis‹ gleichkam. Dadurch habe sie begonnen, die eigene Behinderung zu reflektieren und ihre Forschung in den Disability Studies zu situieren. Goffmans Figur des Stigmatisierten stellt Garland-Thomson diejenige des Normalen, den ›normate‹, gegenüber. Damit bezeichnet sie eine Subjektposition, die sich in Abgrenzung zur Figur des abweichenden Anderen konstituiert: »The term *normate* usefully designates the social figure through which people can represent themselves as definitive human beings« (Garland-Thomson 1997, 8; Hervorh. i.O.). Auf dem Plenum würdigte auch Tanya Titchkosky, eine kanadische Vertreterin der Disability Studies, Goffmans Arbeit. Er habe Normalität und Stigmatisierung nicht als stabile Zustände, sondern als Perspektiven begriffen. Sein implizites Normalitätsverständnis habe eine produktive Debatte in den Disability Studies angeregt (vgl. 5.3).

Aus nordamerikanischer Sicht gibt es allerdings auch Kritik. Fine und Asch (1988, 9) merken an, dass das Stigma-Konzept strukturelle Bedingungen ausblende. Es betrachte »obstacles as being solely the person's biological limitations rather than the human-made barriers of architecture or discriminatory work practices«. Davis (1995, 2010) macht darauf aufmerksam, dass Goffman, anstatt die Mehrheitsnormalität zu problematisieren, sie zu einem alltagsspezifischen Problem der Stigmatisierten mache. Jeffrey A. Brune stellt heraus, dass Goffman es versäumt habe, die Handlungsmacht behinderter Menschen anzuerkennen, dabei habe es bereits anfangs der 1960er Jahre, als *Stigma* verfasst wurde, aktive Verbände von Kriegsveteranen, blinden und gehörlosen Menschen gegeben (Brune et al. 2014).

In Großbritannien findet sich ein kritischerer Umgang mit Goffmans Stigma-Studie (z.B. Barnes/Mercer 2010, 47–51). Drei Jahre nach dem Erscheinen, 1966, veröffentlicht Hunt, der bereits erwähnte Begründer der Behindertenbewegung, unter dem Titel *Stigma: The Experience of Disability* einen Sammelband, in dessen zwölf autobiografischen Essays behinderte Menschen zu Wort kommen, Goffman dagegen mit keinem Wort erwähnt wird. Schweik argumentiert, dass Hunt bewusst »a subtle dialogue with Goffman« beabsichtigt habe (Brune et al. 2014, o.S.). Den vielen Situationen von Herabwürdigung, die in *Stigma* aus der Position des ›Normalen‹ und zumeist in diskriminierender Sprache geschildert würden, habe er die Perspektive der Betroffenen gegenübergestellt. Ebenfalls aus britischer Sicht setzt sich Finkelstein (1980) explizit mit dem Stigma-Konzept auseinander. Seine Schrift *Attitudes and Disabled People* enthält den Abschnitt »Stigma: Spoiling the Notes on the Management of Prejudice« (ebd., 19–21). Diese Formulierung ist offensichtlich ein ironischer Kommentar zu *Notes on the Management of Spoiled Identity*, dem Untertitel von Goffmans *Stigma*. Finkelstein weist darauf hin, dass Goffman die Bedeutung von *Stigma* verschiebt: Ursprünglich ein Ausdruck für ein ungleiches Macht- und Gewaltverhältnis, werde der Begriff bei ihm zu einer relativ harmlosen Bezeichnung für eine intervenierende Variable in sozialen Handlungszusammenhängen.

In den deutschsprachigen Disability Studies haben sich vor allem Claudia F. Bruner (2005) und Waldschmidt (2007a, 2011) mit Goffman beschäftigt. Sie kritisieren dessen Ignoranz historisch-sozialer und politischer Kontexte, die implizite Körpertheorie und den essenzialisierenden Behinderungsbegriff, obwohl gleichzeitig für ein Denken in Relationen plädiert wird. Die Grenzen des Normalen verschieben zu wollen sei aus Goffmans Sicht immer schon zum Scheitern verurteilt; die Versuche stigmatisierter Personen, der Ausgrenzung zu entgehen, würden einseitig dargestellt als »(bemitleidenswerter) Ausdruck einer Verzweiflung, nicht an der Welt der Normalen teilhaben zu können« (Bruner 2005, 50). Festhalten lässt sich: Seit nunmehr sechs Jahrzehnten setzen sich die internationalen Disability Studies mit Goffmans Werk immer wieder – sowohl kritisch als auch affirmativ – auseinander. Brune resümiert: »Goffman's work has come under valid and deserved criticism from disability studies scholars [...]. However, for me *Stigma* is not an ossified text completed in 1963. Instead I see it as a dynamic, adaptable work that disability studies has kept alive, constantly evolving, and relevant.« (Brune et al. 2014, o.S.; Hervorh. A.W.)

Ähnlich wie Goffmans Arbeiten hat Foucaults poststrukturalistisch und dekonstruktivistisch geprägtes Werk, das vierzig Jahre nach seinem Tod in 1984 weltweite Ausstrahlung hat und in den Geistes-, Kultur- und Sozialwissenschaften breit rezipiert wird, eine zentrale Bedeutung für die Disability Studies. Obwohl sich Foucault nur implizit mit der Differenzkategorie Behinderung beschäftigt, hat sein Denkansatz die Disability Studies stark beeinflusst. Mithilfe von Diskursanalysen, einer Archäologie der Wissensformen und der Untersuchung von Macht- und Herrschaftsstrukturen geht es ihm darum, historisch entstandene, insofern kontingente Hierarchisierungs-, Ausschließungs-, Differenzierungs- und Subjektivierungsprozesse zu untersuchen und damit eine Diagnostik der Gegenwartsgesellschaft zu formulieren. Für die Disability Studies relevant sind vor allem die 1961 publizierte Studie *Wahnsinn und Gesellschaft*, eine »Geschichte des Wahns im Zeitalter der Vernunft«, sowie *Die Geburt der Klinik*, die 1963 veröffentlichte »Archäologie des medizinischen Blicks«, und *Überwachen und Strafen*, die 1975 erstmalig erschienene Untersuchung der Entstehung des modernen Gefängnisses und der Disziplinarmacht. Außerdem haben *Der Wille zum Wissen*, Foucaults 1976 publizierte Studie zu Sexualität als Machtdispositiv, sowie seine Vorlesungen zu Bio-Macht und Gouvernementalität (Foucault 1999) die Disability Studies dazu angeregt, über gegenwärtige Macht- und Regierungsformen im Kontext von Behinderung nachzudenken.

Wie bei Goffman ist auch die Rezeption von Foucault in den verschiedenen Diskurssträngen der Disability Studies unterschiedlich verlaufen. Während Oliver (1990, 45, 47) in *The Politics of Disablement* Foucault an zwei Stellen lediglich kurz erwähnt, haben die Cultural Disability Studies früh an dessen Werk angeschlossen. So benennt Stiker *Wahnsinn und Gesellschaft* ausdrücklich als sein Vorbild: »In France there was a pathbreaking book, that of Michel Foucault on madness [...]. Foucault had shown that by going to a document you could analyze a whole epistemology, a whole period, etc. I did a little like he did, and asked myself, ›What did the Greeks think of disability, of infirmity?‹« (Kudlick/Stiker 2016, 140) Für die USA betonen Snyder und Mitchell (2006b, 176–178) ebenfalls den großen Einfluss Foucaults. Gute Einblicke in die – durchaus auch kritische – Rezeption liefert der 2005 erstmalig und 2015 in erweiterter Auflage von der kanadischen Philosophin Shelley Tremain herausgegebene internationale Sammelband *Foucault and the Government of Disability*; in einer Monografie hat sich Tremain außerdem mit *Foucault and Feminist Philosophy of Disability* (2017) auseinandergesetzt. Auch die deutschsprachigen Disability Studies (Lutz u.a. 2003; Dederich 2007; Waldschmidt/Schneider 2007) haben von Anfang an Foucaults Arbeiten aufgegriffen. Vor allem Waldschmidt (2003b; 2007a,b; 2011; 2015) bezieht sich auf die macht-, normalitäts- und körpertheoretischen Arbeiten und nutzt das diskurs- und dispositivanalytische Instrumentarium.

Aus der internationalen Auseinandersetzung mit dem Werk stechen die Themen Gouvernementalität und Körper hervor. Mithilfe des Gouvernementalitätsansatzes hinterfragt insbesondere Tremain (2001, 2002, 2006) ›the subject of impairment‹, d.h. die vom sozialen Modell postulierte Differenzierung zwischen Beeinträchtigung (impairment) und Behinderung (disability). Mit Foucault lasse sich zeigen, dass nicht allein Behinderung, sondern auch Beeinträchtigung in Diskursen konstruiert werde, diskursstrategisch würden damit medizinisch kategorisierbare Differenzen außerhalb des Soziokulturellen gestellt und gegen Kritik immunisiert. Außerdem kritisiert Tremain die Dominanz von juridisch-souveränen und disziplinären Machtkonzepten in den Disability Studies. Dagegen könne mit Foucaults Annahme einer normalisierenden Bio-Macht viel besser verstanden werden, wie im Neoliberalismus ›the government of disability‹ nicht disziplinierend, sondern im Zeichen von Freiheit geschehe, und zwar nicht nur auf der politischen Ebene und in den Institutionen, sondern auch in interpersonalen Beziehungen und Selbstverhältnissen. In jüngerer Zeit wird der Gouvernementalitätsansatz auch genutzt, um mit Blick auf den Globalen Süden die Auswirkungen von Neoliberalismus zu analysieren (Soldatic 2020).

Nicht zuletzt wird der (behinderte) Körper vielfach im Anschluss an Foucault theoretisiert. So plädieren Bill Hughes und Kevin Paterson (1997) dafür, ihn als historisch kontingentes Produkt von Machtverhältnissen anzusehen, üben gleichzeitig aber auch Kritik: Das diskurstheoretische Körperkonzept nehme dem Körper seine Handlungsfähigkeit und betrachte ihn als bloße Oberfläche. Snyder und Mitchell (2001, 374) problematisieren mit Foucault die »overevaluation« des behinderten Körpers: Die Zuschreibung von Dysfunktionen, Defiziten und Defekten habe für die behinderten Menschen nicht nur symbolische, sondern auch konkrete materielle Folgen. Mithilfe des behinderten Körpers würden Menschsein und Alterität definiert: »The different body was more than a site for public scapegoating – cognitive and physical aberrancies acted as reminders of Others in our midst who challenged beliefs in a homogeneous bodily order.« (ebd., 377) Waldschmidt (2007b, 127) zeigt, dass die in *Überwachen und Strafen* (Foucault 1976) herausgearbeiteten Verfahren der Disziplinarmacht – der Vergleich, die Differenzierung, die Hierarchisierung, die Homogenisierung und die Ausschließung – als analytisches Raster benutzt werden können, um die Konstruktion behinderter Körper nachzuvollziehen. Licia Carlson (2015) analysiert die Genealogie der Kategorie ›mental retardation‹. Intellektuell beeinträchtigte Menschen würden durch Intelligenzmessung und in ›beschützenden‹ Institutionen einerseits zu Beobachtungsobjekten und andererseits zu ökonomisch produktiven Individuen gemacht.

5.2 Theorieansätze in den sozialwissenschaftlichen Disability Studies

Das Anliegen der Disability Studies ist es, Behinderung als soziale Konstruktion zu untersuchen und gesellschaftlichen Wandel in Richtung Inklusion und Partizipation zu bewirken. Aus diesem Grund ist es nicht überraschend, dass die sozialwissenschaftlichen Disability Studies sich früh entwickelten und weiter breiten Raum einnehmen. In diesem Diskursstrang, dessen Grenzen zu den Kulturwissenschaften fließend sind, spielt die Soziologie gewissermaßen die Rolle einer Leitwissenschaft (Karim 2021). Von Bedeutung sind außerdem die Politik- und Rechtswissenschaften, da es den Disability Studies auch darum geht, Behindertenpolitik und -recht im Interesse der Betroffenen zu gestalten (vgl. 7.4). Bei der Suche nach den Theorieansätzen stellt man allerdings fest, dass längst nicht alle Arbeiten, die sich mit der Lebenssituation behinderter Menschen aus sozialwissenschaftlicher Sicht beschäftigen, zu den Disability Studies zählen. Priestley (1998, 82) hat auf diesen Punkt hingewiesen: »[An] analysis can remain rooted in an individualist paradigm while appearing to acknowledge disabling barriers.«

Ein früher Versuch, Behinderung sowohl sozialwissenschaftlich als auch kritisch zu denken, stammt von Finkelstein. Im Rahmen eines transnationalen Dialogs, zu dem der damalige Lecturer an der britischen Open University von dem privat finanzierten World Rehabilitation Fund nach New York eingeladen worden war, erarbeitete er 1980 die Schrift *Attitudes and Disabled People*. Dabei setzte er sich nicht nur, wie bereits erwähnt, mit Goffman auseinander, sondern entwickelte auch den Begriff des ›disability paradox‹: »On the one hand there is the appearance that disability implies a personal tragedy, passivity and dependency. On the other hand disability can be seen as a form of group discrimination, involving constant struggles and independent action.« (Finkelstein 1980, 1) Implizit formulierte Finkelstein damit Grundannahmen des sozialen Modells; allerdings benutzte er die Bezeichnung nicht, sondern sprach von einem »conflict model« (ebd., 20). Einige Jahre später ging es Abberley (1987) um das ehrgeizige Vorhaben einer »Development of a Social Theory of Disability«, wie der Untertitel seines Beitrags hieß. Er schlug vor, den Begriff der Unterdrückung zu konzeptionalisieren. Zu verbinden seien »the common features of economic, social and psychological disadvantage with an understanding of the material basis of these disadvantages and the ideologies which propagate and reproduce them« (ebd., 17). Die Beiträge von Abberley und Finkelstein zeigen, dass die britischen Disability Studies in ihrer Anfangsphase von einer machtkritischen, konflikt- und strukturtheoretischen Perspektive geprägt waren. Stiker charakterisiert den Ansatz so: »They had a view that was largely sociological and decidedly Marxist« (Kudlick/Stiker 2016, 143).

Es gibt keine Hinweise, dass Zola die Arbeiten der britischen Kollegen kannte. Auffällig ist, dass er ebenfalls in den 1980er Jahren begann, sich aus seiner Herkunftsdisziplin, der Medizinsoziologie, zu lösen und dem Thema der Behinderung verstärkt zuzuwenden. Dabei kam ihm zugute, dass er sich zuvor mit ›Medikalisierung‹ beschäftigt hatte, d.h. mit Prozessen, in deren Verlauf ein gesellschaftliches Phänomen, das eigentlich keine klinische Relevanz hat, in medizinischen Termini definiert und im Gesundheitswesen behandelt wird (Zola 1972). Wie erwähnt, war seine theoretische Perspektive zusätzlich von Goffman und dem symbolischen Interaktionismus geprägt. Zola war zwar gesellschaftskritisch orientiert, wandte sich aber nicht grundsätzlich gegen den Staat oder die kapitalistisch-industrielle Ökonomie. Zu Beginn der 1980er Jahre reiste er nach Europa und besuchte in den Niederlanden Het Dorp, eine 1962 gegründete, integrative Nachbarschaft nahe Arnheim, wobei er mit seiner eigenen Behinderung konfrontiert wurde. In dem bereits erwähnten Buch *Missing Pieces* (Zola 1982) reflektierte er diese Erfahrung im Stile einer Sozio-Autobiografie und verband sie mit wissenschaftlichen Überlegungen. Außerdem beschäftigte er sich mit der Behindertenpolitik der USA (Zola 1989) und arbeitete heraus, dass ein Fokus auf ›besondere Bedürfnisse‹ zu kurz greife; im Gegenteil werde ein universalistischer Ansatz benötigt, da letztlich alle Menschen zumindest potenziell Adressaten von Behindertenpolitik werden könnten. Seine eher reformorientierte Haltung verbindet ihn mit Albrecht (1992), der das Rehabilitationssystem seines Landes als ›disability business‹ kritisiert. Albrecht lässt sich dem politökonomischen Ansatz zuordnen, kann aber auch nicht als Neomarxist bezeichnet werden.

In anderen Worten, in der frühen Phase des nordamerikanischen Diskurses spielte die Kapitalismuskritik keine große Rolle. Die Arbeiten waren eher von sozialkonstruktivistischen Denkansätzen beeinflusst. Wie Ian Hacking (1999, 66–67) in seinem Essay über »soziale Konstruktion« als »Kampfvokabel in den Wissenschaften« anmerkt, bediente man sich dabei jedoch eines sehr allgemeinen, undifferenzierten Begriffs von Sozialkonstruktivismus. So bezog sich Harlan Lane (1936–2019), ein amerikanischer Psychologe und Begründer der Deaf Studies, eher vage auf die konstruktivistische Soziologie sozialer Probleme: »Alcoholism has changed from a moral failure to a disease; [...] homosexuality from disease to personal constitution to human rights; disability from tragic flaw to social barriers. Social problems [...] are partly what we make of them; they are not just out there ›lying in the road to be discovered by passers-by‹ [...].« (Lane 1995, 172) Außerdem griff er Robert A. Scotts (1969) Pionierstudie zur Konstruktion der sozialen Rolle des Blinden in der Rehabilitationspraxis auf und argumentierte, dass auch von gehörlosen Menschen »total conformity of the client to the underlying construction of deafness as disability« (Lane 1995, 176) erwartet werde. In der medizinisch-therapeutischen Behandlung und angeleitet durch die Gehörlosenpädagogik lernten Gehörlose vor allem, sich selber als behindert wahrzunehmen: »In the end, the troubled-person industry creates the disabled deaf person.« (ebd., 177)

In den britischen Disability Studies würdigte Oliver den allgemeinen Sozialkonstruktivismus zwar als hilfreich. Kritisch sah er jedoch, dass damit die strukturellen Verhältnisse zu wenig in den Blick geraten: »Consequently, disabled people tend to be treated as an abstract, somehow distinct from the rest of the human race, and the crucial question of the causes of disability is fudged rather than clarified.« (Oliver 1998, 1448) Ebenso wie Abberley und Finkelstein stand Oliver für eine dezidiert strukturtheoretische Argumentation, die sich auf die Gesellschaftstheorie des historischen Materialismus nach Karl Marx berief. In Olivers (1990) grundlegender Monografie *The Politics of Disablement* lässt sich dieser Ansatz in ›Reinform‹ finden.

Erst in modernen, kapitalistischen Gesellschaften werde Behinderung zur persönlichen Tragödie und dominanten Ideologie. Mit dem Wandel der Feudalgesellschaft, in der die Menschen in dörflichen Gemeinschaften entsprechend ihren Fähigkeiten zur Subsistenz beitrugen, hin zur industriellen, auf Privateigentum basierenden Produktionsweise, in der die Menschen ihre Arbeitskraft verkaufen müssen, um überleben zu können, seien gesundheitliche Beeinträchtigungen zu einem gesellschaftlichen Problem geworden. Um mit der großen Anzahl an freigesetzten Personen, deren Arbeitskraft keinen Profit versprach und deshalb keine Nachfrage auf dem Arbeitsmarkt fand, fertigzuwerden, sei es notwendig gewesen, zwischen denjenigen, die in die neuen

Produktions- und Lebensverhältnisse eingegliedert werden konnten, und den anderen, die als nutzlos und überflüssig galten, zu unterscheiden. Für letztere seien die großen Verwahranstalten und Sondereinrichtungen errichtet worden. Sie dienten als Kontrollinstanzen, um die soziale Ordnung zu bewahren und gleichzeitig den freien Markt abzusichern. Die Kategorie Behinderung werde benutzt, um verschiedene Problemgruppen zu definieren und einem abgestuften System von Eingliederungsmaßnahmen zu unterziehen. Letztlich sei die ökonomische Profitorientierung dafür verantwortlich, dass behinderte Menschen vielfach Unterdrückung und Ausgrenzung erfahren. Oliver resümiert: »The argument suggests that the dominant view of disability as an individual, medical problem is created by the productive forces, material conditions and social relations of capitalism.« (ebd., 132)

In den Folgejahren arbeiten die britischen Disability Studies diesen – doch sehr holzschnittartigen – Begründungszusammenhang nicht weiter aus, sondern nehmen in ihren empirischen Arbeiten vor allem die gesellschaftlichen und politischen Rahmenbedingungen sowie die Rolle von Institutionen und Organisationen in den Blick. Dagegen haben es interaktionistische, sozialpsychologische und dekonstruktivistische Ansätze lange Zeit schwer, Beachtung zu finden. Erst in der letzten Dekade, auf die in Abschnitt 5.4 näher eingegangen wird, ist als Folge der Kritik an der strukturtheoretischen Ausrichtung und analog zu der Diversifizierung des internationalen Diskurses die Theoriedebatte auch in Großbritannien erkennbar vielseitiger und differenzierter geworden.

5.3 Theorieansätze in den kulturwissenschaftlichen Disability Studies

Bei den kulturwissenschaftlichen Disability Studies, die zeitlich gesehen etwas später als der sozialwissenschaftliche Ansatz und zunächst überwiegend in den USA entstanden, handelt es sich um ein Forschungsgebiet, in dem eine allgemein Kultur thematisierende und eine spezifische, auf Behinderung gerichtete Denkrichtung aufeinandertreffen. Als bunter Strauß von Arbeiten aus unterschiedlichen Disziplinen (vgl. 7.3) sind die Cultural Disability Studies grundsätzlich offen für ein breites Spektrum von Theorien, gleichzeitig haben auch sie eine größere Affinität zu bestimmten Perspektiven. Dies lässt sich gut am Beispiel von Stiker aufzeigen. Mit seiner 1982 erstmalig veröffentlichten Studie über den behinderten Körper und die Gesellschaft (Stiker 2013) hat er die kulturwissenschaftliche Analyse von Behinderung mitbegründet. Da das Buch 1999 in englischer Übersetzung publiziert wurde, entfaltete es auch internationale Wirkung. In einem Gespräch mit Kudlick, der bereits erwähnten nordamerikanischen Historikerin, das 2008 geführt wurde und 2016 nochmals erschien, erzählt Stiker von seinem wissenschaftlichen Weg in die Disability Studies und seiner theoretischen Verortung (Kudlick/Stiker 2016).

Neben Foucaults *Wahnsinn und Gesellschaft*, Goffmans *Stigma* und der Psychoanalyse von Sigmund Freud erwähnt er vornehmlich frankophone Autoren: den Anthropologen Marcel Mauss, die Soziologen Pierre Bourdieu, Robert Castel und François Ewald sowie die Philosophen Georges Canguilhem, Michel de Certeau und Gilbert Simondon. Stiker begründet sein Interesse für das Phänomen Behinderung folgendermaßen: »I found myself at the intersection between the psyche and the social, and there I found the major anthropologist of our times, Marcel

Mauss, who always emphasized that social meaning came from both the individual and the collectivity wherein one finds anthropological meaning. You can't be just a psychologist or just a sociologist. Instead, the two areas intersect and give rise to the notion of total society [société totale], a phenomenon having multiple facets, multiple elements. This was how I synthesized all that I found interesting in theories of disability.« (ebd., 145) Des Weiteren nennt er die britischen Disability Studies und die Deaf Studies als Inspirationsquellen. Vor allem Lanes Buch *When the Mind Hears* (1984) sei ein »key reference work for my approach because it's a historical work that tries to present deafness as a cultural experience« (ebd., 143). Für den theoretischen Ansatz, der ihm am wichtigsten ist, verweist er auf einen Fachkollegen: »What really impressed me in [Murphy's] *The Body Silent* was his type of self-reflective anthropology. [...] Murphy engaged in auto-anthropology, which I thought was fabulous. And his ideas of liminality have a theoretical importance that is quite powerful.« (ebd., 143; Hervorh. A.W.)

Stiker bezieht sich hier auf das Buch *The Body Silent*, das den Untertitel *The Different World of the Disabled* trägt und 1987 erschien. Der Autor, ein Professor für Anthropologie an der Columbia University in New York City, hatte in den 1960er Jahren Feldforschung bei indigenen Völkern im Amazonas und der Sahara unternommen. Mitte der 1970er Jahre erkrankte Murphy an einem fortschreitenden Hirntumor und nahm in der Folgezeit seine Erfahrungen als behinderter Mann und Rollstuhlfahrer zum Ausgangspunkt, um sich in autoethnografischen Feldstudien mit dem nordamerikanischen *way of life* auseinanderzusetzen. Dabei griff er auf den britischen Ethnologen Victor Turner und dessen Liminalitätskonzept zurück. Mit Liminalität wird – im Anschluss an das Konzept der *rites de passage* von Arnold van Gennep – die Zwischenphase in Initiationsritualen und anderen zeremoniellen Handlungen bezeichnet, in der die alltägliche Ordnung und die geltenden Werte temporär außer Kraft gesetzt sind, bevor die Re-Integration in eine neue soziale Funktion und Identität erfolgt. Murphy (1987, 112) argumentiert, dass es sich bei Behinderung um solch einen Transitions- und Schwellenzustand handle, allerdings sei in ihrem Falle die Situation des »betwixt and between« nicht zeitweilig, sondern dauerhaft. Behinderte Menschen seien »neither sick nor well, neither dead nor fully alive, neither out of society nor wholly in it. [...]. The disabled spend a lifetime in a [...] suspended state. They are neither fish nor fowl; they exist in partial isolation from society as undefined, ambiguous people.« Ihre Lebenssituation lasse sich mit dem Liminalitätsansatz besser erklären als mit dem Devianzkonzept.

Die Arbeiten sowohl von Murphy als auch von Stiker sind eigentlich Cultural Disability Studies avant la lettre und gerade deshalb Pionierarbeiten. Ihre Titel *The Body Silent* und *Corps infirmes et sociétés* weisen mit dem als anders markierten Körper bereits ein zentrales Thema aus, dem sich die kulturwissenschaftlichen Disability Studies seither ausgiebig widmen (z.B. Shildrick 2002; Helduser 2016). Weitere theoretische Anregungen haben die nordamerikanischen Literaturwissenschaften geliefert. Im expliziten Anschluss an die Disability Studies hat Davis (1995) den Roman des 19. Jahrhunderts untersucht. Er geht der Frage nach, welche symbolische Bedeutung behinderten Figuren in literarischen Werken zukommt und welche narratologischen Funktionen sie für die jeweilige Handlung haben. Er kann zeigen, dass Nebenfiguren häufig mit Beeinträchtigungen ausgestattet werden, um als eine Art Kontrastfolie die Normalität der Protagonisten zu etablieren. Behinderung habe somit eine grundlegende bedeutungsstiftende Funktion.

Ähnlich argumentieren Mitchell und Snyder (2000), indem sie darauf hinweisen, dass im gesellschaftlichen Diskurs Behinderung einerseits als Tabu und zu vermeidende Thematik gilt; andererseits trifft man, wenn man genauer hinschaut, auf ihre vielfältige Nutzung als Erzählfigur in der künstlerischen Produktion. In der Konsequenz ereigne sich die Marginalisierung behinderter Menschen inmitten einer fortwährenden Zirkulation ihrer Bilder. Um dieses Paradox begrifflich zu fassen, führen sie den Begriff der Narrationsprothese ein: »[It] enables a contrast between [...] mainstream discourses that would disguise or obliterate the evidence of physical and cognitive differences, and literary efforts that expose prosthesis as an artificial, and thus, resignifiable, relation.« (ebd., 9) Das Konzept der narrativen Prothese, die man in Bezug auf die darstellenden Künste auch ›dramaturgische Prothese‹ nennen könnte, verkoppelt zwei unterschiedliche Sphären, die kulturelle Repräsentation und den nichtnormalen Körper. Als künstlich hergestellte Ersatzobjekte für fehlende Körperteile dienen Prothesen (vgl. auch 7.3) funktionell dazu, einen Körper, der als unvollständig und dysfunktional gilt, wiederherzustellen. Gleichzeitig implizieren sie normative Annahmen darüber, was als korrekturbedürftig gilt. Sie lenken einerseits die Aufmerksamkeit darauf, dass jemand von Körpernormen abweicht; andererseits machen sie die Abweichung erträglich und tolerabel – sowohl für die nutzende Person als auch für die Umwelt: »If disability falls too far from an acceptable norm, a prosthetic intervention seeks to accomplish an erasure of difference all together; yet, failing that, as is always the case with prosthesis, the minimal goal is to return one to an acceptable degree of difference.« (ebd., 6–7)

Des Weiteren ist die Theoretisierung von Normativität und Normalität aus einem kritischen Blickwinkel seit den 1990er Jahren ein etabliertes Thema in den Cultural Disability Studies.

Wie bereits angesprochen, hat Garland-Thomson (1997) im Anschluss an Goffman die Denkfigur des ›normate‹ entwickelt. Auch Davis hat die Debatte mit verschiedenen Beiträgen maßgeblich geprägt. Dabei nahm er durchaus widersprüchliche Positionen ein. War er zunächst von *Enforcing Normalcy* (1995) ausgegangen, rief er 2014 in einem Essayband *The End of Normal* aus. Die Editionsgeschichte seines thematisch einschlägigen Aufsatzes (Davis 2017b) zeigt, dass ihn die Fragestellung weiter umtreibt. Ursprünglich geschrieben unter der Überschrift »Constructing Normalcy« als Kapitel seines 1995 erschienenen Buches, wurde der Text in den 1997 erstmalig veröffentlichten *Disability Studies Reader* (Davis 2017a) aufgenommen. Seither findet er sich in allen von 1997 bis 2017 veröffentlichten fünf Auflagen des Sammelbandes. Inhaltlich im Wesentlichen gleich geblieben, wurde jedoch der Titel mehrmals geändert. Seit 2013 und auch in der neuesten Auflage von 2017 heißt er »Introduction: Disability, Normality, and Power«.

Aus machtkritischer Perspektive hebt Davis (2017b) vor allem die Bedeutung statistischer Normalität für die moderne, industrialisierte Gesellschaft hervor und erläutert die Geschichte des ›Durchschnittsmenschen‹. In diesem Zusammenhang weist er die Gauss'sche Glockenkurve als »symbol of the tyranny of the norm« (ebd., 3) aus und analysiert die Konstruktionsweisen von Normalität im 19. Jahrhundert am Beispiel von Normalverteilungskurve, Statistik und Eugenik. Sein Resümee lautet: »What I have tried to show here is that the very term that permeates our contemporary life – the normal – is a configuration that arises in a particular historical moment. It is part of a notion of progress, of industrialization, and of ideological consolidation of the power of the bourgeoisie. The implications of the hegemony of normalcy are profound and extend into the very heart of cultural production.« (ebd., 12)

Mit dem Verweis auf die ›Hegemonie der Normalität‹ und deren ›Tyrannei‹ legt Davis den Akzent auf die disziplinierenden und kontrollierenden Aspekte. Unklar bleibt dabei aber der Unterschied zwischen Normalität und Normativität. Während internationale Arbeiten im Wesentlichen seiner Argumentation folgen, gehen die deutschsprachigen Disability Studies einen anderen Weg. Hier wird häufig der diskurs- und dispositivtheoretische Normalismusansatz nach Jürgen Link benutzt, um die gesellschaftliche und kulturelle Bedeutung von Behinderung als Negativfolie von Normalität in der Gegenwartsgesellschaft zu analysieren. Vor allem Waldschmidt (1998, 2003b, 2007b, 2015) versucht im Anschluss an Link und Foucault, die Problematisierungs- und Bearbeitungsweisen von Behinderung als widersprüchliches Wechselverhältnis von protonormalistischen und flexibel-normalistischen Praktiken zu verstehen. Während protonormalistische Diskurse und Verfahren auf Ausgrenzung und Besonderung der behinderten Menschen abzielten, seien flexibel-normalistische Praktiken zwar ebenfalls kontrollierend, ließen aber gleichzeitig ein größeres Spektrum von Abweichung und ›Anderssein‹ zu.

Unterdessen lässt sich im internationalen Diskurs (Titchkosky 2015) eine erneute Debatte beobachten, bei der wiederum nicht zwischen Normalität und Normativität differenziert wird. So werden in den australischen Disability Studies unter der Überschrift *Normality and Disability* die »intersections among norms, law, and culture« (Goggin et al. 2018) rechtswissenschaftlich diskutiert. In Europa plädieren Vehmas und Watson (2016) dafür, normativ-ethischen Aspekte mehr Beachtung zu schenken, da Normativität »an inescapable dimension of disability« (ebd., 7) sei. Mit ihrer Kritik an Posthumanismus und den »postconventional disability studies that plays with novel ideas without proper engagement with their normative implications« (ebd.) gehen sie kritisch mit aktuellen Trends im Forschungsfeld um.

5.4 Theoretische Debatten zu Beginn des 21. Jahrhunderts

Was die neuesten theoretischen Debatten in den Disability Studies betrifft, formuliert Oliver (2019, 1032) ein geradezu vernichtendes Urteil: »[...] the radical theoretical basis grounded in Marxism was eroded and all but disappeared. In its place came a ragbag of perspectives including postmodernism, poststructuralism and critical realism, and more recently ableism and crip theory.« Auch Barnes (2020, 23-25) kritisiert, dass im Laufe der Jahre die radikale theoretische Basis der Disability Studies, die auf dem Marxismus beruhte, zugunsten anderer Ansätze in den Hintergrund getreten sei. Wie aber steht es mit dem sogenannten ›ragbag‹ aus Postmoderne, Poststrukturalismus, Kritischem Realismus sowie ›ableism and crip theory‹? Ist damit tatsächlich kein Mehrwert verbunden oder führt dieses ›Sammelsurium‹ doch zu neuen Erkenntnissen? Die aktuelle Theoriearbeit der Disability Studies zu bilanzieren erweist sich durchaus als schwierig. Die in den letzten beiden Abschnitten benutzte grobe Orientierung an eher sozialwissenschaftlichen und eher kulturwissenschaftlichen Wissensfeldern muss nun aufgegeben werden, da sie der Ordnung des Diskurses aus mehreren Gründen nicht mehr entspricht.

Zum einen lassen sich die Debatten kaum mehr eindeutig einzelnen Fächern wie etwa der Soziologie oder Literaturwissenschaft zuordnen; eher erfolgen sie quer zu den etablierten Fachgebieten. Entsprechend kann man von einem Trend zur ›Cross-Disziplinarität‹ sprechen. Zum anderen gibt es einen Trend zur Transnationalisierung, d.h., auch wenn die Disability Studies in Großbritannien, den USA, Kanada und Australien immer noch den Ton angeben, nehmen sich die unterschiedlichen ›communities‹ nun eher wahr, und vermehrt kommt es zu Forschungs- und Publikationsprojekten mit Beitragenden aus unterschiedlichen Ländern, Kulturen und Sprachen (z.B. Goodley et al. 2012; Devlieger et al. 2016; Waldschmidt et al. 2017; Ellis et al. 2019a,b). Zudem artikulieren sich Stimmen aus anderen Regionen wie z.B. Osteuropa, aus den Ländern des Globalen Südens wie Indien und Südafrika oder aus anderen Sprachräumen wie etwa den frankophonen Ländern und Südamerika. Zusätzlich lässt sich, drittens, eine große Heterogenität der zugrunde liegenden Theorieschulen, Konzepte und Methodologien beobachten. Auch wenn die in den 1980er und 1990er Jahren entwickelten Ansätze weiter relevant sind, werden in den letzten beiden Jahrzehnten zusätzliche Schulen, Positionen und Theorientwürfe verstärkt in den Diskurs eingebracht. Man kann von einem Trend zur Diversifizierung sprechen, der neben dem damit verbundenen Reichtum auch die Gefahr der Verästelung bis hin zur Zerfaserung birgt. Viertens lässt sich schließlich ein Trend zur Kombinatorik beobachten: Verschiedene Theorieansätze werden teils kreativ, teils wahllos miteinander verknüpft; dies kann zu überraschenden Einsichten, zuweilen aber auch zu Eklektizismus und Oberflächlichkeit bei der Theorieentwicklung führen. Ohne Anspruch auf Vollständigkeit werden im Folgenden sechs Schwerpunkte näher betrachtet, die immer noch, von Neuem oder erstmalig von Bedeutung sind. Als siebtes Feld hat sich die selbstreflexive Wissenschaftskritik herauskonturiert, die zugleich den eigenen Untersuchungsgegenstand als Dis/ability dekonstruiert.

Ein *erster* theoretischer Schwerpunkt, der sowohl für die sozialwissenschaftlichen als auch für die kulturwissenschaftlichen Disability Studies relevant ist, lässt sich unter den Stichworten Phänomenologie (Titchkosky/Michalko 2012; Mladenov 2015) und Kritischer Realismus (Siebers 2001, 2010; Vehmas/Watson 2016) zusammenfassen. Dabei geht es vornehmlich um die Bedeutung des (behinderten) Körpers für die individuelle Selbstwahrnehmung und den Weltbezug. Auffällig oft wird an dieser

Stelle die Phänomenologie mit dem Poststrukturalismus kombiniert. Hughes und Paterson (1997) argumentieren beispielsweise, dass es nicht genüge, mit Foucault den Körper nur als Produkt von Machtverhältnissen anzusehen. Um die leibliche Erfahrung des individuellen In-der-Welt-Seins und des Empfindens von sich selbst zu erkunden, sei auch die von Maurice Merleau-Ponty entwickelte phänomenologische Körpertheorie zu berücksichtigen. Bryan S. Turner (2001) schlägt vor, einerseits mithilfe des Gouvernementalitätsansatzes den Körper als politisch reguliert zu verstehen; andererseits dürfe nicht der gesunde und leistungsfähige Körper vorausgesetzt werden, vielmehr sei von ›ontologischer Unsicherheit‹, einer nicht aufhebbaren Vulnerabilität des Menschen als Teil der conditio humana auszugehen. Anja Tervooren (2003) argumentiert ähnlich, zieht aber die psychoanalytische Spiegeltheorie des französischen Psychoanalytikers Jacques Lacan heran. Robert Gugutzer und Schneider (2007) kombinieren ebenfalls die Ansätze von Merleau-Ponty und Foucault. Unter dem Begriff ›embodiment‹ geht es ihnen um den »wahrnehmenden und wahrnehmbaren, sehenden und sichtbaren, bewegenden und bewegungsempfindenden, spürenden und spürbaren Leib« (ebd., 44). In ihrem Beitrag zu ›Embodiment‹ als Schlüsselbegriff der Disability Studies nutzt auch Abby Wilkerson (2015) phänomenologische Denkfiguren und greift außerdem auf feministische Ansätze und Queer Studies zurück.

An anderer Stelle wird für eine konsequente Anwendung kritisch-realistischer Denkweisen plädiert. So versteht sich die Kultur- und Körpertheorie von Siebers (2001, 2010) dezidiert als Kontrastfolie zur dekonstruktivistischen Denkrichtung. Er argumentiert, dass es notwendig sei, den Körper in seiner Kreatürlichkeit als biologischen Organismus anzuerkennen, dessen Beeinträchtigungen real existieren; körperliche Bedürfnisse und Notwendigkeiten könnten letztlich nicht diskursiv aufgehoben werden. Nachdem bis in die 2010er Jahre hinein der Poststrukturalismus dominant zu werden schien und Anschlüsse an den Kritischen Realismus eher randständig waren, lässt sich gegenwärtig eine Konjunktur dieses Ansatzes in den internationalen Disability Studies beobachten (z.B. Watson/Vehmas 2020). Dabei wird für eine Theoretisierung von Behinderung plädiert, welche von der Ontologie des Behindertseins ausgeht. Im britischen Diskurs verortet sich vor allem Watson (2020) entsprechend. Als »an alternative approach to disability research« erlaube der Kritische Realismus »the incorporation of a structural analysis while simultaneously conceding the central role played by agency« (ebd., 136–137).

Zweitens zeigen sich die poststrukturalistischen und dekonstruktivistischen Disability Studies immer noch vital und weiter entwicklungsfähig. Neben Anschlüssen an Foucault (vgl. 5.1) kommen mittlerweile auch die Arbeiten der dekonstruktivistischen Philosophin Judith Butler (Samuels 2002) und das Konzept der Assemblage (frz. agencement) nach Gilles Deleuze und Félix Guattari (Roets/Braidotti 2012) verstärkt zur Geltung. Während z.B. der historische Materialismus von der Beharrungskraft der Strukturen ausgeht, nimmt dieser Ansatz ein beständiges Fließen und Verändern von Wirklichkeit an und postuliert ein ›becoming‹, ein immerwährendes Werden. Behinderung als Assemblage zu denken heißt, die untersuchten Phänomene als ›Verkettung‹ bzw. ›Gefüge‹ verschiedener Elemente wahrzunehmen, die fortwährend im Austausch miteinander sind.

So regt Marianne Pieper (2016) an, in der Forschungspraxis nicht allein von ›behindernden‹ Strukturen, sondern von einer »Analytik des Werdens« (ebd., 92) auszugehen. Hanjo Berressem (2017) zufolge kann die Vorstellung, die Welt bestehe aus einer Vielfalt orts- und zeitspezifischer, inhärent dynamischer Assemblagen, den Blick öffnen für »an unlimited potentiality for change that destabilizes every machinic arrangement and that allows for always new and surprising alignments to emerge« (ebd., 30). Ähnlich argumentiert Michael Schillmeier (2007, 2010, 2014), dessen ›kosmopolitische‹ Perspektive die Situiertheit der Erfahrungen von (Nicht-)Behinderung betont, die in jeweils besonderen biografischen, lokalen und raum-zeitlichen Interaktionsprozessen entstehen. Jasbir K. Puar (2015, 2017) nutzt Assemblage, um Zusammenhänge von Behinderung, (Trans-)Sexualität, Biopolitik und Neoliberalismus zu analysieren.

Das Assemblage-Konzept wird auch herangezogen, um das Zusammenspiel von behinderten Körpern und Prothesen – angefangen mit konventionellen Körperersatzteilen über implantierte Chips bis hin zu elektronischen Systemen für die Lebenserhaltung – zu untersuchen. Margrit Shildrick (2009, 2017) geht von einer Vielzahl von Mensch-Maschine-Assemblagen aus, die eine Unmenge von Schnittstellen entstehen lassen. Um die Auswirkungen digitalisierter Prothetik – auch vor dem Hintergrund von Selbstoptimierung und Human Enhancement – zu verstehen, plädiert sie dafür, die Behinderungskategorie ebenfalls in ihrer Relativität, Fluidität und Kontingenz zu untersuchen (Shildrick 2009, 17–39). Sie geht von dem Konzept eines verkörperten, interagierenden Selbst aus, das »always interdependent, fluid, and endlessly in process« (ebd., 10) ist; Subjektivität soll nicht mehr in Begriffen von Eigentum oder (Wieder-)Aneignung gedacht werden, sondern als beständige Prozessualität.

In diesem Zusammenhang greifen die Disability Studies auch auf die Arbeiten von Donna Haraway zurück (Reeve 2012). Dabei geht es um die Denkfigur des ›cyborgs‹, eines technisch-organischen Hybridwesens, das in der Welt der ›Normalen‹ bislang vornehmlich in fiktionalen Formaten wie Film und Computerspiel verbreitet ist, aber für viele behinderte Menschen, die auf (digitale) Prothetik wie z.B. das Cochlea-Implantat angewiesen sind, bereits Realität annimmt. Um diese Praktiken kritisch zu hinterfragen, nutzen die jüngeren Disability Studies zunehmend auch Ansätze aus Posthumanismus und Neuem Materialismus (Goodley et al. 2014, 2019), die Akteur-Netzwerk-Theorie von Bruno Latour (Spöhrer 2016, 2017) und die Science & Technology Studies (Schillmeier 2007, 2010).

Gegenüber den dekonstruktivistischen Ansätzen und im Anschluss an historisch-materialistische, feministische und postkoloniale Positionen wendet allerdings Nirmala Erevelles (2016) ein, dass »assemblages/desiring machines/erotic apparatuses« als autonome Gebilde unabhängig von den historisch-materiellen Lebensverhältnissen gedacht würden. Jedoch träfen Körper und Dinge, Subjekte und Organismen immer noch und häufig »in violent collision« und in »a brutal materiality« (ebd., 220) aufeinander, deren Logik von den Strukturen des transnationalen Kapitalismus bestimmt werde. Aus kritisch-realistischer Sicht argumentieren Vehmas und Watson (2016), posthumanistische Positionen stellten Konzepte wie Autonomie und Menschsein infrage, ohne die damit verbundenen biopolitischen Implikationen zu bedenken, die darauf hinauslaufen können, behinderten Menschen das Lebensrecht abzusprechen. Dagegen wirft Barnes (2020, 25) wiederum dem Kritischen Realismus vor, letztlich zur medizinsoziologischen Denkweise zurückzukehren.

Als *dritter* kontinuierlicher und gleichzeitig dynamischer Diskursstrang lässt sich die feministische Kritik ausmachen (Bê 2020). In den 1980er Jahren unterschied sie mithilfe von Sozialkonstruktivismus und Goffmans Interaktionstheorie zwischen Gender als Begriff für die soziokulturell geprägten Geschlechtseigenschaften und die soziale Positionierung einer Person sowie Sex als biologische, durch Chromosomen, Genitalien etc. bestimmbare Ebene. Im gleichen Zeitraum wurde das soziale Modell (Oliver et al. 1983) entwickelt, das zwischen Behinderung und

Beeinträchtigung differenzierte und ein notwendiges Kausalverhältnis zwischen diesen beiden Ebenen verneinte. Die (zumeist männlichen) Protagonisten der Disability Studies ließen sich zwar von der feministischen Methodenkritik und dem Sexismuskonzept anregen (z.B. Oliver 1990, 1992), jedoch versäumten sie es, bei der Theoretisierung von Behinderung ihrerseits systematisch Gender und Sexualität mitzudenken. Auf der anderen Seite blendete die feministische Theoriediskussion die Perspektive behinderter Frauen weitgehend aus. Als Reaktion auf diese doppelte Ignoranz begannen behinderte Frauen, das vermeintlich neutrale, aber in der Praxis männlich dominierte ›behinderte Wir‹ zu hinterfragen. Gleichzeitig problematisierten sie das nichtbehinderte ›weibliche Wir‹ der Frauenbewegung.

In den 1980er Jahren argumentierten die feministischen Disability Studies (vgl. 7.4) zunächst ebenfalls sozialkonstruktivistisch, wobei Menschen jenseits der binären Geschlechteridentität damals noch keine Rolle spielten. Die Situation behinderter Frauen im Vergleich zu nichtbehinderten Frauen und (nicht-)behinderten Männern wurde vornehmlich mit dem Konzept der ›doppelten‹ oder ›mehrfachen‹ Diskriminierung – somit implizit gleichheitstheoretisch – analysiert (z.B. Deegan/Brooks 1985; Degener/Köbsell 1992; Morris 1993; Barwig/Busch 1993; Wendell 1996). Ab den 1990er Jahren vollzieht die Debatte der behinderten Frauen dann – ähnlich wie der allgemeine feministische Diskurs und die Gender Studies – eine differenzorientierte Wende. Die feministischen Disability Studies lassen sich nun verstärkt von dekonstruktivistischen Arbeiten und der Queer Theory anregen, die im Anschluss an Butler darauf aufmerksam machen, dass auch Sex als historisch und kulturell kontingent zu verstehen sei (Samuels 2002; Tremain 2000, 2017).

Zusätzlich zu den Feminist Disability Studies sind in den letzten beiden Jahrzehnten die vornehmlich dekonstruktivistisch orientierten Queer Disability Studies entstanden (McRuer/Wilkerson 2003). Als Begründer der ›crip theory‹ gilt McRuer, der in seinem Buch *Crip Theory: Cultural Signs of Queerness and Disability* (2006) und in einem wiederholt publizierten Aufsatz (McRuer 2017) die Verbindungslinien zwischen Heterosexualität und ›Nichtbehinderung‹ herausarbeitet. Er lässt sich von der feministischen Autorin Adrienne Rich und ihrem Begriff ›compulsory heterosexuality‹ anregen, schließt an die Körper- und Gendertheorie von Butler an und denkt den Zwang zur Heterosexualität, die sogenannte Heteronormativität, und die Verpflichtung zum normalen Körper zusammen. Unter »compulsory abledbodiness« (McRuer 2006, 303) versteht er die gesellschaftliche Verpflichtung des postmodernen Subjekts, einen gesunden, leistungsfähigen und attraktiven Körper zu haben. Machtvolle Normen erzeugten den als defizitär wahrgenommenen Körper. Die Position des nicht-heterosexuellen, queeren Subjekts verweise auf das beeinträchtigte, behinderte Subjekt; umgekehrt gelte dies ebenso.

Wurden mit dem Ansatz zunächst vornehmlich Diskurse, kulturelle Praktiken und Identitätspolitiken analysiert, wird er in jüngerer Zeit auch dazu genutzt, um neoliberale, staatliche Politik (z.B. Kolářová 2015, 2017) oder Globalisierung (McRuer 2018) kritisch zu reflektieren. Heike Raab (2007, 2010) hat McRuer für die deutschsprachigen Disability Studies rezipiert. Sie hebt hervor, dass die Queer Studies mit ihrer Problematisierung von Körper-, Sexualitäts- und Geschlechternormen eine Reihe von fruchtbaren Anregungen bieten. Umgekehrt machten die Disability Studies auf eine Leerstelle der Queer Studies aufmerksam: Heteronormativität reguliere nicht nur hierarchisch angeordnete geschlechtliche und sexuelle Identitäten, sondern konstituiere im Falle von Behinderung auch Zonen von (aufgezwungener) Asexualität und Ageschlechtlichkeit.

Neben Gender und Sexualität hinterfragen die Disability Studies auch die mit dem Differenzmerkmal ›race‹ verknüpften Phänomene, allerdings ist dieses Thema bislang vergleichsweise unterbelichtet (Bell 2011, 2017; Stienstra 2020). Obwohl die Disability Studies der afroamerikanischen Bürgerrechtsbewegung (Zola 1994) und – über Finkelstein – der Anti-Apartheid-Bewegung in Südafrika wichtige Impulse verdanken und selbst die deutschsprachige Behindertenbewegung sich von der ›Black Power‹-Bewegung inspirieren ließ, hat der Diskurs bis in die jüngere Zeit hinein die Erfahrungen schwarzer Menschen mit Behinderungen eher vernachlässigt. Erst im Zuge der allgemeinen Konjunktur postkolonialer Kritik deutet sich hier eine Wende an. Dabei werden Klassiker wie Homi K. Bhabha, W.E.B. Du Bois, Frantz Fanon, Edward W. Said und Gayatri C. Spivak rezipiert (z.B. Chataika 2012; Ghai 2012; Grech 2012). Für die Theoretisierung des Zusammenhangs von ›race‹ und Behinderung wird außerdem das Konzept der Intersektionalität benutzt (z.B. Erevelles/Minear 2010; Stienstra 2020).

Als *vierter* hier betrachteter Schwerpunkt hat der Intersektionalitätsansatz seinen Ursprung in der Kritik schwarzer Feministinnen an der Ausblendung ihrer Sichtweisen und Problemlagen in der von weißen Frauen aus der Mittelschicht dominierten feministischen Debatte. Erstmalig von der US-amerikanischen schwarzen Juristin und Feministin Kimberlé Crenshaw Ende der 1980er Jahre formuliert, geht es darum, die (Inter-)Dependenz individueller Identitäten und sozialer Differenzmarker zu erfassen und deren Einfluss auf die unterschiedlichen Erfahrungen sozialer Ungleichheit zu beleuchten. Bis Ende der 1990er Jahre spielte das Konzept in den Feminist Disability Studies keine große Rolle; stattdessen wurde, wie bereits erwähnt, von der ›doppelten‹ Benachteiligung behinderter Frauen ausgegangen. Ab 2000 wurde an der Diskriminierungsthese vermehrt Kritik geübt (Walgenbach 2007): Zum einen ignoriere sie die unterschiedliche Qualität von geschlechts- und behinderungsspezifischen Benachteiligungen, zum anderen gehe sie von einer homogenen Gruppe behinderter Frauen aus und impliziere deren Opferstatus.

Auf diese Kritik haben die Feminist Disability Studies reagiert, indem sie verstärkt auf die Intersektionalitätsforschung zurückgreifen, um die Verknüpfungen und Verwobenheiten von Behinderung mit anderen Differenzkategorien besser zu verstehen (Bruner 2005; Jacob et al. 2010). Für die deutschsprachigen Disability Studies sind in diesem Zusammenhang wiederum die Arbeiten von Raab (2007, 2010) relevant. Sie plädiert dafür, ein plurales, machtkritisches Verständnis von Behinderung zu nutzen, welches zu weiteren, historisch und soziokulturell kontingenten Differenzkategorien in Beziehung gesetzt werden könne. Um die Vielschichtigkeit und Widersprüchlichkeit sozialer Differenzierung genauer auszuleuchten, regt außerdem Waldschmidt (2010, 2013b, 2014a) an, neben Benachteiligungen zugleich auch Neutralisierungseffekte und Privilegierungserfahrungen zu analysieren.

Mit dem Anspruch, die Diversität von Behinderungserfahrungen konsequent in den Blick zu nehmen, lässt sich die Intersektionalitätsforschung gut mit dem Anliegen der Postcolonial Disability Studies, dem *fünften* aktuellen Arbeitsschwerpunkt, verbinden. Obwohl bereits früh das ›postkoloniale Argument‹ innerhalb der Deaf Studies formuliert (Lane 1995) und der Universalitätsanspruch des sozialen Modells kritisch gesehen wurde (z.B. Corker/Shakespeare 2002, 15), dauerte es bis Anfang dieses Jahrhunderts, bis die Disability Studies damit begannen, sich mit den Auswirkungen von (Post-)Kolonialismus und Globalisierung auf die Lebenssituation behinderter Menschen (selbst-)kritisch auseinanderzusetzen.

Dabei gibt es zwei Bewegungen: Zum einen beschäftigt sich der angloamerikanische Diskurs vermehrt mit anderen Regionen und Ländern und fragt nach den Interdependenzen von Behinderung, Rassismus, Migration und Globalisierung (z.B. Miles 1996; Goodley et al. 2012; Mitchell/Snyder 2015; Puar 2017; McRuer 2018). Zum anderen melden sich die Disability Studies aus dem Globalen Süden zunehmend selbstbewusst zu Wort. Die ›Critial Global Disability Studies‹ (z.B. Connell 2011; Meekosha 2011; Chataika 2012; Ghai 2012; Grech 2012; Barker/Murray 2013) stellen infrage, dass Diskurse des Globalen Nordens für das Verständnis von Behinderungserfahrungen in anderen Weltregionen hilfreich sind, und plädieren stattdessen dafür, konsequent von kultureller Spezifik und Lokalität auszugehen. Weitere Themen sind der Zusammenhang von Behinderung mit altem und neuem Kolonialismus, post- und neokolonialen Strukturen und Denkweisen, Entwicklungszusammenhängen und Globalisierung. In diesem Zusammenhang werden auch universalisierende Annahmen über die (Grund-)Rechte behinderter Menschen und die Rolle des internationalen Rechts kritisch reflektiert.

An dieser Stelle trifft die postkoloniale Debatte auf entsprechende Auseinandersetzungen in den politikwissenschaftlichen Disability Studies (vgl. 7.4). In diesem Feld geht es thematisch vor allem um Gleichheit, Gerechtigkeit, Anerkennung, Menschenrechte und die ›full and effective participation and inclusion in society‹ (Article 3, UN 2006). Für die entsprechende Theoretisierung werden Ansätze der politischen Philosophie, z.B. die Arbeiten von Jürgen Habermas, Axel Honneth und Nancy Fraser, sowie Menschenrechts-, Bürgerschafts-, Gleichheits- und Gerechtigkeitstheorien wie etwa die Capability-Konzepte von Amartya Sen und Martha Nussbaum herangezogen. Frasers Differenzierung von Redistribution, Anerkennung und Repräsentation nutzt z.B. Mladenov (2018) als konzeptionellen

Rahmen, um die Behindertenpolitik im postsozialistischen Bulgarien zu analysieren. Andere Arbeiten greifen auf die international vergleichende Wohlfahrtsstaatstheorie nach Gøsta Esping-Andersen zurück (Maschke 2008) oder verknüpfen Theorieansätze zu Bürgerschaft (citizenship) – etwa von Thomas H. Marshall oder Bryan S. Turner – mit den Disability Studies (Lid 2015; Waldschmidt/Sépulchre 2019). Im Ergebnis ist eine vielstimmige, kontroverse Debatte zu dem Zusammenhang von Behinderung und Bürgerschaft, Grundrechten und Sozialstaat entstanden. Darüber hinaus gibt es Bestrebungen, Behinderung im globalen Kontext zu erfassen, indem z.B. eine Theoretisierung von Behinderung und Differenz in der internationalen Weltordnung erfolgt (Erevelles 2011; Grech 2012). Die kritische Reflexion bezieht sich zunehmend auch auf die UN-BRK, die ebenfalls als neokoloniales Projekt charakterisiert wird, obwohl bei ihrer Erarbeitung zivilgesellschaftliche Akteure und die Organisationen behinderter Menschen eine wichtige Rolle gespielt haben. Mitchell und Snyder (2015) argumentieren, dass die Konvention Ausdruck eines neoliberalen ›ablenationalism‹ sei. Ihre aus den kulturwissenschaftlichen Disability Studies stammende Denkfigur ermöglicht es, eine Verbindung zu einem anderen Ansatz herzustellen, dessen Karriere im letzten Jahrzehnt ebenfalls zu beobachten ist.

Sechstens verfügen die Disability Studies mittlerweile mit ›Ableismus‹ über ein eigenes Konzept, das – ähnlich wie Sexismus oder Rassismus – für die weitere Theoretisierung genutzt werden kann. Kurz formuliert bezeichnet Ableismus die Gesamtheit von Strukturen und Praktiken, die einseitig und essenzialistisch den Wert von Personen nach ihren körperlichen und geistigen Fähigkeiten bemessen und die Diskriminierung und Marginalisierung von als unfähig bewerteten Personengruppen legitimieren.

Vornehmlich in den britischen Disability Studies wurden zunächst die Begriffe ›disablement‹ (Abberley 1987; Oliver/Barnes 2012) oder ›disablism‹ (Shakespeare 2006; Thomas 2007) verwendet, um Behinderung als gesellschaftliche Unterdrückung und Benachteiligung zu konzeptionalisieren. Disablement ist im Englischen gängig und wird als Synonym für Behinderung (disability) auch in rehabilitationsmedizinischen Kontexten gebraucht. Die frühen Disability Studies eigneten sich das Wort im kritischen Sinne an. Sie verstanden darunter behinderungsspezifische Formen der Unterdrückung und verfolgten das Anliegen, die *Politics of Disablement* (Oliver 1990) aufzudecken. Dagegen ist unklar, wie Disablism (bzw. Disableism) als neue Wortschöpfung im Kontext der Disability Studies entstanden ist (Shakespeare 2006, 40–41). Im Wesentlichen wird das Wort synonym für Disablement benutzt; gemeint ist »a form of social oppression« (Thomas 2007, 73).

Zeitlich parallel entwickelten sich in den USA, Australien und Kanada Ansätze, die unter dem Stichwort ›ableism‹ behinderungsspezifische Formen der Diskriminierung herausarbeiteten. Diese kulturwissenschaftlichen Arbeiten setzten im Unterschied zum sozialwissenschaftlich ausgerichteten britischen Diskurs an den (Un-)Fähigkeiten von Individuen an und thematisierten vor allem Identitätspolitiken und kulturelle Praktiken. Eine frühe Verwendung des Begriffs ›ableism‹ – allerdings ohne explizite Theoretisierung – lässt sich etwa bei Davis (1995) und Linton (1998) finden; Garland-Thomson (2002, 5) spricht von einem »Ability/Disability System«.

Mit der Publikation *Contours of Ableism* (2009) der australischen Sozialwissenschaftlerin Fiona K. Campbell (2009), die mittlerweile in Schottland und Sri Lanka lehrt, beginnt die breite Diskussion des Konzepts. Campbell fasst Ableismus als »a network of beliefs, processes and practices that produces a particular kind of self and body (the corporeal standard) that is projected as perfect, species-typical and therefore essential and fully human: disability then is cast as a diminished state of being human« (ebd., 16). Neben Campbell, die das Projekt von gesellschaftskritischen ›Studies in Ableism‹ verfolgt, sind als wichtige Stimmen in der internationalen Debatte um Ableismus außerdem Gregor Wolbring (2012) und Goodley (2014, 2017) zu nennen. Wolbring entwickelt die Agenda von Ability Studies. Er sieht die Orientierung an Fähigkeiten und damit ›ableism‹ nicht grundsätzlich kritisch. Goodley will – ähnlich wie Campbell – ›Critical Ableism Studies‹ betreiben und verknüpft Ableismus mit einer Kritik am Neoliberalismus. Dabei geht es ihm um die Dekonstruktion der Denk- und Leitfigur des »special-typical individual citizen«: »a citizen that is ready and able to work and contribute; an atomistic phenonemon cut off from others, capable, malleable and compliant« (Goodley 2017a, 57). Diese Gedanken verweisen auf ›compulsory abled-bodiness‹, das erwähnte Konzept von McRuer.

Bolt (2015) macht darauf aufmerksam, dass ›ableism‹ zwar weltweit benutzt wird, in Großbritannien jedoch eher ›disablism‹ verwendet werde. Die beiden Wörter meinten im Wesentlichen das Gleiche, nämlich »discriminatory or abusive conduct toward people based on physical or cognitive abilities« (ebd., 1105). Den Zusammenhang zwischen diesen beiden Begriffen und dem älteren ›disablement‹ stellt Goodley (2017a, 9) so dar: Ableismus bzw. ›disablism‹ beinhalte die Annahme, dass es ›Verbrechen‹ (im Sinne von Angriffen, Herabwürdigungen und Diskriminierungen) an behinderten Menschen gebe. ›Disablement‹ wiederum sei als Gesamtheit der strukturellen Folgen von Ableismus bzw. ›disablism‹ anzusehen. An dieser Stelle verdichtet sich der Eindruck, dass es sich bei Ableismus um eine neue Bezeichnung für den – bereits von der Behindertenbewegung der 1980er Jahre benutzten – deutschen Begriff ›Behindertenfeindlichkeit‹ handeln konnte. Insgesamt hat die Diskussion noch eine stark normativ-politische Färbung, so dass sich die Frage aufdrängt, ob das Ableismus-Konzept nicht zu selbstreferenziell ist.

Schließlich haben sich, *siebtens*, in jüngerer Zeit Debatten entwickelt, die zum einen die Bedeutung von Kritik in den Disability Studies selbstkritisch hinterfragen und zum anderen nicht Behinderung, sondern deren Interdependenz mit Normalität, somit ›Dis/ability‹ in den Mittelpunkt stellen. Sichtet man die frühen Arbeiten, wird eines augenfällig: Ob Kapitalismuskritik – wie insbesondere in den britischen Disability Studies – oder die Kritik an der Hegemonie der Normalität – wie in den US-amerikanischen Disability Studies – bis jüngst zum Ableismusansatz und der mit ihm verbundenen Neoliberalismuskritik, der Diskurs hat sich immer als gesellschaftskritisches Projekt verstanden. Dies gilt sowohl für die (dezidiert kritischen) sozialwissenschaftlichen als auch für die (vermeintlich unkritischen) Cultural Disability Studies.

Bereits Garland-Thomson (2002) wies für die Feminist Disability Studies auf diesen Punkt hin: »[...] feminist disability theory engages several of the fundamental premises of critical theory: 1) that representation structures reality, 2) that the margins define the center, 3) that gender (or disability) is a way of signifying relationships of power, 4) that human identity is multiple and unstable, 5) that all analysis and evaluation have political implications.« (ebd., 6) Im Laufe der letzten beiden Jahrzehnte ist allerdings der kritische Anspruch unter Druck geraten (Oliver 2019; Waldschmidt 2018; Barnes 2020), und zwar bezeichnenderweise parallel zum bisher größten politischen Erfolg der internationalen Behindertenbewegung, der Verabschiedung der UN-BRK in 2006. Die dadurch hervorgerufene weltweite Konjunktur der Forschung zu Behinderung hat dazu geführt, dass längst nicht mehr alle Beiträge, die unter der Bezeichnung Disability Studies firmieren, sich dem Anliegen der Gesellschaftskritik verpflichtet fühlen. Stattdessen gibt man sich damit zufrieden, die Umsetzung einer menschenrechtsbasierten Behindertenpolitik mitzugestalten. Um den Unterschied zu dieser Disability Research zu verdeutlichen und das eigene Alleinstellungsmerkmal stärker herauszustreichen, wird deshalb in internationalen Zusammenhängen vermehrt von Critical Disability Studies gesprochen (z.B. Pothier/Devlin 2006; Goodley 2014; Nguyen 2018; Ellis et al. 2019a; Shildrick 2020). Verbunden mit diesem Versuch, den ›Markenkern‹ der Disability Studies neu zu bestimmen, ist eine wiederbelebte Debatte um das eigene Selbstverständnis.

Unter der Frage »What's so ›Critical‹ about Critical Disability Studies?« versuchen Meekosha und Russell Shuttleworth (2009), die Grundannahmen einer kritischen Theorie der Behinderung zu formulieren: Erstens gehe es nicht um die (quantitative) Sammlung von Fakten und auch nicht um kontextfreie, pragmatische Wissenschaft. Vielmehr müssten, zweitens, Theorie und Praxis miteinander verbunden werden und die Analyse sich als Teil des Kampfes für eine andere Gesellschaft begreifen. Drittens sollten sich die kritischen Disability Studies der eigenen Standortgebundenheit bewusst sein und eine historische Perspektive auf sich selbst anwenden. Viertens seien eine explizite Auseinandersetzung mit den Menschenrechten und ein emanzipatorisches, dem Diversitätsgedanken verpflichtetes Denken notwendig. Für ihr Verständnis von Kritischer Theorie verweisen Meekosha und Shuttleworth explizit auf die Frankfurter Schule; ihren eigenen Begriff von Kritik entwickeln sie jedoch nicht. Goodley (2017b) gilt ebenfalls als wichtige Stimme der Critical Disability Studies. Aber auch er bleibt in seinem Verständnis von Kritik ziemlich vage: »The word ›critical‹ denotes a sense of self-appraisal; re-assessing where we have come from, where we are at and where we might be going.« (ebd., 82) Dagegen bezieht sich Schlegel (2017) – wie Meekosha und Shuttleworth – auf die Frankfurter Schule sowie zusätzlich auf Foucault, Butler und den französischen Philosophen Jacques Derrida und arbeitet den Unterschied zwischen einer kritisch-reflexiven Haltung und ›judgment‹, d.h. Urteil bzw. Meinung heraus. Waldschmidt (2018) hebt – ähnlich wie Meekosha und Shuttleworth sowie Goodley – den Aspekt der Selbstreflexivität hervor. Sie plädiert für eine Wiederbelebung des kritischen Gehalts der sozialen und kulturellen Modelle von Behinderung, um grundlegende Fragen zur gegenwärtigen Bedeutung des »dis/ability divide« stellen zu können (ebd., 74).

Die hier auftauchende Sprachfigur Dis/ability wird – ebenso wie die Varianten Dis_ability oder Dis/Ability – auch in anderen, jüngeren Beiträgen der Disability Studies vermehrt benutzt. Dabei geht es nicht nur darum zu verdeutlichen, dass Behinderung keine klar abgrenzbare Kategorie ist. Schneider und Waldschmidt (2012) machen darauf aufmerksam, dass der Gebrauch des Schrägstrichs eine methodologische Entscheidung, d.h. einen anderen Blick auf den eigenen Untersuchungsgegenstand impliziert: »Im Anschluss an die Kulturwissenschaften [...] werden – streng genommen – aus den Disability Studies eigentlich *Dis/ability Studies*. Die Einführung des Schrägstrichs signalisiert: Nunmehr geht es nicht allein um die Kategorie Behinderung als eine Form der sozialen Ausgrenzung, sondern um die Verschränkungen und Verknüpfungen, das Wechselspiel von ›normal‹ und ›behindert‹, kurz, um das Transversale und Intersektionale, das zum eigentlichen Forschungsgegenstand wird.« (ebd., 149; Hervorh. i.O.) In anderen Worten, der Ausdruck Dis/ability Studies zeigt das Vorhaben an, nicht nur Behinderung, sondern auch den oft verborgenen Bezugspunkt, die Ability bzw. Fähigkeit, in den Blick zu nehmen: »The binarised, split and bifurcated phenomenon of the dis/ability complex repels disability and ability from one another.« (Goodley et al. 2019, 986)

5.5 Fazit

Im deutschsprachigen Raum werden die Disability Studies häufig als ›Betroffenenwissenschaft‹ missverstanden, die sich nicht den Zumutungen abstrahierender Reflexion aussetzt, sondern vornehmlich die Praxis und Erfahrung von Behinderung zum Gegenstand macht. Berücksichtigt man jedoch den internationalen Diskurs und die jüngsten Auseinandersetzungen, findet man eine große Vielfalt und Vielseitigkeit gerade auch in den Theoriedebatten. Die theoretische Reflexion in den Disability Studies seit den 1980er Jahren lässt sich folgendermaßen rekapitulieren: Bereits bevor sich das Forschungsfeld gründete, gab es in den Sozial- und Kulturwissenschaften verschiedene Theorieansätze, die sich mit Behinderung und der gesellschaftlichen Positionierung von behinderten Menschen beschäftigten. Dabei handelte es sich aber um strukturfunktionalistische und devianztheoretische Ansätze aus der Medizinsoziologie und der Soziologie der sozialen Abweichung. Die Kritik daran hat die Entstehung der Disability Studies stimuliert. Goffmans Werk nahm gewissermaßen die Rolle eines ›Scharniers‹ ein: Einerseits waren sein essenzialisierender, individualisierender Blick und seine Ausblendung von Machtverhältnissen kritikwürdig, andererseits wurde die Stigmatheorie für eigene Reflexionen produktiv genutzt. Hinzu kam als ein ebenfalls klassischer Ansatz der Neomarxismus, mit dem sich die Aufforderung verband, dezidiert Gesellschaftskritik zu üben. Als weiterer Klassiker gab das diskurstheoretische und machtkritische Werk Foucaults wertvolle Anregungen. Noch stärker als Goffman fungierte Foucault – unbeabsichtigt, aber wirksam – als ›Geburtshelfer‹ der Disability Studies. Gleichzeitig boten die Kulturanthropologie und die Phänomenologie viele Anstöße, um die Rolle des (beeinträchtigten) Körpers und die Alltagswelten behinderter Menschen zu untersuchen. In den letzten Jahrzehnten hat sich das Feld verbreitert und diversifiziert. Hinzu gekommen sind dekonstruktivistische Ansätze und die intersektionale Perspektive sowie in jüngster Zeit die postkoloniale Kritik und die politische Philosophie. Zusätzlich haben die Disability Studies begonnen, mit Ableismus und Dis/ability eigene Konzepte zu entwickeln und sich selbst kritisch zu reflektieren.

6. Wissenschaftskritik und Forschungsansätze der Disability Studies

Neben der theoretischen Debatte geht es in den Disability Studies selbstverständlich auch um empirische Forschung. Ob als Grundlagenforschung, die aus Neugier unklare Phänomene enträtseln und die Wirklichkeit verstehen möchte, oder als angewandte Forschung, die an Problemlösung und Praxisrelevanz interessiert ist – auch die kritischen Studien zu Behinderung führen Forschungsprojekte durch und reflektieren in methodologischen Debatten ihre Vorgehensweisen (Brown 2001). In diesem allgemeinen Sinne handelt es sich bei den Disability Studies um eine ›normale‹ Wissenschaft. Gleichwohl besteht hier der Anspruch, eine andere, sprich, ›bessere‹ Forschung zu entwickeln, die gewährleistet, dass die Sichtweisen und Erfahrungen behinderter Menschen zum Tragen kommen.

6.1 Methodologische Debatten in Behindertenbewegung und Disability Studies

Wie Barnes (2003, 10) herausstellt, gab es just zu dem Zeitpunkt, als die Disability Studies in den 1980er Jahren begannen, vermehrt Auseinandersetzungen über den Stellenwert von Neutralität, Objektivität und Normativität in der Wissenschaft und das Verhältnis der Forschenden zu den ›Probanden‹, wie damals die

Studienteilnehmerinnen und -teilnehmer noch vielfach genannt wurden. Vor allem erlebte die Aktions- bzw. Handlungsforschung, die zuerst in den 1940er Jahren von dem Sozialpsychologen Kurt Lewin in den USA entwickelt worden war, ab Ende der 1960er bis Mitte der 1980er Jahre auf internationaler Ebene eine erste Konjunktur. Inspiriert von den verschiedenen neuen sozialen Bewegungen, dem interpretativen ›turn‹ in Anthropologie und Ethnologie sowie der Gemeinwesenarbeit als Ansatz der kritischen Sozialarbeit (Unger et al. 2007, 10–13), wollte dieser Forschungsansatz mithilfe verstehender, partizipativer und aktivierender Methoden benachteiligte Personengruppen bei der Artikulation ihrer Bedürfnisse und der Durchsetzung ihrer Interessen unterstützen. Allerdings stellten sich bei der Umsetzung konzeptionelle Schwächen heraus. Kurz gesagt, wurde dem Ansatz fehlende Wissenschaftlichkeit und Ideologienähe vorgeworfen (ebd., 17–21). Aus diesem Grund wurde er immer seltener angewandt; lediglich in verschiedenen Nischen, z.B. in der (sozial-)pädagogischen Arbeit mit sozialen Randgruppen, überlebten die Grundgedanken. Indirekt erwies sich der Versuch einer alternativen Forschungspraxis jedoch als folgenreich. In den 1980er und 1990er Jahren regte er dazu an, das Konzept der qualitativ-empirischen und interpretativen Sozialforschung auszuarbeiten. Damit verband sich die Hoffnung, der Komplexität der empirischen Wirklichkeit, dem Alltagshandeln und den subjektiven Sichtweisen besser gerecht zu werden (ebd., 21–29).

In einem weiteren Schritt wurde die Aktions- bzw. Handlungsforschung – nun Participatory Action Research oder partizipative Forschung genannt – wiederentdeckt (Unger 2014, 2018). Während dieser zweiten Konjunktur, die in Deutschland in den 2000er Jahren beginnt, geht es stärker als in der früheren Phase darum, eine Methodologie, die den Grundprinzipien von Wissenschaftlichkeit genügt, auszuarbeiten und zu einer Neubestimmung der Beziehung zwischen Forschenden und Untersuchten zu gelangen, indem die strukturellen und situativen Bedingungen eines gleichberechtigten Kommunikations- und Handlungszusammenhangs reflektiert werden. Mittlerweile werden in vielen Feldern wie etwa in der – vorzugsweise qualitativen – Evaluations-, Präventions- und Gesundheitsforschung empirische Studien durchgeführt, welche die jeweils relevante ›community‹ und die Betroffenen ›auf Augenhöhe‹ einbeziehen.

In anderen Worten, als die internationalen Disability Studies im Laufe der 1980er Jahre entstanden und auch in dem Zeitraum, in dem sie im deutschsprachigen Raum ihre Gründungsphase erlebten (Köbsell 2021), trafen sie auf parallel laufende Auseinandersetzungen über das Selbstverständnis von Wissenschaft und Forschung und auf Versuche, teilhabeorientierte Untersuchungskonzepte umzusetzen. Ähnlich wie bei der Theorientwicklung nahm die Methodenkritik der Disability Studies ihren Anfang damit, die konventionelle Forschung zu Behinderung zu hinterfragen. Die Kritik richtete sich zum einen gegen die quantativ-empirische Forschung, deren Behinderungsbegriffe und Herangehensweisen als reduktionistisch angesehen wurden. Zum anderen erwiesen sich aber auch qualitativ-verstehende und betroffenenorientierte Zugänge nicht automatisch als ›befreiend‹. Bei dieser Diskussion spielte wiederum die Behindertenbewegung eine wichtige Rolle.

Vor allem in Großbritannien hatten die Aktivisten schlechte Erfahrungen mit der Forschung gemacht (Mercer 2002, 229; Fontes et al. 2014, 851–852). In den 1960er Jahren hatten (männliche) Bewohner des Le Court Cheshire Home in Hampshire, England, begonnen, um ihre persönliche Selbstbestimmung zu kämpfen (Roulstone 2013, 10; Watson 2020, 128–129). Als Folge von sozialadministrativen Vorgaben hatte sich in der Einrichtung ein rigides Heimmanagement etabliert, das die Bewohner immer stärker reglementierte. So kam es zu jahrelangen Konflikten, und die Bewohner entwickelten die Idee, sich den Beistand der Wissenschaft zu holen, um ihre Forderungen gegenüber der Heimleitung legitimieren zu können. Sie nahmen Kontakt zu dem privaten Forschungsinstitut Tavistock auf, dessen Arbeit von der Aktions- bzw. Handlungsforschung beeinflusst war, und regten erfolgreich eine wissenschaftliche Untersuchung an. Mit finanzieller Unterstützung des britischen Gesundheitsministeriums wurde von 1966 bis 1969 eine Pilotstudie zur Lebenssituation von körperlich beeinträchtigten jungen Menschen in stationären Einrichtungen durchgeführt, deren Ergebnisse 1972 veröffentlicht wurden. Das Forschungsteam kam zu dem Schluss, dass die Forderungen der Bewohner grundsätzlich berechtigt seien, jedoch sei eine Umsetzung aus organisatorischen Gründen nicht möglich. Im Ergebnis empfahlen sie die Anwendung traditioneller Heim- und Pflegekonzepte. Die Initiatoren fühlten sich daraufhin hintergangen. Besonders scharfe Kritik formulierte Hunt, der damals noch in dem Heim lebte und später die Behindertenbewegung mitbegründen sollte. Er kritisierte vor allem die vermeintliche Objektivität des Forschungsteams: »[They] were definitely not on our side. They were not really on the side of the staff either. And they were not even much use to the management and administrators. They were in fact basically on their own side, that is the side of supposedly ›detached‹, ›balanced‹, ›unbiased‹ social scientists, concerned above all with presenting themselves to the powers-that-be as indispensible in training ›practitioners‹ to manage the problem of disabled people in institutions.« (Hunt 1981, 4)

Aus dieser Kritik sollte sich im Laufe der 1990er Jahre in den britischen Disability Studies der Ansatz der emanzipatorischen Forschung entwickeln. Bevor dieses Konzept erläutert wird (vgl. 6.2), stellt sich die Frage nach einer vergleichbaren Entwicklung im deutschsprachigen Raum. Bezeichnenderweise ging es auch hierzulande, ähnlich wie in Großbritannien, in der Gründungsphase der Behindertenbewegung um die Rolle von Wissenschaft und Forschung (Waldschmidt 2005, 11). Besonders aufschlussreich sind die Ereignisse in Bremen, wo die erste Krüppelgruppe (vgl. 2.2) gegründet wurde und es mit Wolfgang Jantzen seit 1974 einen Professor für Behindertenpädagogik an der Universität Bremen gab, der einen neomarxistischen Ansatz verfolgte. In seinem Doktorandenseminar bot er den beiden Begründern der Bremer Krüppelgruppe, Horst Frehe und Franz Christoph (1953–1996), ein Forum für den wissenschaftlichen Austausch. Trotz seiner Sympathie für die neue Bewegung nahm Jantzen den Standpunkt des für behinderte Menschen zuständigen Experten ein, so dass sich eine engere Zusammenarbeit nicht entwickeln konnte. Vor allem geriet der Behindertenpädagoge in die Kritik, als er Ende der 1970er Jahre die Einrichtung eines Beobachtungsraums per Einwegscheibe mit gleichzeitiger Videoaufnahme an der Universität plante. Während es aus wissenschaftlicher Sicht darum ging, die pädagogischen Interventionen kontrollieren und Therapiesituationen in Forschung und Lehre analysieren zu können, betrachtete die Krüppelgruppe die Erhebungsmethode als Verletzung der Würde behinderter Kinder. In der Folgezeit erwies sich insbesondere Christoph als dezidierter Wissenschaftskritiker. Er war im frühen Kindesalter an Polio erkrankt, hatte Krankenhaus- und Heimaufenthalte erlebt und eine Ausbildung zum Industriekaufmann absolviert; die Wissenschaft begriff er vornehmlich als Herrschaftsinstrument. Auch wenn andere Aktivisten wie etwa Frehe und Köbsell einen Studienabschluss anstrebten oder mit einer Promotion liebäugelten, sollte es in den Folgejahren im Wesentlichen bei der fundamentaloppositionellen Haltung der Krüppelbewegung bleiben (Mürner/Sieck 2009; Köbsell 2012).

Fast zur gleichen Zeit hatte in Österreich Schönwiese, der, fünf Jahre älter als Christoph, im Kindesalter an Polyarthritis erkrankt und Rollstuhlnutzer war, nach einem Pädagogik- und Psychologiestudium 1980 seine Promotion an der Universität Innsbruck erhalten. Er arbeitete anschließend als wissenschaftlicher Mitarbeiter am dortigen Institut für Erziehungswissenschaft und engagierte sich gleichzeitig in der Behindertenbewegung. 1981 hielt er auf einem rehabilitationswissenschaftlichen Symposium in Wien ein Referat über die ›Einbeziehung Betroffener in die Rehabilitationsforschung‹ und formulierte in diesem Zusammenhang: »Die Frage stellt sich nicht, ob die Betroffenen einbezogen werden, sondern wie sie in den Forschungsablauf einbezogen werden, ob sie Objekte oder Subjekte des Forschungsprozesses sind.« (Schönwiese 1982, 13) Allerdings entwickelte Schönwiese nur recht vage Vorstellungen, wie dieser Einbezug seiner Meinung nach vonstattengehen sollte.

Nach diesen Berührungen zwischen Bewegung und Wissenschaft brauchte es ein weiteres Jahrzehnt, bis in der ersten Hälfte der 1990er Jahre in verschiedenen Kontexten wieder methodologische Fragen einer kritischen Wissenschaft zu Behinderung diskutiert wurden und die Versuche, eine entsprechende Forschungspraxis zu begründen, sich verdichteten. Als ein Meilenstein der internationalen Debatte gilt die Veranstaltung ›New Research Directions and Paradigms‹, die auf dem Kongress der International Association for the Scientific Study of Mental Deficiency 1992 in Australien stattfand (Rioux & Bach 1994). Die Herausgeber der Tagungsdokumentation Marcia H. Rioux und Michael Bach formulierten prägnant: »Disability is not measles. It is not a medical condition that needs to be eliminated from the population. It is a status and the research agenda must take into account the political implications attached to that status.« (ebd., 7) In Großbritannien hatte zu diesem Zeitpunkt die Methodendiskussion bereits Fahrt aufgenommen. Den Auftakt machte Oliver (1990, 7–9), indem er das Fragenkonzept einer 1986 von der britischen Behörde für Volkszählungen durchgeführten quantitativen Erhebung zur Lebenssituation behinderter Menschen als individualistisch und defizitorientiert kritisierte. Anhand von alternativen Fragen veranschaulichte er, wie eine Untersuchung, die sich am sozialen Modell orientiert, vorgehen würde (vgl. auch Barnes/Mercer 2010, 32–33).

1992 folgte ein Schwerpunktheft zu »researching disability« in der damals noch *Disability, Handicap & Society* genannten Fachzeitschrift, die unter anderem von Oliver gegründet worden war. Die Beiträge von Abberley (1992), Barnes (1992), Oliver (1992) und Gerry Zarb (1992) wurden zu Wegweisern einer Forschungspraxis im Sinne der Disability Studies und sind auch heute noch lesenswert. Abberley (1992) kritisierte – ähnlich wie Oliver (1990) – die offizielle Behindertenstatistik und hob hervor, dass wissenschaftliche Untersuchungsdesigns nicht als neutral angesehen werden könnten. Barnes (1992) setzte sich mit der qualitativ-empirischen Forschung auseinander und betonte, dass sie nur dann im Interesse behinderter Menschen sei, wenn sie auch emanzipatorische Ziele verfolge. Oliver (1992) forderte, das ›Produktionsverhältnis‹ von Forschung zu verändern, und entwarf das Konzept des »emancipatory disability research« (vgl. 6.2). Zarb (1992), ein Kollege von Oliver an der damaligen Thames Polytechnic, arbeitete die Unterschiede zwischen emanzipatorischer und partizipatorischer Forschung heraus.

1996 kam es in der nun *Disability & Society* genannten Fachzeitschrift zu einer Fortsetzung der Diskussion, in der es hauptsächlich um das Verhältnis der Forschung zur Behindertenbewegung ging. Barnes (1996) bezeichnete die Figur des unabhängigen Forschenden als einen Mythos. Die Möglichkeiten, im kritischen Sinne zu forschen, seien aufgrund der von Ökonomisierung beeinflussten Strukturen des Wissenschaftssystems, der staatlichen Forschungsförderung und auch innerwissenschaftlicher Zwänge begrenzt. Er schlussfolgert: »There is no independent haven or middle ground when researching oppression: academics and researchers can only be with the oppressors or with the oppressed.« (ebd., 110) Der Medizinsoziologe Michael Bury (1996) argumentierte dagegen für die Unabhängigkeit von Forschung und und hob den Stellenwert von Grundlagenforschung hervor. Shakespeare (1996) sprach sich für Forschung aus, welche die Lebenswirklichkeit behinderter Menschen reflektiert, verteidigte aber gleichzeitig die Wissenschaftsfreiheit: »[...] in my view, it is necessary for there to be a division of labour between academics and activists: notions of accountability and representation are relevant in the political context, while notions of engagement and commitment are more relevant in the sociological context.« (ebd., 118)

Zum gleichen Zeitpunkt, 1996, wurde auch an der Universität Bremen anlässlich einer von Jantzen mitveranstalteten Tagung über Geschlechterverhältnisse in der Behindertenpädagogik die Debatte über das Verhältnis von Behindertenbewegung und Forschung wiederaufgenommen. Dort stellte Waldschmidt (1997) ihre Überlegungen zum ›peer research‹ vor und griff dabei auf entsprechende Debatten zurück, die im Kontext der Bewegung behinderter Frauen seit Ende der 1980er Jahre geführt wurden. Mithilfe einer Unterscheidung von Forschung an, über, für, mit oder von behinderten Menschen wies sie auf Machtverhältnisse hin und plädierte dafür, »Konzeptionen zu entwerfen und Wege zu finden, die ein Forschung ermöglichen, die ›anteilnehmend und sozialwissenschaftlich analytisch‹ [...] zugleich sein kann« (ebd., 186). Dennoch dauerte es bis zur Gründung der deutschsprachigen Disability Studies zu Beginn der 2000er Jahre, bis auch hierzulande die Methodendiskussion intensiver geführt wurde.

Auf der wiederum an der Bremer Universität durchgeführten Sommeruniversität zu den Disability Studies stellte etwa die österreichische Sozialwissenschaftlerin Petra Flieger (2003) die Participatory Action Research vor. Zusammen mit Schönwiese führte sie in den Folgejahren ein konsequent partizipatorisches Forschungsprojekt durch (Flieger/Schönwiese 2007), das an einem historischen Beispiel aus dem 16. Jahrhundert verschiedene Blicke auf Behinderung und die damit verbundenen Bildkulturen rekonstruierte.

In den Folgejahren sollte sich vor allem die Behindertenrechtskonvention als Impulsgeberin erweisen. Mit ihrer Bestimmung, welche die Vertragsstaaten zu »statistic and data collection« verpflichtet, um »research data« zu generieren, die es ermöglicht, »to formulate and implement policies to give effect to the present Convention« (Article 31, UN 2006), hat sie seit Mitte der 2000er Jahre die Menschenrechtsforschung im Interesse behinderter Menschen und unter deren Beteiligung maßgeblich stimuliert. Zwar sind die Formulierungen des Konventionstextes aus methodologischer Sicht kritikwürdig, da sie die Forschung zu Behinderung auf statistische Datensammlung und quantitativ-empirische Methoden reduzieren und sich außerdem nur auf angewandte Wissenschaft beziehen. Dessen ungeachtet hat die UN-BRK eine Modernisierung der Forschungslandschaft angeregt.

Im letzten Jahrzehnt ist im deutschsprachigen Raum das neue Feld der Teilhabeforschung (vgl. 2.1) entstanden, welche die Forderung nach Partizipation behinderter Menschen in der Forschung ebenfalls erhebt, im Unterschied zu den Disability Studies aber nicht von einem emanzipatorisch ausgerichteten Wissenschaftsverständnis ausgeht. Auch in den deutschsprachigen Disability Studies wird aktuell die Methodendiskussion fortgesetzt, wobei sich eine Ausdifferenzierung andeutet. Neben allgemeinen Überlegungen zum emanzipatorisch-partizipativen Ansatz (Schönwiese 2020) und der menschenrechtsbasierten Forschung (Degener/Butschkau 2020) finden sich nunmehr Beiträge zu rekonstruktiver Forschung im Kontext von Flucht und Behinderung (Otten 2020), Dispositivanalyse (Waldschmidt et al. 2020) und Autoethnografie (Geese/Schulz 2020).

6.2 Emanzipatorisch und/oder partizipativ forschen: Konzepte und Grundannahmen

Mittlerweile existieren mehrere Forschungskonzepte, die den in den Disability Studies verorteten empirischen Untersuchungen methodologische und methodische Orientierung geben wollen (Behrisch 2021). Sichtet man den aktuellen Stand, wird man – ähnlich wie bei der Diskussion über die verschiedenen Modelle – eine ganze Palette finden wie z.B. die kooperative Forschung (Priestley et al. 2010), die transformative Forschung (Mertens et al. 2011) oder die transdisziplinäre Forschung (Flieger 2009). Im Wesentlichen stechen vier Ansätze hervor. Dabei handelt es sich zum einen um die emanzipatorische Forschung und die partizipative Forschung, zum anderen um die inklusive Forschung und die betroffenenkontrollierte Forschung.

Das genauere Hinsehen zeigt, dass es bei den beiden letzten Konzepten im Wesentlichen um zielgruppenspezifische Varianten der ersteren handelt, wobei die inklusive Forschung (Walmsley/Johnson 2003; Walmsley 2004; Buchner et al. 2016, Strnadová et al. 2016) auf Menschen mit intellektuellen Beeinträchtigungen (synonym für: Menschen mit Lernschwierigkeiten) fokussiert und die betroffenenkontrollierte Forschung – auch ›survivor-led research‹ genannt – von Menschen mit Psychiatrieerfahrungen entwickelt worden ist (Russno 2012; Rose 2017). Pointiert formuliert: Alle Ansätze intendieren Forschung *für* behinderte

Menschen; emanzipatorische (bzw. betroffenenkontrollierte) Forschung versteht sich jedoch primär als Forschung *von* behinderten Menschen; partizipative (bzw. inklusive) Forschung will dagegen vornehmlich *mit* behinderten Menschen stattfinden. Gleichzeitig sind die Abgrenzungen fließend, und es gibt Überschneidungen (z.B. Kramer-Roy 2015; Schönwiese 2020). Deshalb werden im Folgenden lediglich die beiden jeweils grundlegenden, durchaus unterschiedlichen Konzepte vorgestellt.

Der Begriff der emanzipatorischen Forschung wurde in dem bereits angesprochenen Zeitschriftenaufsatz von Oliver (1992) erstmals erwähnt. Darin baute er seine Kritik an traditioneller, sowohl quantitativer als auch qualitativer Forschung aus, die er bereits in *The Politics of Disablement* entwickelt hatte (Oliver 1990, 7–9). Ziel war es, »emancipatory research« als »another new paradigm« (Oliver 1992, 110–112) zu etablieren. Dabei argumentierte Oliver erkennbar neomarxistisch. Außerdem griff er auf die feministische Methodenkritik und die Antirassismus- und Diskriminierungsforschung zurück (ebd., 111–112).

Sehr grundsätzlich geht es ihm um das ›Produktionsverhältnis‹ der Forschung. Kritisiert wird ein Verständnis von Forschung, das positivistisch ausgerichtet ist und das Dominanzverhältnis zwischen Forschung und Untersuchungsgegenstand ignoriert. Dagegen müsse sie sich in den Disability Studies als Bestandteil des politischen Kampfes betrachten (ebd., 102). Die Forschung zu Behinderung basiere auf drei unterschiedlichen ›Paradigmen‹ (ebd., 108): Der positivistische Ansatz sei sozialtechnokratisch – am »engineering« – orientiert und verstehe Behinderung im Sinne des indivuellen Modells; der interpretative Ansatz folge dem Gedanken der Aufklärung – »enlightenment« – und begreife Behinderung als soziales Problem; der emanzipatorische Ansatz sei dem »empowerment« verpflichtet und betrachte Behinderung als politisches Problem. Zwar zielten alle Ansätze auf »social change« und »transformation« ab (ebd., 111). Allerdings seien die jeweils verfolgten Wege unterschiedlich. Während die beiden ersten Ansätze lediglich auf behinderte Menschen fokussierten, gehe es in der emanzipatorischen Forschung grundsätzlicher darum, »disablism« zu untersuchen (ebd., 112).

Oliver macht außerdem drei Prinzipien des emanzipatorischen Ansatzes aus: »reciprocity, gain and empowerment« (ebd., 111). Während er Reziprozität lediglich als wichtiges Instrument beschreibt, um Empowerment zu erreichen, und den Aspekt ›gain‹ – Nutzen, Gewinn bzw. Ertrag – gar nicht erklärt, legt er besonderen Wert auf Empowerment. Selbstermächtigung könne nicht passiv erreicht werden, sondern könnten die Menschen letztlich immer nur für sich selbst leisten; dabei habe Forschung sie zu unterstützen. Schließlich unterscheidet Oliver sechs Aufgaben emanzipatorischer Forschung: Sie müsse die Erfahrungen der Betroffenen beschreiben, das zu untersuchende Problem aus Sicht kritischer Forschung definieren, Ideologie und Methodologie dominanter Forschungsparadigmen infrage stellen, eigene Methodologien und Methoden entwickeln, die kollektive Erfahrung behinderter Menschen im expliziten Bezug auf die Behindertenbewegung beschreiben und die aus der Bewegung heraus entstandenen Projekte und Einrichtungen evaluieren und untersuchen (ebd., 112).

Dieses Grundkonzept emanzipatorischer Forschung wird in den Folgejahren sowohl ausgearbeitet und differenziert als auch kritisiert und modifiziert. Emma Stone und Priestley (1996) entwickeln sechs Gütekriterien für emanzipatorische Forschung: Entsprechende Untersuchungen bezögen sich auf das soziale Modell der Behinderung als erkenntnistheoretische Grundlage; Objektivitätsansprüche würden zugunsten des Engagements für den Kampf behinderter Menschen um Selbstbestimmung aufgegeben; vorzugsweise werde Forschung zu Themen betrieben, die für die Selbstbestimmung behinderter Menschen und die Beseitigung von behinderungsbedingten Barrieren praxisrelevant seien; der Forschungsprozess beinhalte interne Kontrollmechanismen, um die volle Rechenschaftspflicht gegenüber behinderten Menschen und ihren Organisationen zu gewährleisten; persönlichen Erfahrungen werde Raum gegeben und gleichzeitig werde versucht, diese Erfahrungen als kollektiv und politisch zu verstehen; um den unterschiedlichen Bedürfnissen behinderter Menschen gerecht zu werden, werde eine Vielzahl von Methoden zur Datenerhebung und -analyse angewendet. Kurz zusammengefasst, arbeiten Stone und Priestley (1996) heraus, dass emanzipatorische Forschung vom sozialen Modell von Behinderung ausgeht, sich für die Belange der Behindertenbewegung einsetzt und partizipative Forschungsmethoden anwendet.

Weitere Versuche, den emanzipatorischen Forschungsansatz zu konturieren, hat Barnes (2014) vorgelegt. Neben der Orientierung am sozialen Modell und dem Prinzip aktiver Selbstermächtigung streicht er vor allem die Rechenschaftspflicht (accountability) gegenüber behinderten Menschen und ihren Organisationen heraus (ebd., 39). Bereits Zarb (1992) hatte deren Stellenwert betont: Es gebe eindeutig eine »difference between disabled people simply being *consulted* by researchers, and researchers being directly *accountable* to disabled people themselves« (ebd., 137; Hervorh. i.O.). Um im Sinne einer kritischen Evaluierung zu überprüfen, ob ein bestimmtes Forschungsvorhaben tatsächlich emanzipatorisch ausgerichtet ist, schlägt Zarb außerdem vor, folgende Fragen zu stellen: »(i) Who controls what the research will be about and how it will be carried out? (ii) How far we have come in involving disabled people in the research process? (iii) What opportunities exist for disabled people to criticise the research and influence future directions? (iv) What happens to the products of the research?« (ebd., 129)

Ähnlich wie die emanzipatorische Forschung beabsichtigt auch der partizipative Ansatz eine radikale Erneuerung: »a radical departure from traditional research [...] in which individuals with disabilities have been treated as passive objects of study« (Balcazar et al. 2006, 1). Im Unterschied zur emanzipatorischen Forschung hängen aber Entstehung und Entwicklung der partizipativen Forschung mit der offiziellen US-amerikanischen Behindertenpolitik und nur indirekt mit der dortigen Behindertenbewegung zusammen. Die eingangs in diesem Kapitel erwähnte Aktions- bzw. Handlungsforschung bzw. Participatory Action Research wurde im Laufe der 1990er Jahre vom damaligen National Institute on Disability (NIDRR; seit 2015: National Institute on Disability, Independent Living, and Rehabilitation Research, NIDILRR) aufgegriffen und für die Forschung zu Behinderung spezifiziert und weiterentwickelt (White et al. 2004, S4). Seekins/White (2013) führen – ähnlich wie Zola (1994, 63) – diese Neuorientierung auf Diskussionen in der Rehabilitationsforschung der 1970er Jahre sowie auf die damalige Independent-Living-Bewegung behinderter Menschen zurück. Balcazar et al. (2006, 1) verknüpfen die Entwicklung enger mit Veränderungen in der Behindertenpolitik der USA und verweisen darauf, dass 1992 der Rehabilitation Act novelliert worden sei. Da die Gesetzesnovelle unter anderem vom Grundgedanken der Partizipation ausging, habe auch das NIDRR begonnen, über Formen der Beteiligung behinderter Menschen an der Forschung nachzudenken.

Zunächst entwickelte das Institut 1993 ein etwas anderes Konzept, die »policy on Constituency-Oriented Research and Dissemination (CORD)«, d.h. den Ansatz einer betroffenenorientierten (nicht betroffenen*kontrollierten*) Forschung (Zola 1994, 64; White et al. 2004, S4). Ziel war es, geeignete Mitglieder relevanter Zielgruppen auf sinnvolle Weise an den zentralen Phasen des Forschungsprozesses zu beteiligen. Auf einer 1995 durchgeführten Tagung zum Thema ›Forging Collaborative Partnerships in the Study of Disability‹ wurde dann die Participatory Action Research vorgestellt und diskutiert (White et al. 2004, S4). Dieser auch kurz PAR genannte Ansatz wurde schließlich 1997 vom Institut so definiert: »Participatory Action Research recognizes the need for persons being studied to participate in the design and conduct of all phases (e.g., design, execution, and dissemination) of the research that affects them. PAR is an approach or strategy for research not a methodology.« (NIDRR 1997, 1)

Vor allem der nordamerikanische Rehabilitationspsychologe Fabricio E. Balcazar und seine Arbeitsgruppe haben die partizipative Forschung seit Ende der 1990er Jahre kontinuierlich ausgearbeitet und in empirischen Untersuchungen angewandt. Sie heben hervor, dass damit eine Neudefinition der Beziehungen zwischen forschenden und beforschten Subjekten verbunden sei (Balcazar et al. 2006, 8). Anerkannt werde, dass die Betroffenen Wissen und Expertise hätten, die sie mit ausgebildeten Forschern teilen könnten. Gewöhnlich werde die Frage gestellt, welche Rolle die Betroffenen und Leistungsempfänger in der Rehabilitationsforschung spielen könnten. Stattdessen solle eher gefragt werden, was Forschende den Menschen mit Behinderungen bieten könnten, um ein unabhängiges und gesundes Leben zu führen.

Balcazar et al. (2006) arbeiten vier Kennzeichen und Stärken von PAR heraus: Erstens sollten Menschen mit Behinderungen das zu untersuchende Problem benennen und sich direkt an den Arbeitsschritten der Definition, Analyse und Lösung beteiligen. Auf diese Weise werde die Chance erhöht, alternative Darstellungen und Deutungen zu generieren, und die Relevanz, soziale Validität und Akzeptanz der Forschungsergebnisse könnten gesteigert werden. Zweitens ermögliche der Einbezug der Betroffenen den Forschenden einen authentischen Zugang zu und ein besseres Verständnis der sozialen Realität, wie sie Menschen mit

Behinderungen erleben. Im Ergebnis entstünden ganzheitlichere und genauere Interpretationen der sozialen Wirklichkeit und die verschiedenen Perspektiven der Beteiligten würden sichtbar. Drittens könne der Prozess der partizipatorischen Forschung das Bewusstsein von Menschen mit Behinderungen für ihre eigenen Ressourcen, Kompetenzen und Fähigkeiten stärken. Damit werde die Selbstwirksamkeit gefördert, da die Betroffenen die Möglichkeit erhielten, wichtige Aspekte ihres Lebens zu kontrollieren und Entscheidungen selbst zu treffen. Im Ergebnis werde somit Empowerment gefördert. Die Forschungsarbeit beabsichtige, viertens, die Verbesserung der Lebensqualität von Menschen mit Behinderungen. Die Wirksamkeit von PAR lasse sich am besten im Blick auf die Veränderungen beurteilen, die sich aus dem jeweiligen Forschungsprojekt ergeben. Diese Handlungsdimension unterscheide PAR deutlich von der traditionellen Forschung. Des Weiteren verstehen Balcazar et al. (ebd., 8) den partizipativen Ansatz als andauernden Prozess. Angestrebt wird ein Kontinuum möglicher Formen der Teilhabe. Die Partizipation könne mit der Beteiligung behinderter Menschen an einem Untersuchungsschritt oder mehreren Phasen beginnen und schließlich dazu führen, dass Forschende mit Behinderungen die Führung bei der Planung und Realisierung von Forschungsprojekten übernehmen (vgl. hierzu auch Seekins/White 2013, S26).

Im Endeffekt soll sich aus der partizipativen Forschung ein dreifacher Zugewinn ergeben, nämlich nicht nur für die Betroffenen und Forschenden, sondern auch für die Gesellschaft. Hingewiesen wird aber auch darauf, dass Forschung sich öffentlich legitimieren müsse und die Geldgeber konkrete Verbesserungen in der Lebensqualität von Menschen mit Behinderungen erwarteten. Vor diesem Hintergrund sei PAR eine Möglichkeit, um sozial relevante und verantwortungsvolle Forschung zu gewährleisten, »directed at making a difference in the lives of people with disabilities and their families« (Balcazar et al. 2006, 8). Wenn es um die Wissenschaftlichkeit bzw. Qualitätssicherung geht, wird ebenfalls auf die Grenzen des Ansatzes hingewiesen (Brown 2001, 160–163; White et al. 2004, S6; Balcazar et al. 2006, 7). Zwar gehe PAR davon aus, dass der Forschungsprozess sowohl von den ausgebildeten Forschenden als auch von den Teilnehmenden kontrolliert werden könne. Die hergebrachten Qualitätskriterien – Objektivität, Validität und Reliabilität – würden jedoch partizipativen Forschungsprojekten eine Schranke auferlegen. Um die Wissenschaftlichkeit zu gewährleisten, müsse die Kontrolle des Prozesses bei den ausgebildeten Forschern verbleiben. In der deutschsprachigen partizipativen Gesundheitsforschung machen dagegen Birgit Behrisch und Michael T. Wright (2018, 316) darauf aufmerksam, dass »die Bewertung Partizipativer Forschung in Form eigener Gütekriterien [erfolgen sollte], welche der methodologischen, wissenschafts- und erkenntnistheoretischen Rahmung des Ansatzes gerecht werden«.

Auch bei diesem Ansatz stellt sich das Problem, wie eigentlich im Sinne kritischer Evaluation überprüft werden kann, ob ein bestimmtes Forschungsvorhaben tatsächlich partizipativ ausgerichtet ist. Hella von Unger (2012) hat dazu drei Fragen formuliert und am Beispiel eines eigenen Forschungsvorhabens ausbuchstabiert: Welche Akteurinnen und Akteure sind beteiligt? An welchen Prozessen sind sie beteiligt? In welcher Form findet eine Beteiligung statt? In anderen Worten, für die Zuordnung einzelner Projekte zur partizipativen Forschung sind die Aspekte des Wer, Woran und Wie entscheidend.

6.3 Vergleichendes Fazit

Abschließend sei betont, dass streng genommen nicht PAR, sondern die emanzipatorische Forschung das eigentliche Anliegen der Disability Studies darstellt. Nach wie vor werden nicht nur in Großbritannien, sondern auch in anderen Ländern Forschungsprojekte durchgeführt, die sich explizit als emanzipatorisch verstehen (z.B. Bertilsdotter Rosqvist et al. 2019). Da das Konzept jedoch als anspruchsvoll gilt und nicht immer und ohne Weiteres in die Praxis umgesetzt werden kann, ist unterdessen die partizipative Forschung zu dem häufiger angewandten Vorgehen avanciert (vgl. für Beispiele Behrisch 2021). Entsprechend hebt Watson (2020, 132) hervor: »[...] participation by disabled people is held up as a cornerstone of disability studies«. Dagegen streicht Zarb (1992, 137) heraus, dass ein langer Weg zur emanzipatorischen Forschung führt und diese nicht einfach durch die Anwendung partizipativer Verfahren erreicht werden könne; bei letzteren handle es lediglich um pragmatische Schritte auf der ›Straße nach Damaskus‹.

Von Anfang an war die Entwicklung des emanzipatorischen Ansatzes von einer vielstimmigen Kritik begleitet, die auch in den letzten Jahren nicht abgerissen ist (z.B. Stone/Priestley 1996; Fontes et al. 2014; Watson 2020). Auch die partizipative Forschung wird immer wieder reflektiert, wenngleich sich hier die Kritik zuweilen an technischen Details aufhält (Brown 2001, 160–163; White et al. 2004; Balcazar et al. 2006; Seekins/White 2013). Die Herausforderungen und Schwächen, die mit den beiden Ansätzen verbunden sind, können im Rahmen dieser Einführung nicht näher diskutiert werden. Im Folgenden sollen lediglich Unterschiede und Berührungspunkte kurz resümiert werden.

Als Gemeinsamkeiten benennt Watson (2020, 131) folgende Aspekte: Beide Konzepte problematisierten die konventionellen

Beziehungen zwischen Forschern und Probanden. Sie basierten auf der Einstellung, dass die Betroffenen ein Recht auf Beteiligung haben. Außerdem teilten sie die Überzeugung, dass die Partizipation der Betroffenen zu höherer Qualität in der Forschung führt. Überdies hat weder die emanzipatorische noch die partizipative Forschung den Anspruch einer Methodologie; beide Ansätze verstehen sich lediglich als »grundsätzliche Haltung« oder allgemeine Anleitung für die Forschungspraxis (Flieger 2003, 201).

Gleichzeitig lassen sich einige Unterschiede herausarbeiten. Zum einen fallen die unterschiedlichen Entstehungsgeschichten ins Auge. Während der emanzipatorische Ansatz ›von unten‹ stammt, nämlich in direktem Bezug auf die Behindertenbewegung entworfen wurde und seine frühen Protagonisten wie Abberley, Barnes, Oliver und Zarb sich als Forschende und Aktivisten zugleich verstanden, waren bei der partizipatorischen Forschung der bewegungspolitische Impuls und die Anbindung an die nordamerikanische Behindertenbewegung schwächer ausgeprägt. Der PAR-Ansatz in den Disability Studies bildete sich zunächst ›von oben‹ im Rahmen von regierungsamtlichem Handeln und im Kontext der nationalen Behindertenpolitik heraus.

Vermutlich aus diesem Grund ist PAR im Unterschied zur emanzipatorischen Forschung stärker partnerschaftlich ausgerichtet. Im Fokus steht hier nicht die Kontrolle oder Entscheidungsmacht der Betroffenen, sondern der Anspruch einer Koproduktion von Forschung, d.h. die Grundidee von Kooperation. In der Umsetzung finden sich allerdings Abstufungen im Grad der jeweiligen Partizipation, und verschiedentlich wird betont, dass vor allem auch Forschende mit Behinderungen eine tragende Rolle einnehmen sollten (z.B. Seekins/White 2013, S26). Trotz einer Rhetorik der Gleichberechtigung wird letzten Endes aber doch zwischen Forschenden (researcher) und Beteiligten (participant) unterschieden.

Dagegen geht der emanzipatorische Ansatz von der Vorstellung einer ›bewegten Forschung‹ aus, und die Differenz zwischen Forschenden und ›Betroffenen‹ verschwimmt hier eher. Im Idealfall sind es Personen mit eigenen Behinderungserfahrungen und akademischer Qualifikation sowie ›Alltagsmenschen‹ mit erfahrungsgesättigter Expertise und Interesse an der Wissenschaft, die im Rahmen emanzipatorischer Forschung zusammenarbeiten, um für behinderte Menschen gesellschaftlichen Wandel zu erreichen. Entsprechend ist der emanzipatorische Ansatz stärker und explizit normativ-politisch ausgerichtet, während PAR zwar praxisrelevant sein will, aber auch ohne die Zielvorstellung einer inklusiven Gesellschaft betrieben werden kann. In der Entstehungphase von PAR ging es vornehmlich darum, die Praxis der Rehabilitation zu verbessern; auch heute sind viele partizipativ ausgerichtete Studien eher auf Reform denn auf Transformation ausgerichtet.

Implizit gibt es in PAR den Konsens, dass Forschende und Betroffene die gleichen Interessen verfolgen, so dass es letztlich darum geht, Menschen mit Behinderungen darin zu unterstützen, »to lead independent and healthy lives« (Balcazar et al. 2006, 8). Im Unterschied dazu geht die emanzipatorische Forschung von der konflikttheoretischen Annahme gegensätzlicher Interessenslagen aus und davon, dass das ›Produktionsverhältnis‹ der Forschung grundsätzlich von Machtungleichheit geprägt ist. Das Konzept der Partnerschaft gilt ihr als Ideologie, da es die in Wissenschaft und Forschung real vorhandenen Dominanzverhältnisse verschleiert. Wird etwa in der partizipativen Forschung darauf verwiesen, dass »Machtverhältnisse reflektiert« (Behrisch/Wright 2018, 308) werden sollen, gibt man seitens der emanzipatorischen Forschung zu bedenken, dass es mit der Reflexion nicht getan, sondern vielmehr effektive Entscheidungsmacht nötig ist. Auch ist man skeptisch, ob der Anspruch – »[...] allen

Beteiligten kommt prinzipiell Definitions- und Entscheidungsmacht für das Forschungsvorhaben in allen Projektphasen zu« (ebd., 309) – überhaupt im Rahmen der vorgegebenen Strukturen in Wissenschaft und Forschung umgesetzt werden kann. Schließlich stellen das mittlerweile ökonomisierte und auf Exzellenz ausgerichtete Hochschulsystem und die Finanzierungsmodalitäten von Forschung ein grundsätzliches Problem dar (Fontes et al. 2014, 858). Gleichwohl wird auch im PAR-Ansatz die Frage von Macht und Einfluss selbstkritisch reflektiert. Diskutiert werden verschiedene Faktoren, die dazu beitragen, dass die Machtbeziehungen in Forschungszusammenhängen nicht gleichberechtigt sein können (z.B. White et al. 2004, S8; Unger 2012).

7. Interdisziplinäre Disability Studies – der Forschungsstand

Das letzte Kapitel dieser Einführung dreht sich um den aktuellen Forschungsstand der internationalen und interdisziplinären Disability Studies. Dabei hat man es mit einem sehr dynamischen Diskurs zu tun. Insofern kann es im Folgenden nur um eine Momentaufnahme gehen, die nicht beansprucht, vollständig über die letzten vier Jahrzehnte, in denen sich die Disability Studies entwickelt und etabliert haben, zu informieren. Der Schwerpunkt liegt vielmehr auf dem Zeitraum ab 2000. Zunächst werden wiederum mit den Sozial-, Geschichts- und Kulturwissenschaften die drei disziplinären Felder fokussiert, die bisher die markantesten Stränge ausgebildet haben. Zum Schluss erfolgt eine knappe Übersicht über die Diskurse, die entweder einzelne Fächer betreffen, zu der disziplinären Systematik querliegen oder sich eher getrennt von den Disability Studies und nur in partieller Überschneidung entwickelt haben.

7.1 Sozialwissenschaftliche Disability Studies

Ein wichtiges Startsignal für die expliziten sozialwissenschaftlichen Disability Studies lieferte zum einen die 1986 gegründete und 1994 neu betitelte Fachzeitschrift *Disability & Society* (vgl. 3.1).

Zum anderen war Shakespeares Edition *The Disability Reader: Social Science Perspectives* (1998) wegweisend. Die damals behandelten Themen – z.B. das Verhältnis von Wissenschaft und Behindertenbewegung, das soziale Modell von Behinderung, mehrfache Diskriminierung sowie Arbeit, Barrierefreiheit, Bürgerschaft, Geschlecht, Identität und Körper – sind auch heute noch aktuell. Eine systematische Einführung boten Barnes und Mercer mit dem Buch *Exploring Disability. A Sociological Introduction*, das zuerst 1999 und 2010 in überarbeiteter Version herauskam. Im deutschsprachigen Raum gab der Sammelband *Disability Studies. Kultursoziologie und Soziologie der Behinderung: Erkundungen in einem neuen Forschungsfeld* (Waldschmidt/Schneider 2007) die entscheidenden Impulse.

Um Abgrenzungen zwischen traditionellen Arbeiten und den Disability Studies vorzunehmen, kann der unterschiedliche Fokus als Trennlinie dienen: Sozialwissenschaftliche Disability Studies formulieren ihre Fragestellungen aus der Sicht von Menschen mit Behinderungen und auf der Basis der gesellschaftsorientierten Modelle von Behinderung (vgl. Kapitel 4). Sie beschäftigen sich vorzugsweise mit Lebensumständen und Lebensbedingungen und betrachten individuelle Bewältigungsformen, Einstellungen oder Begegnungen nicht isoliert vom gesellschaftlichen Kontext. Im Wesentlichen stellen sie folgende Fragen: Welche Zusammenhänge und Wechselwirkungen zwischen Gesellschaft und Behinderung gibt es? Wie werden Behinderung und Normalität gesellschaftlich konstruiert? Welche Auswirkungen und Folgen haben diese Konstruktionen auf die Lebensbedingungen und Lebenswelten von Menschen mit Behinderungen?

Will man den Diskurs genauer erkunden, bietet die in der Soziologie gängige Unterscheidung zwischen Makroebene, Mesoebene und Mikroebene von Gesellschaft eine Orientierung. Zusätzlich gibt es integrierende Ansätze, um Verbindungen zwischen den drei Ebenen herauszuarbeiten. Geht es, erstens, um den ›Gesellschaftskörper‹ und dessen Strukturen, haben, wie bereits thematisiert (vgl. 5.2), die britischen Disability Studies zunächst auf den historischen Materialismus nach Marx zurückgegriffen. In ihrem Buch *The New Politics of Disablement* halten Barnes und Oliver (2012) im Wesentlichen an diesem Begründungszusammenhang fest, auch wenn sie konzedieren, dass die letzten Jahre von großen ökonomischen und politischen Veränderungen geprägt waren: »Capitalism itself is currently undergoing significant changes [...], provoked by a succession of increasingly severe fiscal crises, the rise of radical fundamentalism, overpopulation and environmental degradation and diminishing resources. [...] However, despite these changes [...] there is an underlying logic to the development of most societies which continues to create disability as an individual medical problem.« (ebd., 6–7)

In jüngerer Zeit lässt sich nicht nur in Großbritannien, sondern auch in anderen Ländern – wie etwa Portugal (Pinto 2018) – ein wiederbelebtes Interesse an makrosoziologischen Zusammenhängen und politischer Ökonomie erkennen. So hat Roddy Slorach (2016) unter dem Titel *A Very Capitalist Condition: A History and Politics of Disability* eine neomarxistisch argumentierende Studie vorgelegt. In den USA hat sich vor allem die Behindertenaktivistin und Publizistin Marta Russell (1951–2013) mit Kapitalismuskritik beschäftigt, wie die Herausgabe ihrer Schriften (Rosenthal 2019) und ein ihr gewidmeter Sammelband (Malhotra 2017) dokumentieren. Die Analysen von Erevelles (2011, 2016) drehen sich ebenfalls um die (bio-)politische Ökonomie von Körpern und die Zusammenhänge von Behinderung, Kapitalismus, Kolonialismus, Rassismus und Globalisierung. Zur Makrobene gehört auch die Analyse der Behindertenpolitik, die sowohl im deutschen Kontext als auch international ein wichtiger Untersuchungsgegenstand ist; aus diesem Grund haben sich die Disability Policy Studies als eigenes Feld herausgebildet (vgl. 7.4).

Zweitens untersuchen die Disability Studies auf der Mesoebene den Stellenwert von Institutionen und Organisationen für Menschen mit Behinderungen. Dabei werden vorzugsweise die Lebensbereiche Erziehung und Bildung, Wohnen und selbstbestimmtes Leben, Erwerbsarbeit und politische Teilhabe thematisiert. Um das Recht auf Bildung in kritisch-emanzipatorischer Absicht zu thematisieren, sind international die Disability Studies in Education entstanden (vgl. 7.4). Wenn es um Wohnen und selbstbestimmtes Leben geht, fragen die sozialwissenschaftlichen Disability Studies z.B. danach, wie ›totale Institutionen‹ vermieden und (sexualisierte) Gewalterfahrungen verhindert, Ausstiege aus der stationären Unterbringung und gemeindeorientierte, selbstbestimmte Wohnformen realisiert werden können. Während in den skandinavischen Ländern die Debatte um Deinstitutionalisierung mittlerweile in den Hintergrund getreten ist (Bertilsdotter Rosqvist et al. 2018), spielt das Thema sowohl im deutschsprachigen Diskurs (Zemp/Pircher 1996; Wansing/Windisch 2017; Sierck 2019) als auch in den osteuropäischen Disability Studies (Vann/Šiska 2006; Mladenov/Petri 2019) weiter eine größere Rolle. In diesem Zusammenhang ist auch die Frage relevant, wie insbesondere Menschen mit hohen Unterstützungsbedarfen in selbstbestimmten Wohnformen mit persönlicher Assistenz ihren Alltag bewältigen können (Niedieck 2010; Kotsch 2012; Waldschmidt 2012). Des Weiteren wird die Bedeutung von Arbeit und Beschäftigung für behinderte Menschen untersucht (Pieper/Mohammadi 2014; Koenig 2014; Modes 2016; Nadai et al. 2019). Auf nationaler Ebene oder im internationalen Vergleich geht es um den Zugang zum Arbeitsmarkt, die Erfahrungen in und mit (Erwerbs-)Arbeit und die Rolle von rehabilitativen Sondereinrichtungen. In den deutschsprachigen Disability Studies ist die Werkstatt für behinderte Menschen (WfbM) ein wichtiges Thema (Schreiner 2017). Dabei werden die Notwendigkeit der Sondereinrichtung und die dort herrschenden Arbeitsbedingungen hinterfragt. Kontrovers diskutiert wird, ob Erwerbsarbeit wirklich die passende Antwort auf die prekarisierte Lebenssituation behinderter Menschen ist (Grover/Piggott 2015; Müller 2015).

Außerdem sind in den Disability Studies, die zur Mesoebene von Gesellschaft arbeiten, die politische Partizipation und die zivilgesellschaftliche Interessenvertretung ein bedeutender Untersuchungsgegenstand. Im Sinne des bewegungspolitischen Prinzips ›Nothing About Us Without Us‹ gibt es zur Geschichte und Theorie, den Praktiken und Einflussmöglichkeiten der Behindertenbewegung – sowohl international als auch deutschsprachig – relativ viele Beiträge (z.B. Stroman 2003; Beckett 2006; Hugemark/Roman 2007; Spörke 2008; Köbsell 2016). Empirisch untersucht werden länderspezifische Formen politischer Beteiligung, die Umsetzung des Selbstvertretungsprinzips in nationalen Behindertenräten oder die Interessenvertretung auf europäischer Ebene (Malleier 2011; Waldschmidt et al. 2015). Beforscht wird auch, wie behinderte Menschen ihre politischen Teilhaberechte wahrnehmen und unter welchen Bedingungen sie sich engagieren (Schur et al. 2013; Priestley et al. 2016; Nieß 2016). Das *Routledge Handbook of Disability Activism* (Berghs et al. 2019a) bietet einen aktuellen Überblick über die internationale Debatte.

Auf mikroziologischer Ebene werden, drittens, ebenfalls verschiedene Themen behandelt. Zum einen geht es um den Alltag und die sozialen Interaktionen von behinderten Menschen, zum anderen um Identitätskonstruktionen und Subjektivierungsweisen. Zu diesen Fragen gibt es im deutschsprachigen Diskurs eine Reihe empirischer Arbeiten. Walburga Freitag (2005) erkundet in Interviews die (Körper-)Erfahrungen conterganbeeinträchtigter Menschen im alltäglichen Umgang mit Prothesen. Saerberg (2006) untersucht autoethnografisch den Zusammenhang von Alltag, Blindheit und Wahrnehmungsstilen. Waldschmidt (2012) hat behinderte Menschen zu ihren Alltagstheorien und Erfahrungen mit persönlicher Autonomie befragt. Lakshmi Kotsch (2012) beleuchtet per Videoanalyse die Dynamik von Assistenzbeziehungen, die behinderten Menschen größtmögliche Selbstbestimmung ermöglichen sollen. Behrisch (2014) hat Paare, in denen eine Person mit körperlicher Beeinträchtigung lebt, befragt. Das Verhältnis von Raum und Behinderung untersucht Marie-Theres Modes (2016) ethnografisch am Beispiel eines integrativen Hotelbetriebs. Autoethnografisch beschäftigt sich Natalie Geese (2017) mit der Rolle von Führhunden in Begegnungen zwischen blinden und sehenden Menschen. Aus kultursoziologischer Sicht analysiert Miklas Schulz (2017) die Wahrnehmungsweise des Hörens als epistemische Praxis. Sarah Karim und Waldschmidt (2019) untersuchen ethnografisch den Stellenwert von (Un-)Fähigkeit in der WfbM. In den internationalen Disability Studies befassen sich verschiedene mikrosoziologische Studien mit Identität und Subjektivierung. Mairian Corker (1998) arbeitet heraus, dass der kulturalistische Ansatz der Deaf Community die hierarchisierte Grenzziehung zwischen Hörenden und Gehörlosen nicht aufhebt. Erevelles (2015) zeigt am Beispiel der Unterstützten Kommunikation, dass behinderte Menschen den herrschenden, am Vernunftbegriff ausgerichteten Subjektbegriff irritieren. Laura Sanmiquel-Molinero und Joan Pujol-Tarrés (2019) nutzen narrative Interviews, um die Konstitution des behinderten Subjekts zu untersuchen.

Schließlich gibt es, viertens, Untersuchungen, die davon ausgehen, dass Behinderung auf mehreren Ebenen gleichzeitig hergestellt und reproduziert wird. Als querliegende Themen werden zum einen Normalität und Normativität (vgl. 5.3) sowie Gender und Sexualität (vgl. 5.4) und insbesondere die Soziologie des (behinderten) Körpers beforscht (z.B. Hughes/Paterson 1997; B. S. Turner 2001; Bruner 2005; Freitag 2005; Schneider 2005; Gugutzer/Schneider 2007; Erevelles 2016). Ein anderes übergreifendes Forschungsthema sind die Biografien behinderter Menschen (Karačić/Waldschmidt 2018). Dabei stellen die Lebenserfahrungen behinderter Frauen ein wichtiges Thema dar (z.B. Ehrig 1996; Römisch 2011). In den internationalen Disability Studies werden auch die Zusammenhänge von individuellen Biografien und Behindertenpolitik untersucht (Priestley 2003; Shah/Priestley 2011). Bei den Arbeiten, die den Anspruch haben, Verbindungen zwischen den makro-, meso- und mikrosoziologischen Ebenen herauszuarbeiten, zeigt sich in jüngerer Zeit die Tendenz, verschiedene Theorieansätze zu kombinieren (z.B. Nunkoosing/Haydon-Laurelut 2012; Waldschmidt et al. 2020). Neben Foucault und Goffman findet in diesem Zusammenhang auch Bourdieus vielschichtiges Werk zunehmend Beachtung (Edwards/Imrie 2003; Blackmore/Hodgkin 2012; Waterfield/Whelan 2017; Müller 2018). Dessen kultursoziologische Arbeiten bieten die Möglichkeit, die sozialwissenschaftlichen Debatten mit den Cultural Disability Studies zu verbinden.

7.2 Disability History

Zeitgleich mit den sozialwissenschaftlichen Disability Studies und in engem Kontakt ist die Disability History entstanden (Rembis 2020). Ähnlich wie die Sozialwissenschaften, deren Stellenwert sich aus den gesellschaftsorientierten Modellen von Behinderung ergibt, geht sie von der Annahme aus, dass Behinderung über die Zeitläufte hinweg kontingent ist. Die Disability History liefert historisches Wissen über die Ausgrenzungs- und Diskriminierungsmechanismen, die behinderte Menschen als soziale Randgruppe entstehen lassen. Indem sie die Stimmen und Handlungsweisen der Betroffenen erforscht, kann sie behinderte Menschen auch bei der Herausbildung positiver Identität unterstützen. Die Disability History impliziert zum einen kritische Anfragen an die traditionelle Geschichtswissenschaft, die Kategorien aus Medizin, Psychologie, Pädagogik und den Rehabilitationswissenschaften häufig unhinterfragt übernimmt. Zum anderen distanziert sich die Disability History von einer dem Rehabilitationsansatz verhafteten ›Behindertengeschichte‹, die Erfolgsgeschichten einer erfindungsreichen Medizin und barmherzigen Wohltätigkeit schreibt, ohne behinderte Menschen selbst zu Wort kommen zu lassen. Waldschmidt/Bösl (2017) und Bösl/Frohne (2021) betonen, dass Disability History eine doppelt korrektive Funktion habe: In der allgemeinen Geschichtswissenschaft trage sie dazu bei, ›Meistererzählungen‹ der Moderne wie etwa solche von Fortschritt, Gleichheit oder Vielfalt zu hinterfragen. In den Disability Studies fordere sie zu einer differenzierten Betrachtung der gesellschaftlichen und kulturellen Zusammenhänge auf.

Um die Ausrichtung des Feldes gibt es in der deutschsprachigen Disability History allerdings auch Kontroversen (Nolte 2013b; Lingelbach/Waldschmidt 2017). Auf der einen Seite vertritt z.B. Lingelbach die Auffassung, dass es sich bei der Disability History – ähnlich wie bei Migrations-, Technik- oder Wissenschaftsgeschichte – lediglich um ein Teilgebiet der Geschichtswissenschaft, d.h. eine ›Segmentgeschichte‹ handle. Eine solche eher ›weiche‹ Disability History unterhält nur lockere Verbindungen zur Forschungsprogrammatik der Disability Studies und hat auch nicht die Ambition, eine grundlegende Revision der Geschichtsschreibung anzustoßen. Waldschmidt und Nolte argumentieren dagegen, dass Behinderung – wie die Kategorien ›race, class, gender‹ – eine Leitdifferenz moderner Gesellschaften darstelle. Die Disability History biete die Chance, nicht nur die Geschichte behinderter Menschen, sondern auch die allgemeine Geschichte neu zu schreiben und somit einen Beitrag zur Erforschung der Moderne und ihrer Schattenseiten zu leisten. Diese Position, die für eine ›starke‹ Disability History plädiert, wird von internationalen Akteurinnen und Akteuren geteilt (Kudlick 2003; Longmore/Umansky 2001, 15; Rembis 2020). Entsprechend lauten die zentralen Forschungsfragen einer so verstandenen Disability History: Wie und unter welchen Bedingungen werden in früheren Epochen Anderssein und Differenz konstruiert und die entsprechenden Gruppenzugehörigkeiten und Identitäten hergestellt? Wie sind frühere Gesellschaften mit Diversität, Anderssein und Abweichung umgegangen, wie werden die Wechselverhältnisse von Inklusion und Exklusion jeweils gestaltet? Wer konnte welche persönlichen und kollektiven Handlungsspielräume nutzen?

In den letzten Jahren sind international immer mehr quellengesättigte Studien und gehaltvolle Sammelbände (z.B. Longmore/Umansky 2001; D. M. Turner/Stagg 2006; Burch/Rembis 2014; Hanes et al. 2017) veröffentlicht worden, die eine große thematische Bandbreite aufweisen und neben den angloamerikanischen Ländern verstärkt auch andere Regionen und Sprachräume wie etwa Belgien, Frankreich und Spanien, die Sowjetunion, die Tschechische Republik und die Ukraine in den Blick nehmen. Beispielsweise hat Kohrman (2005) eine Geschichte der Interessenvertretung behinderter Menschen im modernen China vorgelegt. Dass die nationale oder regionale Disability History immer auch von den jeweiligen gesellschaftlichen und kulturellen Rahmenbedingungen geprägt ist, zeigt Reaume (2012) für Kanada und ist auch für die osteuropäischen Länder dokumentiert (McCagg/Siegelbaum 1989). Einen Überblick über den aktuellen internationalen Forschungsstand liefert Rembis (2020).

In der deutschsprachigen Disability History bieten neben Überblicksartikeln (z.B. Waldschmidt/Bösl 2017; Bösl/Frohne 2021) und dem bereits erwähnten Handbuch zur Vormoderne (Nolte et al. 2017) folgende Sammelbände eine Orientierung: Grundlagen vermittelt *Disability History. Konstruktionen von Behinderung in der Geschichte* (Bösl et al. 2010). Weitere Editionen fokussieren die Disability History der Vormoderne (Nolte 2009, 2013a) und die deutsche Zeitgeschichte nach 1945 (Lingelbach/Waldschmidt 2016), die kulturwissenschaftliche Historisierung von Behinderung (Musenberg 2013), die Medizin-, Technik- und Wissenschaftsgeschichte (Groß/Söderfeldt 2017), die Gehörlosengeschichte (Schmidt/Werner 2019) und die Praktiken und Perspektiven der Wissensvermittlung in der Disability History (Nolte 2020). Für eine Sichtung der Forschungsleistungen geben die gängigen historischen Epochen hilfreiche Wegmarken ab. Dabei fallen markante Schwerpunkte, aber auch einige Leerstellen ins Auge.

Zur Disability History der frühen Geschichte und Antike gibt es bislang vornehmlich internationale Arbeiten (z.B. Laes 2016). Dagegen ist hierzulande die Disability History des Mittelalters und der Vormoderne gut etabliert (Nolte 2009, 2013a; Frohne 2014; Nolte et al. 2017; Heide 2019). Für spätere Zeitphasen muss man wiederum den internationalen Diskurs zu Rate ziehen. Dort widmet man sich der Geschichte der kognitiven Beeinträchtigung im Zeitraum 1200 bis 1900 (McDonagh et al. 2018) oder forscht zur arabisch-osmanischen Welt von 1500 bis 1800 (Scalenghe 2014). Speziell in der britischen Disability History gibt es Studien zu *Disability in Eighteenth-Century England: Imagining Physical Impairment* (D. Turner 2012) und *Disability and Social Policy in Britain since 1750: A History of Exclusion* (Borsay 2005). In der deutschsprachigen Disability History sind die Zeit ab dem 16. Jahrhundert, die Epochen von Reformation, Barock und Aufklärung, das 18. und das 19. Jahrhundert noch wenig untersucht. Lediglich Iris Ritzmann (2008) hat zu kranken und behinderten Mädchen und Jungen im 18. Jahrhundert und Patrick Schmidt (2017) zu Bettlern, Kriegsinvaliden und Körpersensationen in Printmedien des 17. und 18. Jahrhunderts veröffentlicht. Sowohl britische als auch US-amerikanische Disability History widmen sich außerdem dem 19. Jahrhundert. Der Sammelband *Disabled Children: Contested Caring* (Borsay/Dale 2012) fokussiert auf den Zeitraum ab 1850 und deckt zusätzlich die britische Zeitgeschichte bis 1979 ab. Für die USA arbeitet Daniel Blackie (2010) zu Kriegsveteranen ab Ende des 18. Jahrhunderts bis 1840, und Nielsen (2014) untersucht Debatten zu Grundrechten und Bürgerschaft im Zeitraum 1860 bis 1940.

Demgegenüber konzentriert sich die deutschsprachige Disability History bis jetzt noch auf das 20. Jahrhundert. Zur Krüppelfürsorge im Deutschen Reich (Osten 2004), Kriegsinvalidität nach dem Ersten Weltkrieg (Kienitz 2008), zur Bewegung körperbeeinträchtigter ›Zivilbehinderter‹ in den 1920er und 1930er Jahren (Fuchs 2001) und zur Kulturgeschichte der Weimarer Republik (Poore 2007) liegen bereits einige Untersuchungen vor. Zusätzlich ist die Geschichte der Eugenik, der nationalsozialistischen Rassenhygiene, Zwangssterilisation und Euthanasie ein wichtiges Thema (Schmuhl 1987). Vor allem die Zeitgeschichte ab 1945 ist ein Forschungsschwerpunkt der Disability History in Deutschland. Dabei liegen die bisherigen Schwerpunkte auf der Politikgeschichte (Bösl 2009; Rudloff 2003, 2016), der (Regional-)Geschichte von Anstalten und Wohneinrichtungen (Schmuhl/Winkler 2013) und der Geschichte zivilgesellschaftlicher Organisationen (Fuchs 2001; Söderfeldt 2013; Köbsell 2016; Stoll 2014, 2017; Schlund 2017).

Einen anderen Zugang zum Forschungsstand der Disability History bietet der Blick auf die untersuchten Themen. Insgesamt lassen sich sieben wichtige thematische Felder erkennen, die – mit Schwerpunkt auf den deutschsprachigen Diskurs – kurz benannt werden sollen; aus Platzgründen muss dabei auf Einzelnachweise verzichtet werden. Erstens geht es in der *Medizin-, Technik- und Wissen(schaft)sgeschichte* z.B. um die Geschichte des Monströsen und des künstlichen Körpers, um Teratologie, Orthopädie und Psychiatrie, die Humangenetik nach 1945 und den Contergan-Skandal der 1960er Jahre. Daneben wird die Geschichte von Prothesen, Hilfsmitteln und assistiven Technologien untersucht. Zweitens trifft man auf Arbeiten zur *Kultur-, Kunst- und Mediengeschichte*. Neben der Geschichte der Narren in der frühen Moderne und der Freakshows (vgl. 7.3) liegen Studien über Witze und Satiren sowie zur Geschichte des Lachens über behinderte Menschen vor. Drittens wird Disability History auch im Rahmen der *Institutionengeschichte* betrieben. An dieser Stelle wird etwa die Geschichte der Krüppelfürsorge im Kaiserreich und der Weimarer Republik sowie der pädagogischen und psychiatrischen Institutionen im 20. Jahrhundert behandelt. Ein viertes, häufig bearbeitetes Thema ist die *Geschichte der Behindertenpolitik*, wobei bislang noch die westdeutsche Geschichte und die Sozialpolitik nach 1945 fokussiert werden. Ein weiterer Schwerpunkt ist, fünftens, die *Geschichte der Behindertenbewegung und Interessenvertretung für behinderte Menschen*. So gibt es Arbeiten zu den Kriegsopferverbänden, der Elternvereinigung Lebenshilfe für geistig behinderte Menschen, der Behindertenbewegung der 1970er und 1980er Jahre und zum Behindertensportverband in der zweiten Hälfte des 20. Jahrhunderts. Sechstens geht es um die *Biografien und Alltagsgeschichte(n)* von Menschen mit Behinderungen. Auch wenn es – vor allem, was die Quellen und deren Interpretation betrifft – mitunter eine Herausforderung darstellt, die Geschichte behinderter Menschen als handelnde Subjekte zu schreiben, gibt es selbst für die Vormoderne entsprechende Studien. Schließlich geht es, siebtens, um die (zumeist thematisch fokussierte) *Geschichte einzelner Beeinträchtigungen und Gruppen behinderter Menschen* wie z.B. Deaf History, die Geschichte psychischer Erkrankungen, von Contergan, Sehbehinderung und Blindheit. Speziell zur Geschichte der Kriegsverletzung und der Kriegsveteranen liegt sowohl international als auch deutschsprachig eine Reihe von Untersuchungen vor.

7.3 Kulturwissenschaftliche Disability Studies

Fällt es schon schwer, für die sozialwissenschaftlichen Disability Studies und die Disability History den Überblick herzustellen, gilt dies umso mehr für die kulturwissenschaftlichen Disability Studies (Helduser 2021; Ochsner 2021). Dies liegt unter anderem an den unklaren Konturen der Kulturwissenschaften. Sie umfassen neben der Geschichtswissenschaft, welcher der vorherige Abschnitt gewidmet war, auch die Philosophie und Psychologie, die im Folgenden nicht berücksichtigt werden, sowie Ethnologie, Kulturanthropologie und die Religionswissenschaften, Kunsttheorie, Kunstgeschichte und Kunstpädagogik, die Musikwissenschaften, Sprach- und Literaturwissenschaften und nicht zuletzt die verschiedenen Medienwissenschaften. Diese Fächer können hier nur kursorisch behandelt werden. Hinzu kommen die verschiedenen ›cross disciplinary studies‹, mit denen sich Abschnitt 7.4 beschäftigen wird.

Anliegen der kulturwissenschaftlichen Disability Studies ist es, die Verwobenheit von Kultur und Behinderung herauszuarbeiten. Gezeigt werden soll, »how a culture's representations and discussions of disability (and nondisability or able-bodiedness) help to articulate a range of values, ideals, or expectations that are important to that culture's organization and identity« (Junior/Schipper 2013, 35). Dabei dient das kulturelle Modell von Behinderung (vgl. 4.6) als konzeptionelle Orientierung. Stärker noch als die sozialwissenschaftlichen Disability Studies und die Disability History gehen die Cultural Disability Studies außerdem von der Denkfigur Dis/ability aus (vgl. 5.4). Bei der Literatursichtung drängt sich allerdings der Eindruck auf, als befinde sich der für das Forschungsfeld zentrale Begriff der Kultur ›im toten Winkel‹ der Reflexion. In vielen Arbeiten wird er recht unspezifisch verwendet und kaum reflektiert. Waldschmidt (2018) hat deshalb die Frage nach dem Selbstverständnis der Cultural Disability Studies aufgeworfen. Im Anschluss an die Kultursoziologie, poststrukturalistische Zugänge und die britischen Cultural Studies plädiert sie für einen weiten Kulturbegriff: »[...] culture denotes the totality of ›things‹ created and employed by a particular people or a society, be they material or immaterial: objects and instruments, institutions and organisations, ideas and knowledge, symbols and values, meanings and interpretations, narratives and histories, traditions, rituals and customs, social behaviour, attitudes and identities.« (ebd., 71) Auf dieser programmatischen Folie sind für die kulturwissenschaftlichen Disability Studies folgende Fragestellungen von Belang: Wie, warum und wozu wird ›Anderssein‹ als ›Behinderung‹ kulturell hergestellt, verobjektiviert und institutionalisiert? Wie wird Behinderung in den Künsten problematisiert und thematisiert? Wie wird Dis/ability in Sinndeutung und Symbolik, durch die materielle Welt und die ›Dinge‹, in sozialen Institutionen und im Alltag hervorgebracht?

Der unklare disziplinäre Zuschnitt der Kulturwissenschaften hat zur Folge, dass es eine sehr große Vielfalt an bearbeiteten Fragestellungen und Themen gibt und es außerdem zu Überschneidungen mit den beiden anderen großen Strängen, den sozialwissenschaftlichen Disability Studies und der Disability History, kommt. Der aktuelle Forschungsstand lässt sich auf zwei Wegen erschließen: Erstens kann man grob die Analysen, welche sich mit der immateriellen Kultur und symbolischen Sinnwelten, d.h. den mit Behinderung verbundenen bedeutungsstiftenden Vorstellungen und Repräsentationsweisen beschäftigen, unterscheiden von den Untersuchungen, die den Einfluss der materiellen Kultur, der von Menschen vorgebrachten und gestalteten ›Dinge‹, Artefakte, Architekturen, Räume und (Medien-)Technologien auf Beeinträchtigungserfahrungen behandeln.

Geht es um die Bedeutung von Behinderung für die immaterielle, symbolische Ordnung einer Gesellschaft, sind etwa Theologie, Religion und Spiritualität (Junior/Schipper 2013; Imhoff 2017; Buyinza Mugeere et al. 2020; Jelinek-Menke 2020) wichtige Themen, die z.B. in den afrikanischen Ländern häufig behandelt werden und vermehrt im deutschsprachigen Raum zur Sprache kommen. Dass die internationalen Religionswissenschaften verstärkt die Disability Studies zur Kenntnis nehmen, zeigt sich auch im *Journal of Disability & Religion*, das 2014 als Umbenennung des früheren *Journal of Religion, Disability & Health* entstand und mit Peer Review erscheint (Bennett/Volpe 2018).

Was die materielle Kultur und ihren Stellenwert für Behinderungserfahrungen betrifft, werden in den Cultural Disability Studies, wie bereits erwähnt, der (behinderte) Körper (Siebers 2001; Snyder/Mitchell 2001; Lutz et al. 2003; McRuer 2006; Wilkerson 2015) sowie einzelne Beeinträchtigungen – etwa Gehörlosigkeit oder Blindheit – mit ihren Auswirkungen auf Umwelt- und Sinneswahrnehmungen (Ochsner/Stock 2016; Schulz 2017) thematisiert. In diesem Zusammenhang wird insbesondere die Rolle medizinisch-technischer Artefakte beforscht. Untersuchungen zum paralympischen Leistungssport (Harrasser 2017) und zum Cochlea-Implantat für hörbehinderte Menschen (Spöhrer 2016,

2017) machen darauf aufmerksam, dass immer mehr Prothesen nicht mehr mit der Logik der Kompensation eines Mangels oder Defizits verbunden sind, sondern neuartige Mensch-Maschine-Verbindungen hervorbringen. Insbesondere elektronische Prothetik ermöglicht optimierte Bewegungsabläufe und verbessertes Hören. Entsprechend wird in den Cultural Disability Studies die Frage diskutiert, ob damit künftige ›Körper 2.0‹ (Harrasser 2013) produziert werden, die Möglichkeiten des Transhumanen bereithalten oder die conditio humana grundsätzlich infrage stellen (Harrasser 2017; Shildrick 2017).

Die Prothese als Figur einer »lädierten Moderne« (Harrasser 2016) ist auch ein gutes Beispiel dafür, dass immaterielle und materielle Kultur(en) kaum voneinander zu trennen und außerdem interdisziplinär zu untersuchen sind. In diesem Zusammenhang ist die Prothesengeschichte (vgl. 7.2) ebenso relevant wie symbolische ›Narrationsprothesen‹ in künstlerischen Werken (vgl. 5.3) oder die Prothesennutzung im Alltag (vgl. 7.1).

In einer feineren Differenzierung kann man, zweitens, das Forschungsfeld nach dem jeweils verwendeten Kulturbegriff erkunden. So geht es zum einen im ethnologisch-kulturanthropologischen Sinne um einzelne (vornehmlich nichtwestliche) Kulturen. Kulturvergleichende Arbeiten thematisieren den unterschiedlichen Umgang mit verkörperter Differenz und die Lebenssituationen von Menschen mit Beeinträchtigungen in den verschiedenen Gemeinschaften, Kulturen und Gesellschaften (Holzer et al. 1999; Ingstad/Whyte 1995). Murphy (1987) hat gezeigt, dass Behinderungserfahrung ein Erkenntnismittel sein kann, um auch die eigene (westliche) Kultur (auto-)ethnografisch zu erkunden (vgl. 5.3).

Zum anderen werden die Kulturproduktion und künstlerisches Schaffen im Blick auf Behinderung beforscht (Crutchfield/Epstein 2000; Garland-Thomson et al. 2002; Joshua/Schillmeier 2010;

Hadley 2018). Dabei geht es um die verschiedenen Kunstgattungen wie etwa den Film und das Kino (z.B. Chivers/Marcotić 2010; Tacke 2016; B. Fraser 2016), die Fotografie (z.B. Ochsner/Grebe 2013), literarische Werke (z.B. Mürner 1990; Davis 1995; Mitchell/Snyder 2000; Helduser 2021), Malerei und bildende Kunst (z.B. Millett-Gallant/Howie 2017), Musik (z.B. Howe et al. 2015), Theater und Tanz (z.B. Sandahl et al. 2006; Schipper 2012; Nitschmann 2015). Untersucht werden sowohl die Repräsentationsweisen als auch die Rezeption und ›Lesarten‹ der Kunstwerke und nicht zuletzt die Teilhabe von behinderten Menschen an und in der Kulturproduktion.

Schließlich verwenden neuere Arbeiten einen allgemeinen Begriff von Kultur, der Lebensstile, Alltagshandeln und Populärkultur berücksichtigt (Ellis 2015; Hadley 2018). In diesem Zusammenhang widmet sich eine Reihe von Studien den Massenmedien und dem Internet, wobei insbesondere Soziale Medien und Computerspiele untersucht werden (Goggin/Newell 2003; Ellis/Kent 2011, 2017; Ellcessor/Kirkpatrick 2017; Ellis et al. 2020). In diesen Kontext gehören auch Untersuchungen zu den Freakshows als populärkulturelles Phänomen des 19. und 20. Jahrhunderts (vgl. 3.3 und 7.2). Im Anschluss an die US-amerikanischen Pionierarbeiten von Fiedler (1978), Bogdan (1988) und Garland-Thomson (1996, 1997) zeigen weitere Beiträge (Tervooren 2002; Durbach 2010; Stammberger 2011, Kérchy/Zittlau 2012) für den europäischen Raum, dass die öffentliche Zurschaustellung behinderter Körper beim Publikum eine Identitätsarbeit evoziert, die sich der eigenen Normalität vergewissert. Kontrovers diskutiert werden die Rolle der präsentierten ›freaks‹ und ihre Selbstbestimmung: Werden sie ausgebeutet oder sind sie darstellende Künstler? Ein anderes Thema der Cultural Disability Studies ist die Alltagspraxis des (An-)Starrens (Poore 2007, 327–338). Garland-Thomson (2009) hat herausgearbeitet, dass es eine historische Kontinuität des Anstarrens von der Antike bis in die Moderne gibt. Diese Form des Blicks auf behinderte Menschen trage dazu bei, Behinderung als Differenz im Alltag zu manifestieren.

7.4 Querliegende Perspektiven in den Disability Studies

Mit den sozialwissenschaftlichen Disability Studies, der Disability History und den Cultural Disability Studies ist das Feld noch nicht vollständig beschrieben. Zusätzlich existieren Forschungsfelder, die quer zu der bis hier angewandten Einteilung entlang einer groben disziplinären Systematik liegen. Sie sind Ausdruck von zwei seit den 1990er Jahren und verstärkt im letzten Jahrzehnt zu beobachtenden Trends. Zum einen erleben die Disability Studies eine Verästelung in immer weitere Richtungen, die sich einerseits der Programmatik verpflichtet fühlen und andererseits die Studien für andere Diskurse öffnen. Zum anderen haben sich weitere Forschungsfelder ausgebildet, die – was Entstehungsgeschichte und inhaltliche Programmatik betrifft – mit den Disability Studies verwandt sind und zugleich kritische Anfragen an sie richten.

Erstens gibt es Differenzierungen innerhalb der drei großen Felder der Disability Studies. Im sozialwissenschaftlichen Diskursstrang findet man z.B. die *Disability Studies in Education*, für die bereits eine gleichnamige Buchreihe existiert, die Scot Danforth and Susan L. Gabel seit 2006 herausgeben. Das Forschungsfeld ist insbesondere in den USA und Neuseeland (Gabel 2005; Connor et al. 2008; Danforth/Gabel 2016) sowie in Italien (D'Alessio 2011; Medeghini et al. 2013) verbreitet und entwickelt sich auch hierzulande (Pfahl 2011, Powell 2011; Pfahl/Schönwiese 2021). Die erziehungswissenschaftlichen Disability Studies fokussieren auf die inklusive Bildung als Menschenrecht und fragen, wie die Kategorie des sonderpädagogischen Förderbedarfs institutionell hergestellt wird, ob und unter welchen Bedingungen behinderte Kinder Zugang zu inklusiver Bildung erhalten und welche Erfahrungen sie in den Bildungseinrichtungen machen.

Des Weiteren lassen sich vorzugsweise in den angloamerikanischen Ländern die *Disability Policy Studies* und die *Disability Law Studies* ausmachen (Zola 1989; Priestley 2007; Blanck/Flynn 2017; Berghs et al. 2019a). Sie haben durch die Behindertenrechtskonvention weltweit Auftrieb erhalten und können auf eigene Forschungszentren, Professuren und Handbücher verweisen. Das bereits seit 1990 existierende und mit Peer Review erscheinende *Journal of Disability Policy Studies* ist allerdings noch eher rehabilitationswissenschaftlich ausgerichtet. Einblicke in die europäische Debatte liefert das *European Yearbook of Disability Law* (Waddington et al. 2009–2015). In den deutschsprachigen Disability Studies entwickeln sich die beiden Forschungsfelder ebenfalls (z.B. Maschke 2008; Waldschmidt 2019; Degener/Miquel 2019; Naue/Waldschmidt 2021; Rößler 2021). Auch wenn die Gestaltung der Behindertenpolitik nach wie vor auf nationalstaatlicher Ebene erfolgt, haben seit den 2000er Jahren internationale Akteure wie etwa die Vereinten Nationen und die Europäische Union größeren Einfluss gewonnen. Entsprechend wenden die politikwissenschaftlichen Disability Studies in wachsendem Maße eine international vergleichende Perspektive an (Waldschmidt 2009; Heyer 2015; Waldschmidt et al. 2015; Tschanz/Staub 2017).

Auch in der Disability History (Bösl/Frohne 2021) lassen sich verschiedene Zweige erkennen, sei es nach den verschiedenen Epochen wie etwa die *Dis/ability History der Vormoderne* (Nolte et al. 2017), nach Sachgebieten, z.B. Politik- und Sozialgeschichte (Rudloff 2003, 2016), oder nach Regionen und Kulturen wie die osteuropäische Disability History (McCagg/Siegelbaum 1989). In den kulturwissenschaftlichen Disability Studies haben sich wiederum die *Literary Disability Studies* als eigenes Feld herausgebildet (Davis 1995; Mitchell/Snyder 2000; Joshua/Schillmeier 2010; Bolt 2015, 2020; Helduser 2021). Sie untersuchen die Verwendung und Bedeutung von Behinderung in der Literatur und fragen nach den narratologischen Funktionen von literarischen Repräsentationsweisen.

Zweitens finden sich in den Disability Studies auch beeinträchtigungsspezifische Differenzierungen. Dabei ist auffällig, dass nicht jede Beeinträchtigung kritische Studien nach sich zieht. Während es z.B. (noch) keine expliziten ›Polio Studies‹ gibt, scheinen sich aktuell »emancipatory autism studies« (Bertilsdotter Rosqvist et al. 2019) zu entwickeln. Vor allem zu Gehörlosigkeit, Blindheit und ›Verrücktsein‹ existieren eigene Forschungsfelder. Beispielsweise konturieren sich seit etwa einem Jahrzehnt sowohl international als auch deutschsprachig die *Mad Studies* heraus, in denen Menschen mit Psychiatrieerfahrungen ihre eigene Forschung durchführen und ›verRücktes‹ Wissen generieren (Russno 2012; Rose 2017; Lüthi 2021). Dabei spielt das methodische Konzept der betroffenen-kontrollierten Forschung (vgl. 6.2) eine große Rolle. Die *Critical Blindness Studies*, die ebenfalls international ausgerichtet sind (z.B. R.A. Scott 1969; Saerberg 2006; Geese 2017; Klettner/Lingelbach 2018; Whitburn/Michalko 2020; Schulz/Geese 2021), betrachten Blindheit und Sehbehinderung als soziale Konstruktion oder Effekt der vorherrschenden visuellen Kultur. Sie untersuchen die Wahrnehmungsweisen blinder Körper und wenden häufig autoethnografische Verfahren an (Geese/Schulz 2020).

Unter den beeinträchtigungsspezifischen Studien sind die bereits mehrfach erwähnten *Deaf Studies* gut etabliert. Sie basieren auf dem Identitätskonzept von gehörlosen Menschen als ›Deaf‹, d.h. als eigene kulturelle Minderheit, und konnten recht früh eine akademische Infrastruktur ausbilden, angefangen mit der nordamerikanischen Gallaudet University über eigene Forschungszentren und Professuren bis hin zu Studiengängen in Gebärdendolmetschen an verschiedenen – auch deutschsprachigen – Hochschulen. Neben den allgemeinen Deaf Studies hat sich die Deaf History als eigenes Feld konturiert (z.B. B. Fraser 2009; Söderfeldt 2013; Schmidt/Werner 2019). Beide Forschungsfelder lassen sich gut erschließen über das *Oxford Handbook of Deaf Studies, Language and Deaf Education* (Marschark/Spencer 2010, 2011), die dreiteilige *SAGE Deaf Studies Encyclopedia* (Gertz/Boudreault 2016) und das mit Peer Review arbeitende *Journal of Deaf Studies and Deaf Education*, das 2020 im 25. Jahrgang erscheint. Da die Deaf Studies Gehörlosigkeit nicht als Behinderung auffassen, haben sie in der Vergangenheit Distanz zu den Disability Studies gehalten; in jüngerer Zeit gibt es Annäherungen (z.B. Brehme et al. 2020; Rombach/Kellermann 2021).

Drittens hat der Intersektionalitätsansatz (vgl. 5.4) eine Diversifierung der Disability Studies angeregt. Dabei ist augenfällig, dass die ›klassische‹ Trias der Intersektionalitätsforschung – nämlich ›race, class, gender‹ – recht ungleichgewichtig berücksichtigt ist. So hat sich im Rahmen der Disability Studies bislang noch kein eigenes Forschungsfeld zu ›class‹ ausbilden können, obwohl Behinderung als Dimension sozialer Ungleichheit gilt und es enge Zusammenhänge von Klassen- bzw. Schichtzugehörigkeit, Armut, Prekarisierung und Behinderung gibt, die auch immer wieder thematisiert werden (vgl. 5.2 und 7.1). Auch das Differenzmerkmal ›race‹, d.h. die Erfahrungen schwarzer Menschen mit Behinderungen sowie Ethnizität und Migrationsstatus werden noch nicht breit untersucht. Für die *Black Disability Studies* (Erevelles/Minear 2010; Dunhamn et al. 2015; Connor et al. 2016; Mollow 2017; Stienstra 2020) hat Christopher (Chris) M. Bell (1974–

2009), ein früh verstorbener, afroamerikanischer Kulturwissenschaftler und Behindertenaktivist, Pionierarbeit geleistet (Bell 2017). Sein posthum veröffentlichter Sammelband *Blackness and Disability: Critical Examinations and Cultural Interventions* (Bell 2011) gilt als grundlegend. Im deutschsprachigen Raum sind die Erfahrungen von Persons of Color (Hutson 2010) bislang nur vereinzelt zur Sprache gekommen. Auch Migration, Flucht und Asyl werden erst seit Kurzem behandelt (Wansing/Westphal 2014; Otten 2020).

Dagegen haben sich zu Beginn dieses Jahrhunderts die *Queer Disability Studies* etabliert. Wie bereits erläutert, bringen sie im Sinne von ›queering disability‹ die Frage der sexuellen Orientierung und das Konzept der Heteronormativität in die Disability Studies ein; umgekehrt konfrontieren sie die Queer Studies mit Behinderungsperspektiven (vgl. 5.4). Dabei sind die Grenzen zu den *Feminist Disability Studies* fließend (Kafer 2013; Raab/Ledder 2021). Insbesondere die feministische Forschung zu Geschlecht und Behinderung (vgl. 5.4) kann vergleichsweise lange zurückverfolgt werden (Bê 2020). In den angloamerikanischen und deutschen Behindertenbewegungen thematisierten behinderte Frauen bereits in den 1980er Jahren ihre Lebenssituation. Im Sinne von ›gendering disability‹ entstanden (auto-)biografisch orientierte Publikationen von und für Frauen mit Behinderungen (z.B. Campling 1981; Ewinkel et al. 1985; Deegan/Brooks 1985; Asch/Fine 1988). In den 1990er Jahren wurden erste Analysen zum Wechselverhältnis von Geschlecht und Behinderung veröffentlicht (z.B. Degener/Köbsell 1992; Morris 1996; Barwig/Busch 1993; Ehrig 1996; Wendell 1996; Zemp/Pircher 1996; Thomas 1999). Seither hat sich der Diskursstrang sowohl international als auch deutschsprachig weiter ausgeprägt (Garland-Thomson 2002, 2005; Smith/Hutchinson 2004; Jacob et al. 2010; Hall 2011; Tremain 2017). Mittlerweile werden die Feminist Disability Studies auch im Globalen Süden betrieben (z.B. Hans 2015). Als Pionierin für Indien gilt Anita Ghai (2003), eine Psychologieprofessorin, die an der School of Human Studies, Ambedkar University, Delhi, arbeitet und infolge von Kinderlähmung beeinträchtigt ist. Auf der anderen Seite gibt es bislang nur vereinzelt Arbeiten zum männlichen Geschlecht (Robertson/Smith 2014) und Trans*personen mit Behinderungen (Puar 2015).

Viertens gibt es Forschungsfelder, die sich mit den Disability Studies insofern überlappen, als Behinderung jeweils eine wichtige Analysekategorie darstellt. Zugleich zeigen sich auch hier – ähnlich wie im Verhältnis zu den Deaf Studies – Spannungen zwischen den Diskursen. Die *Diversity Studies* (Dobusch 2021) sind – wie die Disability Studies – inspiriert von der nordamerikanischen Civil-Rights-Bewegung der 1950er und 1960er Jahre. Sie thematisieren die soziokulturellen Auswirkungen menschlicher Heterogenität und die Praktiken des Diversity Managements. In den Disability Studies haben sie mehr Bewusstsein für die Differenzen unter Menschen mit Behinderungen geschaffen (Sherry 2008). Kontrovers diskutiert wird, ob Behinderung in eine Reihe mit anderen Diversitätsmerkmalen zu stellen ist oder eine besondere Qualität aufweist (Shakespeare/Watson 2002; Snyder/Mitchell 2006c; Waldschmidt 2014b). In den deutschsprachigen Diversity Studies zeigt Laura Dobusch (2015) am Beispiel von Behinderung, dass Diversity Management auch zu neuen Grenzziehungen führen kann.

Auch die *Postcolonial Disability Studies* (vgl. 5.4) formulieren kritische Anfragen an die Disability Studies. Umgekehrt fordern letztere dazu auf, die postkoloniale Debatte auf ableistische Orientierungen hin zu befragen. Die Auseinandersetzung über Universalität und Partikularität von Behinderung lässt sich bis in die 1990er Jahre zurückverfolgen (z.B. Ingstad/Whyte 1995; Holzer et al. 1999). Im Zuge der Globalisierung der Behindertenpolitik, die auf die UN-BRK zurückzuführen ist, haben sich die Disability Studies auch in den Ländern des Globalen Südens verbreitet (Biermann/Powell 2021). Damit verbunden ist eine stärkere Thematisierung postkolonialer Perspektiven. Zunehmend wird gefordert, auch die Disability Studies zu dekolonialisieren (z.B. Meekosha 2011; Grech 2012), schließlich sind sie vor allem von weißen, gebildeten Personen aus den westlichen Industrieländern begründet worden. Dass diese Forderung berechtigt ist, zeigt das *Routledge Handbook of Disability Studies* (Watson/Vehmas 2020). Es erhebt zwar den Anspruch, einen Überblick »in the field around the world today« (ebd.) zu bieten, jedoch ist Afrika nur mit einem Beitrag präsent, und Stimmen aus Asien und Lateinamerika fehlen vollständig. Die Postcolonial Disability Studies lassen sich erschließen über den Sammelband *The Global Politics of Impairment and Disability* (Soldatic/Meekosha 2014) sowie die Handbücher *Disability in the Global South. The Critical Handbook* (Grech/Soldatic 2016), *Palgrave Handbook of Disability and Citizenship in the Global South* (Watermeyer et al. 2019) und *Routledge Handbook of Disability in Southern Africa* (Chataika 2019). Außerdem erscheint seit 2014 die internationale Fachzeitschrift *Disability and the Global South* mit Peer Review und im Open Acess. Im deutschsprachigen Raum findet im Kontext des Vereins Behinderung und Entwicklungszusammenarbeit e.V. eine Diskussion über Behinderung, Entwicklungspolitik und Globalisierung statt; die von ihm herausgegebene Zeitschrift *Behinderung und internationale Entwicklung* erscheint seit 1990.

Schließlich gibt es, fünftens, Querverbindungen zwischen den genannten und weiteren Forschungsfeldern, die zu zusätzlichen Verzweigungen geführt haben. Kurz genannt, jedoch nicht weiter behandelt seien an dieser Stelle z.B. die *Fat Disability Studies* (Mollow 2015), die *Fat Black Disability Studies* (Mollow 2017) und die *Dis/ability Critical Race Studies (DisCrit) in Education* (Connor et al. 2016). Die skizzierte Heterogenität der Disability Studies und benachbarter Felder hat sowohl positive als auch negative Seiten. Sie dokumentiert zum einen die Produktivität des Forschungsfeldes, wirft aber gleichzeitig die Frage auf, ob mit fortschreitender Fragmentierung nicht auch die Konturen verloren gehen. Letztendlich ist die Ausdifferenzierung Ausdruck einer permanenten Suche nach dem eigenen Gegenstand und Selbstverständnis.

8. Stand, Kontroversen und Perspektiven der Disability Studies

Diese Einführung in ein vielgestaltiges, dynamisches Forschungsfeld hat hoffentlich verdeutlicht, dass die Disability Studies – wie andere Querschnittsdisziplinen auch – die hergebrachte Ordnung der wissenschaftlichen Dinge produktiv irritieren. Dabei handelt es sich um eine interdisziplinäre Forschungsrichtung, die sich als Kritik und Korrektiv der vorherrschenden, einseitig medizinischen, (heil-)pädagogischen, psychologischen und rehabilitationswissenschaftlichen Sichtweisen auf Behinderung versteht. Hervorgegangen aus der internationalen Behindertenbewegung, die im späten 20. Jahrhundert ihre Protestphase durchlebte, haben sich die Disability Studies in mehreren Schritten – ausgehend von den angloamerikanischen Ländern – akademisch-institutionell etabliert und ausdifferenziert.

Man kann durchaus darüber streiten, ob das Forschungsfeld überhaupt sinnvoll ist. Gleichwohl ist es nicht zufällig entstanden. Zu seiner Entwicklung hat zum einen die allgemeine Umorientierung im Verständnis von Behinderung beigetragen. Wurde noch bis in die 1980er Jahre hinein Behinderung mit Beeinträchtigung gleichgesetzt, gilt heute als Konsens, dass Umweltbarrieren und soziokulturelle Rahmenbedingungen die wesentliche Rolle spielen. Zusätzlich erwiesen sich die kritischen Sozialwissenschaften der 1970er und 1980er Jahre als Inspirationsquelle.

Weitere Impulse gaben in den 1990er Jahren der ›cultural turn‹, die poststrukturalistische Differenzdebatte und die damit verbundene Perspektivierung von Körper, Normalität, Subjekt und Wissen als historisch, gesellschaftlich und kulturell geformten Phänomenen. Schließlich hat das internationale Recht mit der Verabschiedung der Behindertenrechtskonvention im Jahr 2006 dem Forschungsfeld Auftrieb gegeben. Vor allem im letzten Jahrzehnt haben sich die Disability Studies weltweit durchgesetzt, und zwar nicht nur in den westlichen Industrieländern, sondern auch im Globalen Süden. Dass sich das Forschungsfeld zu Beginn des neuen Jahrhunderts auch im deutschsprachigen Raum etablieren konnte, ist vor diesem Hintergrund gut nachvollziehbar.

In wissenschaftstheoretischer Hinsicht begreifen die Disability Studies Behinderung vorzugsweise als Konstruktion, wobei diese allgemeine Denkrichtung die unterschiedlichsten Theorieansätze umfasst. Außerdem verstehen sie sich als dezidiert gesellschaftskritische Wissenschaft. In Analogie zu Sexismus und Rassismus als gesellschaftlichen Machtmechanismen wird mithilfe des Begriffs Ableismus die normative Erwartung von Funktionsfähigkeit kritisiert, welche mit der Abwertung ›behinderter‹ Körper einhergeht. Inspiriert von der Behindertenbewegung, stehen bei den Forschungsthemen die Grund- und Menschenrechte, Inklusion und Partizipation, Gleichstellung und Barrierefreiheit im Vordergrund. Die Leitprinzipien Selbstbestimmung und Selbstvertretung spiegeln sich in den methodologischen Debatten, Forschungsdesigns und angewandten Methoden wider.

Das interdisziplinäre Forschungsfeld lässt sich grob in folgende Richtungen einteilen. Erstens beschäftigen sich die sozialwissenschaftlichen Disability Studies mit der Institutionalisierung von Behinderung als Kategorie sozialer Ungleichheit und den damit verbundenen Praktiken wie auch mit Identität, Subjektivität und Lebenswelten von Menschen mit Behinderungen. Daneben spielen kultur-, wissens- und körpersoziologische Fragen eine Rolle. Zweitens untersucht die Disability History den Umgang mit Beeinträchtigungen und die Konturierung von Behinderung als Variante der Humandifferenzierung in den verschiedenen historischen Epochen. Drittens thematisieren die Cultural Disability Studies die Repräsentationsweisen von Behinderung in Literatur, Kunst, Film und Massenmedien. Außerdem geht es um den Stellenwert von Kultur und Kulturen bei der Konstitution von Normalität und Anderssein. Ergänzend liefern ›querliegende‹ Perspektiven wie unter anderem die Deaf Studies, Feminist Disability Studies, Mad Studies, Postcolonial Disability Studies und Queer Disability Studies weitere Erkenntnisse über die (De-)Konstruktion von Dis/ability. In methodologischer Hinsicht problematisieren die Disability Studies das allgemeine (Selbst-)Verständnis von Wissenschaft und Forschung als wertfrei und objektiv. Sie würdigen akteursorientierte Zugänge, auch wenn diese aus traditioneller Sicht als subjektivistisch gelten und eher geringgeschätzt werden.

Die Disability Studies wären jedoch keine ›normale‹ Wissenschaft, würde nicht auch in ihnen – teilweise heftig – debattiert und gestritten. Exemplarisch seien zwei Kontroversen kurz benannt. Ein Dauerbrenner ist sicherlich die Frage nach dem Verhältnis des Diskurses zur Behindertenbewegung. Handelt es sich bei den Disability Studies um eine ›politische Wissenschaft‹ und den ›wissenschaftlichen Arm‹ der Bewegung? Oder sollten sie sich des Engagements und des Aktivismus enthalten? Zugleich ist damit die Frage nach der eigenen Wissenschaftlichkeit aufgeworfen, die auch strategisch relevant ist. Da die Disability Studies dem Wissenschaftssystem eigentlich fremde Zielsetzungen wie Emanzipation und Teilhabe verfolgen, ist es nicht verwunderlich, dass sie sich mit dem Vorwurf konfrontiert sehen, eine normativ-politische Wissenschaft zu sein. Jedoch geht es bei dem Verhältnis zwischen akademischem Diskurs und Interessenvertretung nicht um einseitige Verpflichtung, sondern um wechselseitigen und durchaus auch kontroversen Austausch. Dem Praxisfeld der Selbstvertretung bieten die Disability Studies ein Forum selbstkritischer Reflexion und nehmen insofern eine Korrektivfunktion wahr. Umgekehrt gilt dies genauso: Der akademische Diskurs benötigt kritische Rückmeldungen aus Alltagspraxis und Politik, um seinem Anspruch auf Innovativität und Relevanz gerecht zu werden.

Auch die Frage, wer eigentlich Disability Studies betreiben darf, kann und soll, wird immer wieder diskutiert. In Analogie zur feministischen Forschung wird angenommen, dass das Private nicht nur politisch ist, sondern auch wissenschaftlich relevant. Entsprechend gehen die Disability Studies davon aus, dass behinderte Wissenschaftlerinnen und Wissenschaftler aufgrund persönlicher Erfahrung andere Forschungsfragen stellen, andere methodische Zugänge wählen und ihr Datenmaterial unter anderen Gesichtspunkten auswerten als nichtbehinderte Kollegen und Kolleginnen. Die Forderung nach Selbstvertretung in Wissenschaft und Forschung führt jedoch auch zu dem Missverständnis, die Disability Studies wollten es Nichtbehinderten ›verbieten‹, zu Behinderung zu forschen. Zwar geht es dem Diskurs darum, die hierarchisierten Beziehungen in der Wissenschaft einzuebnen und insbesondere Menschen mit Behinderungen Partizipations- und Karrierechancen zu eröffnen. Jedoch sind selbstverständlich auch die Disability Studies der Freiheit von Forschung und Lehre verpflichtet, weshalb es keine von persönlicher Betroffenheit abhängigen Zugangsbarrieren geben kann.

Bei der Kontroverse um Selbst- oder Stellvertretung in der Wissenschaft geht es im diskurstheoretischen Sinne letztlich um die machttheoretische Frage, welche Sprecherpositionen als legitim gelten und welche nicht; darauf lässt sich keine abschließende Antwort geben. Umgekehrt müssen sich im Übrigen auch die Disability Studies der Kritik stellen, dass selbst bei ihnen die Stimmen aus dem Globalen Norden, dem angelsächsischen Sprachraum und aus der Bildungselite dominieren. Erst in jüngster Zeit lässt sich in dieser Hinsicht eine größere Heterogenität feststellen.

Auch wenn vor allem die internationalen Disability Studies eine beachtliche Produktivität zeigen, lassen sich verschiedene Probleme, Schwächen und Forschungsdesiderata des Diskurses ausmachen. Trotz vielfältiger und fruchtbarer Theoriedebatten stellt sich bei der Sichtung des Forschungsstandes der Eindruck ein, dass die Studien weiter theoretische und methodologische Fundierungen benötigen. Vor allem erscheint der Diskurs häufig als zu sehr auf sich bezogen und schließt noch zu wenig an die eigenen Bezugsdisziplinen, deren Ansätze und Erträge an. Gerade auch vor dem Hintergrund der sich aktuell abzeichnenden weltweiten Umgestaltung der mit Behinderung verbundenen gesellschaftlichen Praktiken im Zeichen von Inklusion, Partizipation und Gleichstellung wären differenzierte Theorieansätze zu entwickeln, die Behinderung nicht vorzugsweise als Ergebnis von Repression, Exklusion und Diskriminierung fassen, sondern auch als Möglichkeit partieller Teilhabe und Entpflichtung von sozialen Rollen oder als Raum unkonventionellen Seins und eigensinniger Erfahrung. Geht es um die Realisierung empirischer Forschung, zeigt sich, dass der eigene Anspruch der emanzipatorisch-partizipativen Forschung häufig nicht umgesetzt werden kann. Zum einen sind hierfür pragmatische Gründe wie fehlende Finanzen oder eine zu enge Zeitplanung verantwortlich; zum anderen erweist es sich als grundsätzlich schwierig, in einer Macht/Wissen-Formation, wie sie Forschung an sich darstellt, eine Kultur der gleichberechtigten Teilhabe zu verwirklichen.

Nicht zuletzt fehlt es weiter an komparativer und international vergleichender Forschung. Angesichts fortschreitender Transnationalisierung, Globalisierung und epochaler Herausforderungen wie Klimawandel, Digitalisierung und sozialer Ungleichheit bedarf es künftig auch in den Disability Studies eines verstärkten Bemühens, sich über nationale Grenzen und sprachliche Räume hinaus zu vernetzen und die Arbeit gegenseitig zu befruchten. Das eigentliche Anliegen der Disability Studies bleibt in jedem Falle weiter relevant. Im Wesentlichen geht es darum, das hegemoniale Wissen zu Behinderung zu destabilisieren und die gesellschaftlichen Praktiken der Ausgrenzung zu überwinden: »Our analyses [...] seek [...] rather to destabilize our dominant ways of knowing disability.« (Snyder/Mitchell 2006a, 4)

Anmerkung

1 Die unterschiedlichen Schreibweisen des Wortes Zentrum – ›center‹ im amerikanischen und ›centre‹ im britischen Englisch – richten sich nach dem jeweiligen Original. Dies gilt auch für die Wörter ›program‹ und ›programme‹.

Literatur

Abberley, Paul (1987): »The Concept of Oppression and the Development of a Social Theory of Disability«, in: Disability, Handicap & Society 2(1), S. 5–19.

Abberley, Paul (1992): »Counting Us Out: A Discussion of the OPCS Disability Surveys«, in: Disability, Handicap & Society 7(2), S. 139–155.

Albrecht, Gary L. (1992): The Disability Business: Rehabilitation in America, Newbury Park/London/New Dehli: Sage.

Albrecht, Gary L. (2006): Encyclopedia of Disability, Volumes 1–5, Thousand Oaks/London/New Dehli: Sage.

Albrecht, Gary L./Seelman, Katherine D./Bury, Michael (Hg.) (2001): Handbook of Disability Studies, Thousand Oaks/London/New Dehli: Sage.

Asch, Adrienne/Fine, Michelle (Hg.) (1988): Women with Disabilities. Essays in Psychology, Culture and Politics, Philadelphia: Temple University Press.

Balcazar, Fabricio E./Keys, Christopher B./Kaplan, Daniel L./Suarez-Balcazar, Yolanda (2006): »Participatory Action Research and People with Disabilities: Principles and Challenges«, in: Canadian Journal of Rehabilitation 12(2), S. 105–112.

Barker, Clare/Murray, Stuart (2013): »Disabling Postcolonialism: Global Disability Cultures and Democratic Criticism«, in: The Disability Studies Reader, hg. von Lennard J. Davis, Abingdon/New York: Routledge (4. Aufl.), S. 61–73.

Barnes, Colin (1992): »Qualitative Research: Valuable or Irrelevant?«, in: Disability, Handicap & Society 7(2), S. 115–124.

Barnes, Colin (1996): »Disability and the Myth of the Independent Researcher«, in: Disability & Society 11(1), S. 107–112.

Barnes, Colin (2003): »What a Difference a Decade Makes: Reflections on Doing ›Emancipatory‹ Disability Research«, in: Disability & Society 18(1), S. 3–17.
Barnes, Colin (2014): »Reflections on Doing Emancipatory Disability Research«, in: Disabling Barriers – Enabling Environments, hg. von John Swain, Sally French, Colin Barnes und Carol Thomas, Thousand Oaks/London/New Delhi: Sage (3. Aufl.), S. 37–44.
Barnes, Colin (2020): »Understanding the Social Model of Disability: Past, Present and Future«, in: Routledge Handbook of Disability Studies, hg. von Nick Watson und Simo Vehmas, Abingdon/New York: Routledge (2., vollständig rev. u. erw. Aufl.), S. 14–31.
Barnes, Colin/Mercer, Geof (2010): Exploring Disability. A Sociological Introduction, Cambridge: Polity Press (2. Aufl.).
Barsch, Sebastian (2016): »Der geschädigte Mensch in der Rehabilitationspolitik der DDR – Entfaltung und Wirkung eines sozialistischen Modells von Behinderung«, in: Kontinuitäten, Zäsuren, Brüche? Lebenslagen von Menschen mit Behinderungen in der deutschen Zeitgeschichte, hg. von Gabriele Lingelbach und Anne Waldschmidt, Frankfurt/Main: Campus, S. 191–213.
Barsch, Sebastian/Klein, Anne/Verstraete, Pieter (Hg.) (2013): The Imperfect Historian. Disability Histories in Europe, Frankfurt/Main: Peter Lang Edition.
Barwig, Gerlinde/Busch, Christiane (Hg.) (1993): »Unbeschreiblich weiblich!?« Frauen unterwegs zu einem selbstbewußten Leben mit Behinderung, München: AG SPAK.
Bê, Ana (2020): »Feminism and Disability. A Cartography of Multiplicity«, in: Routledge Handbook of Disability Studies, hg. von Nick Watson und Simo Vehmas, Abingdon/New York: Routledge (2., vollständig rev. u. erw. Aufl.), S. 421–435.
Beckett, Angharad E. (2006): »Understanding Social Movements: Theorising the Disability Movement in Conditions of Late Modernity«, in: The Sociological Review 54(4), S. 734–752.
Behrisch, Birgit (2014): »Ein Stück normale Beziehung«. Zum Alltag mit Körperbehinderung in Paarbeziehungen, Bielefeld: transcript.
Behrisch, Birgit (2021): »Partizipatorische und emanzipatorische Forschung in den Disability Studies«, in: Handbuch Disability Studies, hg. von Anne Waldschmidt, Wiesbaden: Springer VS (im Erscheinen).

Behrisch, Birgit/Wright, Michael T. (2018): »Die Ko-Produktion von Wissen in der Partizipativen Gesundheitsforschung. Folgen für die Forschungspraxis«, in: Öffentliche Gesellschaftswissenschaften: Grundlagen, Anwendungsfelder und neue Perspektiven, hg. von Stefan Selke und Annette Treibel, Wiesbaden: Springer VS, S. 307–321.

Bell, Chris (2017): »Is Disability Studies Actually White Disability Studies?«, in: The Disability Studies Reader, hg. von Lennard J. Davis, Abingdon/New York: Routledge (5. Aufl.), S. 406–415.

Bell, Christopher M. (Hg.) (2011): Blackness and Disability: Critical Examinations and Cultural Interventions, Berlin: LIT.

Bennett, Jana M./Volpe, Medi Ann (2018): »Models of Disability from Religious Tradition: Introductory Editorial«, in: Journal of Disability & Religion 22(2), S. 121–129.

Berger, Peter L. (2017): Einladung zur Soziologie. Eine humanistische Perspektive, Konstanz: UVK (2., erg. Aufl.).

Berghs, Maria/Chataika, Tsitsi/El-Lahib, Yahya/Dube, Kudakwashe (Hg.) (2019a): The Routledge Handbook of Disability Activism, Abingdon/New York: Routledge.

Berghs, Maria/Atkin, Karl/Hatton, Chris/Thomas, Carol (2019b): »Do Disabled People Need a Stronger Social Model: A Social Model of Human Rights?«, in: Disability & Society 34(7–8), S. 1034–1039.

Berressem, Hanjo (2017): »The Sounds of Disability. A Cultural Studies Perspective«, in: Culture – Theory – Disability. Encounters between Disability Studies and Cultural Studies, hg. von Anne Waldschmidt, Hanjo Berressem und Moritz Ingwersen, Bielefeld: transcript, S. 29–36.

Bertilsdotter Rosqvist, Hanna/Katsui, Hisayo/McLaughlin, Janice (2018): »Editorial Review: Touring the Archive 1999–2017 and Mapping the Future of Scandinavian Journal of Disability Research«, in: Scandinavian Journal of Disability Research 20(1), S. 1–5.

Bertilsdotter Rosqvist, Hanna/Kourti, Marianthi/Jackson-Perry, David/Brownlow, Charlotte/Fletcher, Kirsty/Bendelman, Daniel/O'Dell, Lindsay (2019): »Doing it Differently: Emancipatory Autism Studies within a Neurodiverse Academic Space«, in: Disability & Society 34(7–8), S. 1082–1101.

Biermann, Julia/Powell, Justin (2021): »Internationale Disability Studies«, in: Handbuch Disability Studies, hg. von Anne Waldschmidt, Wiesbaden: Springer VS (im Erscheinen).
Biesalski, Konrad (1911): Leitfaden der Krüppelfürsorge. Im Auftrag der Deutschen Vereinigung für Krüppelfürsorge, Leipzig: Voß.
Blackie, Daniel (2010): Disabled Revolutionary War Veterans and the Construction of Disability in the Early United States, c.1776–1840, Helsinki: Helsinki University Print.
Blackmore, Theo/Hodgkin, Stephen L. (2012): »Discourses of Disabled Peoples' Organisations: Foucault, Bourdieu and Future Perspectives«, in: Disability and Social Theory: New Developments and Directions, hg. von Dan Goodley, Bill Hughes and Lennard J. Davis, Houndmills, Basingstoke/New York: Palgrave Macmillan, S. 70–87.
Blanck, Peter/Flynn, Eilionóir (Hg.) (2017): Routledge Handbook of Disability Law and Human Rights, Abingdon/New York: Routledge.
Bogdan, Robert (1988): Freak Show: Presenting Human Oddities for Amusement and Profit, Chicago: Chicago University Press.
Bolt, David (2015): »Not Forgetting Happiness: the Tripartite Model of Disability and its Application in Literary Criticism«, in: Disability & Society 30(7), S. 1103–1117.
Bolt, David (2020): »The Metanarrative of Disability: Social Encounters, Cultural Representation and Critical Avoidance«, in: Routledge Handbook of Disability Studies, hg. von Nick Watson und Simo Vehmas, Abingdon/New York: Routledge (2., vollständig rev. u. erw. Aufl.), S. 337–347.
Bolt, David/McRuer, Robert (Hg.) (2020): A Cultural History of Disability, Volumes 1-6, London/Oxford: Bloomsbury.
Borsay, Anne (2005): Disability and Social Policy in Britain since 1750: A History of Exclusion, Houndmills, Basingstoke/New York: Palgrave Macmillan.
Borsay, Anne/Dale, Pamela (Hg.) (2012): Disabled Children: Contested Caring, 1850–1979, London: Pickering and Chatto.
Bösl, Elsbeth (2009): Politiken der Normalisierung. Zur Geschichte der Behindertenpolitik in der Bundesrepublik Deutschland, Bielefeld: transcript.

Bösl, Elsbeth/Frohne, Bianca (2021): »Disability History«, in: Handbuch Disability Studies, hg. von Anne Waldschmidt, Wiesbaden: Springer VS (im Erscheinen).

Bösl, Elsbeth/Klein, Anne/Waldschmidt, Anne (Hg.) (2010): Disability History. Konstruktionen von Behinderung in der Geschichte. Eine Einführung, Bielefeld: transcript.

Brehme, David/Fuchs, Petra/Köbsell, Swantje/Wesselmann, Carla (Hg.) (2020): Disability Studies im deutschsprachigen Raum. Zwischen Emanzipation und Vereinnahmung, Weinheim/Basel: Beltz Juventa.

Brown, Scott C. (2001): »Methodological Paradigms that Shape Disability Research«, in: Handbook of Disability Studies, hg. von Gary L. Albrecht, Katherine D. Seelman und Michael Bury, Thousand Oaks/London/New Delhi: Sage, S. 145–170.

Brune, Jeffrey A./Garland-Thomson, Rosemarie/Schweik, Susan/Titchkosky, Tanya/Love, Heather (2014): »On the Fiftieth Anniversary of Erving Goffman's Stigma«, in: Disability Studies Quarterly 34(1), ohne Seiten; Link: http://dsq-sds.org/article/view/4014/3539 (letzter Zugriff: 06.09.2017).

Bruner, Claudia Franziska (2005): KörperSpuren. Zur Dekonstruktion von Körper und Behinderung in biografischen Erzählungen von Frauen, Bielefeld: transcript.

Buchner, Tobias/Koenig, Oliver/Schuppener, Saskia (Hg.) (2016): Inklusive Forschung. Gemeinsam mit Menschen mit Lernschwierigkeiten forschen, Bad Heilbrunn: Klinkhardt.

Burch, Susan (Hg.) (2009): The Encyclopedia of American Disability History, Volumes 1-3, New York: Facts on File.

Burch, Susan/Rembis, Michael (Hg.) (2014): Disability Histories, Urbana: University of Illinois Press.

Bury, Michael (1996): »Disability and the Myth of the Independent Researcher: A Reply«, in: Disability & Society 11(2), S. 111–113.

Buyinza Mugeere, Anthony/Omona, Julius/State, Andrew Ellias/Shakespeare, Tom (2020): »›Oh God! Why Did You Let Me Have This Disability?‹ Religion, Spirituality and Disability in Three African Countries«, in: Journal of Disability & Religion 24(1), S. 64–81.

Cameron, Colin (Hg.) (2014): Disability Studies: A Student's Guide, Thousand Oaks/London/New Delhi: Sage.

Campbell, Fiona K. (2009): Contours of Ableism. The Production of Disability and Abledness, Houndmills, Basingstoke/New York: Palgrave Macmillan.
Campling, Jo (1981): Images of Ourselves: Women with Disabilities Talking, London: Routledge and Kegan.
Carlson, Licia (2015): »Docile Bodies, Docile Minds. Foucauldian Reflections on Mental Retardation«, in: Foucault and the Government of Disability, hg. von Shelley Tremain, Ann Arbor: University of Michigan Press (2., erw. u. überarb. Aufl.), S. 133–152.
Chappell, Anne Louise (1992): »Towards a Sociological Critique of the Normalisation Principle«, in: Disability, Handicap & Society 7(1), S. 35–51.
Chataika, Tsitsi (2012): »Disability, Development and Postcolonialism«, in: Disability and Social Theory: New Developments and Directions, hg. von Dan Goodley, Bill Hughes and Lennard J. Davis, Houndmills, Basingstoke/New York: Palgrave Macmillan, S. 252–269.
Chataika, Tsitsi (Hg.) (2019): The Routledge Handbook of Disability in Southern Africa, Abingdon/New York: Routledge.
Chivers, Sally/Marcotić, Nicole (2010): The Problem Body. Projecting Disability on Film, Columbus: Ohio State University Press.
Connell, Raewyn (2011): »Southern Bodies and Disability: Re-thinking Concepts«, in: Third World Quarterly 32(8), S. 1369–1381.
Connor, David J./Ferri, Beth A./Annamma, Subini A. (Hg.) (2016): Dis-Crit – Disability Studies and Critical Race Theory in Education, New York: Teachers College Press.
Connor, David J./Gabel, Susan L./Gallagher, Deborah J./Morton, Missy (2008): »Disability Studies and Inclusive Education – Implications for Theory, Research, and Practice«, in: International Journal of Inclusive Education 12(5-6), S. 441–457.
Conway, Megan A. (2017): »Center on Disability Studies at the University of Hawaii: Scientifically Grounded Tradition for the Training of Professionals and Empowerment of People with Disabilities«, in: Studies on Disability. International Theoretical, Empirical and Didactics Experiences, hg. von Joanna Głodkowska, Justyna Gasik und Marta Pągowska, Warszawa: Wydawnictwo Akademii Pedagogiki Specjalnej, S. 296–314.

Corker, Mairian (1998): Deaf and Disabled, or Deafness Disabled, Buckingham/Philadelphia: Open University Press.
Corker, Mairian/Shakespeare, Tom (Hg.) (2002): Disability/Postmodernity: Embodying Disability Theory, London: Continuum.
Crutchfield, Susan/Epstein, Marcy (Hg.) (2000): Points of Contact. Disability, Art, and Culture, Ann Arbor: University of Michigan Press.
D'Alessio, Simona (2011): Inclusive Education in Italy. A Critical Analysis of the Policy of Integrazione Scolastica, Rotterdam/Boston/Taipei: Sense Publishers.
Danforth, Scot/Gabel, Susan L. (Hg.) (2016): Vital Questions Facing Disability Studies in Education, New York: Peter Lang (2. Aufl.).
Davis, Lennard J. (1995): Enforcing Normalcy: Disability, Deafness and the Body, New York/London: Verso.
Davis, Lennard J. (2000): My Sense of Silence: Memoir of a Childhood with Deafness, Urbana/Chicago: University of Illinois Press.
Davis, Lennard J. (2002): Bending Over Backwards: Disability, Dismodernism, and Other Difficult Positions, New York: New York University Press.
Davis, Lennard J. (2014): The End of Normal: Identity in a Biocultural Era, Ann Arbor: University of Michigan Press.
Davis, Lennard J. (Hg.) (2017a): The Disability Studies Reader, Abingdon/New York: Routledge (5. Aufl.).
Davis, Lennard J. (2017b): »Introduction: Disability, Normality, and Power«, in: The Disability Studies Reader, hg. von Lennard J. Davis, Abingdon/New York: Routledge (5. Aufl.), S. 1–14.
Dederich, Markus (2007): Körper, Kultur und Behinderung. Eine Einführung in die Disability Studies, Bielefeld: transcript.
Dederich, Markus/Seitzer, Philipp (2021): »Anthropologie und Ethik in den Disability Studies«, in: Handbuch Disability Studies, hg. von Anne Waldschmidt, Wiesbaden: Springer VS (im Erscheinen).
Deegan, Mary Joe/Brooks, Nancy A. (Hg) (1985): Women and Disability: The Double Handicap, New Brunswick, NJ: Transaction.
Degener, Theresia (2015): »Die UN-Behindertenrechtskonvention – ein neues Verständnis von Behinderung«, in: Handbuch Behindertenrechtskonvention. Teilhabe als Menschenrecht – Inklusion als gesellschaftliche Aufgabe, hg. von Theresia Degener und Elke Diehl, Bonn: Bundeszentrale für Politische Bildung, S. 55–74.

Degener, Theresia (2017): »A Human Rights Model of Disability«, in: Routledge Handbook of Disability Law and Human Rights, hg. von Peter Blanck und Eilionóir Flynn, Abingdon/New York: Routledge, S. 31–49.

Degener, Theresia/Butschkau, Malin (2020): »Emanzipation ohne Vereinnahmung: Menschenrechtsbasierte Forschung in den Disability Studies«, in: Disability Studies im deutschsprachigen Raum. Zwischen Emanzipation und Vereinnahmung, hg. von David Brehme, Petra Fuchs, Swantje Köbsell und Carla Wesselmann, Weinheim/Basel: Beltz Juventa, S. 132–150.

Degener, Theresia/Köbsell, Swantje (1992): »Hauptsache, es ist gesund«? Weibliche Selbstbestimmung unter humangenetischer Kontrolle, Hamburg: Konkret Literatur Verlag.

Degener, Theresia/Koster-Dreese, Yolan (Hg.) (1995): Human Rights and Disabled Persons, Dordrecht/Boston: M. Nijhoff.

Degener, Theresia/Miquel, Marc von (Hg.) (2019): Aufbrüche und Barrieren. Behindertenpolitik und Behindertenrecht in Deutschland und Europa seit den 1970er Jahren, Bielefeld: transcript.

Devlieger, Patrick (2005): »Generating a Cultural Model of Disability«. Paper presented at the 19th Congress of the European Federation of Associations of Teachers of the Deaf (FEAPDA), October 14-16, 2005; Link: http://feapda.org/Geneva%20Files/culturalmodelofdisability.pdf (letzter Zugriff: 02.06.2011)

Devlieger, Patrick/Mairanda-Galarza, Beatriz/Brown, Steven E./Strickfaden, Megan (Hg.) (2016): Rethinking Disability: World Perspectives in Culture and Society, Antwerp-Apeldoorn: Garant (2. Aufl.).

Diehl, Gerhard/Hansen, Nils (2017): »Historische Semantik. Zur terminologischen Unbestimmtheit mittelhochdeutscher Texte«, in: Dis/ability History der Vormoderne. Ein Handbuch / Premodern Dis/ability History. A Companion, hg. von Cordula Nolte, Bianca Frohne, Uta Halle und Sonja Kerth, Affalterbach: Didymos, S. 97–99.

Dobusch, Laura (2015): Diversity Limited. Inklusion, Exklusion und Grenzziehungen mittels Praktiken des Diversity Management, Wiesbaden: Springer VS.

Dobusch, Laura (2021): »Disability Studies und Diversity Studies«, in: Handbuch Disability Studies, hg. von Anne Waldschmidt, Wiesbaden: Springer VS (im Erscheinen).

Dunhamn, Jane/Harris, Jerome/Jarrett, Shancia/Moore, Leroy/Nishida, Akemi/Price, Margaret/Robinson, Britney/Shalk, Sami (2015): Developing and Reflecting on a Black Disability Studies Pedagogy: Work from the National Black Disability Coalition, in: Disability Studies Quarterly 35(2), ohne Seiten; Link: http://dsq-sds.org/article/view/4637/3933 (letzter Zugriff: 02.07.2020)

Durbach, Nadja (2010): Spectacle of Deformity: Freak Shows and Modern British Culture, New York/Los Angeles/London: University of California Press.

Edwards, Claire/Imrie, Rob (2003): »Disability and Bodies as Bearers of Value«, in: Sociology 37(2), S. 239–256.

Ehrig, Heike (1996): »Verminderte Heiratschancen« oder Perspektivengewinn? Lebensentwürfe und Lebenswirklichkeit körperbehinderter Frauen, Bielefeld: Kleine.

Eichengreen, Adva/Kanter, Arlene/Ziv, Neta/Mor, Sagit/Mizrachi, Nissim (Hg.) (2016): מקראה :לימודי מוגבלות [Disability Studies: A Reader], Jerusalem: Van Leer Institute Press & Hakibbutz Hameuchad.

Ellcessor, Elizabeth/Kirkpatrick, Bill (Hg.) (2017): Disability Media Studies, New York: New York University Press.

Ellger-Rüttgardt, Sieglinde L. (2008): Geschichte der Sonderpädagogik. Eine Einführung, München/Basel: Ernst Reinhardt.

Ellis, Katie (2015): Disability and Popular Culture: Focusing Passion, Creating Community and Expressing Defiance, Farnham: Ashgate.

Ellis, Katie/Garland-Thomson, Rosemarie/Kent, Mike/Robertson, Rachel (Hg.) (2019a): Manifestos for the Future of Critical Disability Studies, Volume 1, Abingdon/New York (Routledge).

Ellis, Katie/Garland-Thomson, Rosemarie/Kent, Mike/Robertson, Rachel (Hg.) (2019b): Interdisciplinary Approaches to Disability. Looking Towards the Future, Volume 2, Abingdon/New York: Routledge.

Ellis, Katie/Goggin, Gerard/Haller, Beth/Curtis, Rosemary (Hg.) (2020): The Routledge Companion to Disability and Media, Abingdon/New York: Routledge.

Ellis, Katie/Kent, Mike (2011): Disability and New Media, Abingdon/New York: Routledge.

Ellis, Katie/Kent, Mike (2017): Disability and Social Media: Global Perspectives, Abingdon/New York: Routledge.

Erevelles, Nirmala (2011): Disability and Difference in Global Contexts. Enabling a Transformative Body Politic, Houndmills, Basingstoke/New York: Palgrave Macmillan.
Erevelles, Nirmala (2015): »Signs of Reason: Rivière, Facilitated Communication, and the Crisis of the Subject«, in: Foucault and Government of Disability, hg. von Shelley Tremain, Ann Arbor: University of Michigan Press (2., erw. u. überarb. Aufl.), S. 45–64.
Erevelles, Nirmala (2016): »›Becoming Disabled‹: Towards the Political Anatomy of the Body«, in: Disability, Human Rights and the Limits of Humanitarianism, hg. von Michael Gill und Cathy J. Schlund-Vials, Abingdon/New York: Routledge, S. 219–233.
Erevelles, Nirmala/Minear, Andrea (2010): »Unspeakable Offenses: Untangling Race and Disability in Discourses of Intersectionality«, in: Journal of Literary & Cultural Disability Studies 4(2), S. 127–145.
Ewinkel, Carola/Hermes, Gisela/Boll, Silke/Degener, Theresia/Kroll, Bärbel/Lübbers, Sigrid/Schnartendorf, Susanne (Hg.) (1985): Geschlecht Behindert – Besonderes Merkmal Frau. Ein Buch von behinderten Frauen, München: AG SPAK.
Fiedler, Leslie A. (1978): Freaks: Myths and Images of the Secret Self, New York: Simon and Schuster.
Fine, Michelle/Asch, Adrienne (1988): »Disability beyond Stigma: Social Interaction, Discrimination, and Activism«, in: Journal of Social Issues 44(1), S. 3–21.
Finkelstein, Vic (1980): Attitudes and Disabled People, New York: World Rehabilitation Fund.
Flieger, Petra (2003): »Partizipatorische Forschungsmethoden und ihre konkrete Umsetzung«, in: Disability Studies in Deutschland – Behinderung neu denken! Dokumentation der Sommeruni 2003, hg. von Gisela Hermes und Swantje Köbsell, Kassel: bifos e.V., S. 200–204.
Flieger, Petra (2009): »Partizipatorische Forschung: Wege zur Entgrenzung der Rollen von ForscherInnen und Beforschten«, in: Perspektiven auf Entgrenzung. Erfahrungen und Entwicklungsprozesse im Kontext von Inklusion und Integration, hg. von Jo Jerg, Kerstin Merz-Atalik, Ramona Thümmler und Heike Tiemann, Bad Heilbrunn: Julius Klinkhardt, S. 159–171.

Flieger, Petra/Schönwiese, Volker (Hg.) (2007): Das Bildnis eines behinderten Mannes. Bildkultur der Behinderung vom 16. bis ins 21. Jahrhundert. Wissenschaftlicher Sammelband, Neu-Ulm: AG SPAK.

Fontes, Fernando/Sena Martins, Bruno/Hespanha, Pedro (2014): »The Emancipation of Disability Studies in Portugal«, in: Disability & Society 29(6), S. 849–862.

Foucault, Michel (1969 [1961]): Wahnsinn und Gesellschaft. Eine Geschichte des Wahns im Zeitalter der Vernunft. Aus dem Französischen von Ulrich Köppen, Frankfurt/Main: Suhrkamp.

Foucault, Michel (1973 [1963]): Die Geburt der Klinik: Eine Archäologie des ärztlichen Blicks. Aus dem Französischen von Walter Seitter, München: Hanser.

Foucault, Michel (1976 [1975]): Überwachen und Strafen. Die Geburt des Gefängnisses. Aus dem Französischen von Walter Seitter, Frankfurt/Main: Suhrkamp.

Foucault, Michel (1977 [1976]): Der Wille zum Wissen. Sexualität und Wahrheit I. Aus dem Französischen von Ulrich Raulff und Walter Seitter, Frankfurt/Main: Suhrkamp.

Foucault, Michel (1999 [1996]): In Verteidigung der Gesellschaft. Vorlesungen am Collège de France 1975/1976. Aus dem Französischen von Michaela Ott, Frankfurt/Main: Suhrkamp.

Fraser, Benjamin (2013): Disability Studies and Spanish Culture: Films, Novels, the Comic and the Public Exhibition, Liverpool: Liverpool University Press.

Fraser, Benjamin (2016): Cultures of Representation. Disability in World Cinema Contexts, London/New York: Wallflower Press.

Fraser, Benjamin (2018): Cognitive Disability Aesthetics: Visual Culture, Disability Representations, and the (In)Visibility of Cognitive Difference, Toronto: University of Toronto Press.

Freitag, Walburga (2005): Contergan. Eine genealogische Studie des Zusammenhangs wissenschaftlicher Diskurse und biographischer Erfahrungen, Münster/New York/München/Berlin: Waxmann.

Frohne, Bianca (2014): Leben mit »kranckhait«. Der gebrechliche Körper in der häuslichen Überlieferung des 15. und 16. Jahrhunderts. Überlegungen zu einer Disability History der Vormoderne, Affalterbach: Didymos.

Fuchs, Petra (2001): »Körperbehinderte« zwischen Selbstaufgabe und Emanzipation: Selbsthilfe – Integration – Aussonderung, Berlin: Luchterhand.
Fuchs, Petra (2021): »›Behinderung‹ – eine bewegte Geschichte«, in: Handbuch Disability Studies, hg. von Anne Waldschmidt, Wiesbaden: Springer VS (im Erscheinen).
Gabel, Susan L. (Hg.) (2005): Disability Studies in Education, New York: Peter Lang.
Garland-Thomson, Rosemarie (1997): Extraordinary Bodies: Figuring Physical Disability in American Culture and Literature, New York: Columbia University Press.
Garland-Thomson, Rosemarie (2002): »Integrating Disability, Transforming Feminist Theory«, in: National Women's Studies Association Journal 14(3), S. 1–32.
Garland-Thomson, Rosemarie (2005): »Feminist Disability Studies«, in: Signs 30(2), S. 1557–1587.
Garland-Thomson, Rosemarie (2009): Staring: How We Look, Oxford: Oxford University Press.
Garland-Thomson, Rosemarie (Hg.) (1996): Freakery: Cultural Spectacles of the Extraordinary Body, New York: New York University Press.
Geese, Natalie/Schulz, Miklas (2020): »Autoethnografie in den Critical Blindness Studies: Überlegungen zum Verhältnis von Forschenden zum Erkenntnisgegenstand«, in: Disability Studies im deutschsprachigen Raum. Zwischen Emanzipation und Vereinnahmung, hg. von David Brehme, Petra Fuchs, Swantje Köbsell und Carla Wesselmann, Weinheim/Basel: Beltz Juventa, S. 165–171.
Gertz, Genie/Boudreault, Patrick (Hg.) (2016): The SAGE Deaf Studies Encyclopedia, Thousand Oaks/London/New Delhi: Sage.
Ghai, Anita (2003): (Dis)Embodied Form: Issues of Disabled Women, New Delhi: Har-Anand Publications.
Ghai, Anita (2012): »Engaging with Disability with Postcolonial Theory«, in: Disability and Social Theory: New Developments and Directions, hg. von Dan Goodley, Bill Hughes and Lennard J. Davis, Houndmills, Basingstoke/New York: Palgrave Macmillan, S. 270–286.
Głodkowska, Joanna/Gasik, Justyna/Pągowska, Marta (Hg.) (2017): Studies on Disability. International Theoretical, Empirical and Didactics Experiences, Warszawa: Wydawnictwo Akademii Pedagogiki Specjalnej.

Goffman, Erving (1973 [1961]): Asyle. Über die soziale Situation psychiatrischer Patienten und anderer Insassen. Aus dem Amerikanischen von Nils Lindquist, Frankfurt/Main: Suhrkamp.

Goffman, Erving (1975 [1963]): Stigma. Über Techniken der Bewältigung beschädigter Identität. Aus dem Amerikanischen von Frigga Haug, Frankfurt/Main: Suhrkamp.

Goggin, Gerard/Newell, Christopher (2003): Digital Disability. The Social Construction of Disability in New Media, Lanham/Oxford: Rowman & Littlefield.

Goggin, Gerard/Steele, Linda/Cadwallader, Jessica R. (2018): Normality and Disability: Intersections among Norms, Law, and Culture, Abingdon/New York: Routledge.

Goodley, Dan (2014): Dis/Ability Studies: Theorising Disableism and Ableism, London: Routledge.

Goodley, Dan (2017a): Disability Studies. An Interdisciplinary Introduction, Thousand Oaks/London/New Dehli: Sage (2. Aufl.).

Goodley, Dan (2017b): »Dis/entangling Critical Disability Studies«, in: Culture – Theory – Disability. Encounters between Disability Studies and Cultural Studies, hg. von Anne Waldschmidt, Hanjo Berressem und Moritz Ingwersen, Bielefeld: transcript, S. 81–97.

Goodley, Dan/Hughes, Bill/Davis, Lennard J. (Hg.) (2012): Disability and Social Theory: New Developments and Directions, Houndmills, Basingstoke/New York: Palgrave Macmillan.

Goodley, Dan/Lawthom, Rebecca/Liddiard, Kirsty/Runswick-Cole, Katherine (2019): »Provocations for Critical Disability Studies«, in: Disability & Society 34(6), S. 972–997.

Goodley, Dan/Lawthom, Rebecca/Runswick-Cole, Katherine (2014): »Posthuman Disability Studies«, in: Subjectivity 7(4), S. 342–361.

Goodrich, Negin Hosseini (2019): »Hello from the Other Side: Why Iran Remains Excluded from Global Disability Studies«, in: Interdisciplinary Approaches to Disability. Looking Towards the Future, Volume 2, hg. von Katie Ellis, Rosemarie Garland-Thomson, Mike Kent und Rachel Robertson, Abingdon/New York: Routledge, S. 187–198.

Gottwald, Claudia (2009): Lachen über das Andere. Eine historische Analyse komischer Repräsentationen von Behinderung, Bielefeld: transcript.

Grech, Shaun (2012): »Disability and the Majority World: A Neocolonial Approach«, in: Disability and Social Theory: New Developments and

Directions, hg. von Dan Goodley, Bill Hughes and Lennard J. Davis, Houndmills, Basingstoke/New York: Palgrave Macmillan, S. 52–69.
Grech, Shaun/Soldatic, Karen (Hg.): (2016): Disability in the Global South. The Critical Handbook, Heidelberg: Springer International.
Grimm, Jacob/Grimm, Wilhelm (1854): Deutsches Wörterbuch. Erster Band. A–Biermolke, Leipzig: Verlag von S. Hirzel.
Groß, Dominik/Söderfeldt, Ylva (Hg.) (2017): »Disability Studies« meets »History of Science«. Körperliche Differenz und soziokulturelle Konstruktion von Behinderung aus der Perspektive der Medizin-, Technik- und Wissenschaftsgeschichte, Kassel: kassel university press.
Grover, Chris/Piggott, Linda (Hg.) (2015): Disabled People, Work and Welfare. Is employment really the answer?, Bristol: Policy Press.
Gugutzer, Robert/Schneider, Werner (2007): Der »behinderte« Körper in den Disability Studies. Eine körpersoziologische Grundlegung, in: Disability Studies, Kultursoziologie und Soziologie der Behinderung. Erkundungen in einem neuen Forschungsfeld, hg. von Anne Waldschmidt und Werner Schneider, Bielefeld: transcript, S. 31–53.
Gustavsson, Anders/Sandvin, Johans Tveit/Traustadóttir, Rannveig/Tøssebro, Jan (Hg.) (2005): Resistance, Reflection and Change: Nordic Disability Research, Lund: Studentlitteratur.
Haber, Lawrence D./Smith, Richard T. (1971): »Disability and Deviance. Normative Adaptations of Role Behaviour«, in: American Sociological Review 36(1), S. 87–97.
Hacking, Ian (1999): Was heißt ›soziale Konstruktion‹? Zur Konjunktur einer Kampfvokabel in den Wissenschaften, Frankfurt/Main: Fischer.
Hadley, Bree/McDonald, Donna (Hg.) (2018): The Routledge Handbook of Disability Arts, Culture, and Media, Abingdon/New York: Routledge.
Hahn, Harlan (1983): »Paternalism and Public Policy«, in: Society 20(3), S. 36–46.
Hall, Kim Q. (Hg.) (2011): Feminist Disability Studies, Bloomington: Indiana University Press.
Hanes, Roy/Brown, Ivan/Hansen, Nancy E. (Hg.) (2017): The Routledge History of Disability, Abingdon/New York: Routledge.
Hans, Asha (Hg.) (2015): Disability, Gender, and the Trajectories of Power, New Delhi: Sage.

Harrasser, Karin (2013): Körper 2.0. Über die technische Erweiterbarkeit des Menschen, Bielefeld: transcript.
Harrasser, Karin (2016): Prothesen. Figuren einer lädierten Moderne. Berlin: Vorwerk8.
Harrasser, Karin (2017): »Superhumans – Parahumans. Disability and Hightech in Competitive Sports«, in: Culture – Theory – Disability. Encounters between Disability Studies and Cultural Studies, hg. von Anne Waldschmidt, Hanjo Berressem und Moritz Ingwersen, Bielefeld: transcript, S. 171–184.
Hartblay, Cassandra (2014): »Welcome to Sergeichburg: Disability, Crip Performance, and the Comedy of Recognition in Russia«, in: The Journal of Social Policy Studies / Журнал исследований социальной политики 12(1), S. 111–125.
Heide, Mareike (2019): Holzbein und Eisenhand. Prothesen in der Frühen Neuzeit, Frankfurt/Main: Campus.
Helduser, Urte (2016): Imaginationen des Monströsen. Wissen, Literatur und Poetik der Missgeburt 1600–1835, Göttingen: Wallstein.
Helduser, Urte (2021): »Literatur- und Sprachwissenschaften in den Disability Studies«, in: Handbuch Disability Studies, hg. von Anne Waldschmidt, Wiesbaden: Springer VS (im Erscheinen).
Hermes, Gisela/Köbsell, Swantje (Hg.) (2003): Disability Studies in Deutschland – Behinderung neu denken! Dokumentation der Sommeruni 2003, Kassel: bifos e.V.
Heyer, Katharina (2015): Rights Enabled. The Disability Revolution, from the US, to Germany and Japan, to the United Nations, Ann Arbor: University of Michigan Press.
Holzer, Brigitte/Vreede, Arthur/Weigt, Gabriele (Hg.) (1999): Disability in Different Cultures: Reflections on Local Concepts, Bielefeld: transcript.
Howe, Blake/Jensen-Moulton, Stephanie/Lerner, Neil/Straus, Joseph (Hg.) (2015): The Oxford Handbook of Music and Disability Studies, Oxford: Oxford University Press.
Hugemark, Agneta/Roman, Christine (2007): »Diversity and Divisions in the Swedish Disability Movement: Disability, Gender, and Social Justice«, in: Scandinavian Journal of Disability Research 9(1), S. 26–45.

Hughes, Bill/Paterson, Kevin (1997): »The Social Model of Disability and the Disappearing Body: Towards a Sociology of Impairment«, in: Disability & Society 12(3), S. 325–340.

Hunt, Paul (1981): »Settling Accounts with the Parasite People: A Critique of ›A Life Apart‹ by E. J. Miller and G. V. Gwynne«, in: Disability Challenge 1(5), S. 37–50.

Hunt, Paul (Hg.) (1966): Stigma: The Experience of Disability, London/Dublin/Melbourne: Geoffrey Chapman.

Hutson, Christiane (2010): »Mehrdimensional verletzbar. Eine Schwarze Perspektive auf Verwobenheiten zwischen Ableism und Sexismus«, in: Gendering Disability. Intersektionale Aspekte von Behinderung und Geschlecht, hg. von Jutta Jacob, Swantje Köbsell und Eske Wollrad, Bielefeld: transcript, S. 61–72.

Imhoff, Sarah (2017): »Why Disability Studies Needs to Take Religion Seriously«, in: Religions 8(9), 186 Absätze, ohne Seiten.

Ingstad, Benedicte/Whyte, Susan R. (Hg.) (1995): Disability and Culture, Berkeley: University of California Press.

Jacob, Jutta/Köbsell, Swantje/Wollrad, Eske (Hg.): Gendering Disability. Intersektionale Aspekte von Behinderung und Geschlecht, Bielefeld: transcript.

Jelinek-Menke, Ramona (2020): »Disability Studies und Religionswissenschaft: Anmerkungen zu Relevanz und Potenzial einer Symbiose«, in: Disability Studies im deutschsprachigen Raum. Zwischen Emanzipation und Vereinnahmung, hg. von David Brehme, Petra Fuchs, Swantje Köbsell und Carla Wesselmann, Weinheim/Basel: Beltz Juventa, S. 203–209.

Joas, Hans/Knöbl, Wolfgang (2011): Sozialtheorie. Zwanzig einführende Vorlesungen. Aktualisierte Ausgabe, Frankfurt/Main: Suhrkamp.

Joshua, Eleoma/Schillmeier, Michael (Hg.) (2010): Disability in German Literature, Film, and Theater. Edinburgh German Yearbook, Volume 4, Rochester/New York: Camden House.

Juárez-Almendros, Encarnación (2013): »Disability Studies in the Hispanic World: Proposals and Methodologies«, in: Arizona Journal of Hispanic Cultural Studies 17, S. 153–160.

Junior, Nashya/Schipper, Jeremy (2013): »Disability Studies and the Bible«, in: New Meanings for Ancient Texts: Recent Approaches to Biblical Criticisms and Their Applications, hg. von Steven McKenzie und John Kaltner, Westminster: John Knox Press, S. 21–37.

Kafer, Alison (2013): Feminist, Queer, Crip, Bloomington: Indiana University Press.
Karačić, Anemari/Waldschmidt, Anne (2018): »Biographie und Behinderung«, in: Handbuch Biographieforschung, hg. von Helma Lutz, Martina Schiebel und Elisabeth Tuider, Wiesbaden: Springer VS, S. 415–425.
Karim, Sarah (2021): »Soziologische Disability Studies«, in: Handbuch Disability Studies, hg. von Anne Waldschmidt, Wiesbaden: Springer VS (im Erscheinen).
Karim, Sarah/Waldschmidt, Anne (2019): »Ungeahnte Fähigkeiten? Behinderte Menschen zwischen Zuschreibung von Unfähigkeit und Doing Ability«, in: Österreichische Zeitschrift für Soziologie 44(3), S. 269–288.
Kérchy, Anna/Zittlau, Andrea (Hg.) (2012): Exploring the Cultural History of Continental European Freak Shows and ›Enfreakment‹, Newcastle upon Tyne: Cambridge Scholars.
Kienitz, Sabine (2008): Beschädigte Helden. Kriegsinvalidität und Körperbilder 1914–1923, Paderborn/München/Zürich/Wien: Ferdinand Schöningh.
Klettner, Alexa/Lingelbach, Gabriele (Hg.) (2018): Blindheit in der Gesellschaft. Historischer Wandel und interdisziplinäre Zugänge, Frankfurt/Main: Campus.
Köbsell, Swantje (2012): Wegweiser Behindertenbewegung. Neues (Selbst-)Verständnis von Behinderung, Neu-Ulm: AG SPAK.
Köbsell, Swantje (2016): »›Besondere Körper‹ – Geschlecht und Körper im Diskurs der westdeutschen Behindertenbewegung der 1980er und 1990er Jahre«, in: Kontinuitäten, Zäsuren, Brüche? Lebenslagen von Menschen mit Behinderungen in der deutschen Zeitgeschichte, hg. von Gabriele Lingelbach und Anne Waldschmidt, Frankfurt/Main: Campus, S. 239–261.
Köbsell, Swantje (2021): »Entstehung und Varianten der deutschsprachigen Disability Studies«, in: Handbuch Disability Studies, hg. von Anne Waldschmidt, Wiesbaden: Springer VS (im Erscheinen).
Koenig, Oliver (2014): Erwerbsarbeit als Identitätsziel. Ein Modell von Möglichkeiten für Menschen mit intellektueller Beeinträchtigung, Wiesbaden: Springer VS.

Kohrman, Matthew (2005): Bodies of Difference: Experiences of Disability and Institutional Advocacy in the Making of Modern China, Berkeley: University of California Press.

Kolářová, Kateřina (2015): Death by Choice, Life by Privilege: Biopolitical Circuits of Vitality and Debility in the Times of Empire, in: Foucault and the Government of Disability, hg. von Shelley Tremain, Ann Arbor: University of Michigan Press (2., erw. u. überarb. Aufl.), S. 396–424.

Kolářová, Kateřina (2017): »The Inarticulate Post-Socialist Crip: On the Cruel Optimism of Neoliberal Transformations in the Czech Republic«, in: Culture – Theory – Disability. Encounters between Disability Studies and Cultural Studies, hg. von Anne Waldschmidt, Hanjo Berressem und Moritz Ingwersen, Bielefeld: transcript, S. 231–249.

Kolářová, Kateřina (Hg.) (2013): Jinakost – postižení – kritika: společenské konstrukty nezpůsobilosti a hendikepu: Antologie textů z oboru disability studies [Alterity—Disability—Critique: The Disability Theory Reader], Praha: Sociological Publishing (SLON).

Kotsch, Lakshmi (2012): Assistenzinteraktionen. Zur Interaktionsordnung in der persönlichen Assistenz körperbehinderter Menschen, Wiesbaden: Springer VS.

Kramer-Roy, Debbie (2015): »Using Participatory and Creative Methods to Facilitate Emancipatory Research with People Facing Multiple Disadvantage: A Role for Health and Care Professionals«, in: Disability & Society 30(8), S. 1207–1224.

Kudlick, Catherine J. (2003): »Disability History: Why We Need Another ›Other‹«, in: American Historical Review 108(3), S. 763–793.

Kudlick, Catherine/Stiker, Henri-Jacques (2016): »An Interview with Henri-Jacques Stiker, Doyen of French Disability Studies. Conducted and Translated by Catherine Kudlick, San Francisco State University«, in: Journal of Literary & Cultural Disability Studies 10(2), S. 139–154.

Kuppers, Petra (2009): »Toward a Rhizomatic Model of Disability: Poetry, Performance, and Touch«, in: Journal of Literary and Cultural Disability Studies 3(3), S. 221–240.

Laclau, Ernesto (1994): »Why Do Empty Signifiers Matter to Politics?«, in: The Lesser Evil and the Greater God, hg. von Jeffrey Weeks, London: Rivers Oram Press, S. 167–178.

Laes, Christian (Hg.) (2016): Disability in Antiquity, Abingdon/New York: Routledge.

Lane, Harlan (1984): When the Mind Hears, New York: Random House.

Lane, Harlan (1995): »Constructions of Deafness«, in: Disability & Society 10(2), S. 171–190.

Lid, Inger Marie (2015): »Vulnerability and Disability: A Citizenship Perspective«, in: Disability & Society 30(10), S. 1554–1567.

Lingelbach, Gabriele/Stoll, Jan (2013): »Die 1970er Jahre als Umbruchsphase der bundesdeutschen disability history? Eine Mikrostudie zu Selbstadvokation und Anstaltskritik Jugendlicher mit Behinderung«, in: Moving the Social 50, S. 25–52.

Lingelbach, Gabriele/Waldschmidt, Anne (2017): »Jenseits der Epochen: Perspektiven auf die allgemeine Geschichte«, in: Dis/ability History der Vormoderne. Ein Handbuch / Premodern Dis/ability History. A Companion, hg. von Cordula Nolte, Bianca Frohne, Uta Halle und Sonja Kerth, Affalterbach: Didymos, S. 50–52.

Lingelbach, Gabriele/Waldschmidt, Anne (Hg.) (2016): Kontinuitäten, Zäsuren, Brüche? Lebenslagen von Menschen mit Behinderungen in der deutschen Zeitgeschichte, Frankfurt/Main: Campus.

Linton, Simi (1998): Claiming Disability: Knowledge and Identity, New York: New York University Press.

Locht, Volker van der (1997): Von der karitativen Fürsorge zum ärztlichen Selektionsblick. Zur Sozialgeschichte der Motivstruktur der Behindertenfürsorge am Beispiel des Essener Franz-Sales-Hauses, Opladen: Leske + Budrich.

Longmore, Paul K. (1987): »Uncovering the Hidden History of People with Disabilities«, in: Reviews in American History 15(3), S. 355–364.

Longmore, Paul K./Umansky, Lauri (Hg.) (2001): The New Disability History: American Perspectives, New York: New York University Press.

Lüthi, Eliah (2021): »Mad Studies«, in: Handbuch Disability Studies, hg. von Anne Waldschmidt, Wiesbaden: Springer VS (im Erscheinen).

Lutz, Petra/Macho, Thomas/Staupe, Gisela/Zirden, Heike (Hg.) (2003): Der (im-)perfekte Mensch. Metamorphosen von Normalität und Abweichung, Köln/Weimar: Böhlau.

Malhotra, Ravi (Hg.) (2017): Disability Politics in a Global Economy: Essays in Honour of Marta Russell, Abingdon/New York: Routledge.

Malleier, Joachim (2011): Lobbying für Behinderte. Interessenvermittlung am Beispiel des europäischen Behindertenforums in der Europäischen Union, Frankfurt/Main: Peter Lang.
Marschark, Marc/Spencer, Patricia E. (Hg.) (2010): Oxford Handbook of Deaf Studies, Language and Deaf Education, Volume 2, Oxford: Oxford University Press.
Marschark, Marc/Spencer, Patricia E. (Hg.) (2011): Oxford Handbook of Deaf Studies, Language and Deaf Education, Volume 1, Oxford: Oxford University Press (2. Aufl.).
Marshall, Catherine A./Kendall, Elizabeth/Banks, Martha E./Gover, Reva Mariah S. (Hg.) (2009): Disabilities: Insights from Across Fields and Around the World, Volume 1: The Experience: Definitions, Causes, and Consequences, Westport, CT: Praeger.
Maschke, Michael (2008): Behindertenpolitik in der Europäischen Union. Lebenssituation behinderter Menschen und nationale Behindertenpolitik in 15 Mitgliedstaaten, Wiesbaden: VS Verlag für Sozialwissenschaften.
McCagg, William O./Siegelbaum, Lewis (Hg.) (1989): People with Disabilities in the Soviet Union: Past and Present, Theory and Practice, Pittsburgh: University of Pittsburgh Press.
McDonagh, Patrick/Goodey, C. F./Stainton, Tim (Hg.) (2018): Intellectual Disability: A Conceptual History 1200–1900, Manchester: Manchester University Press.
McKenzie, Judith/Mji, Gubela/Gcaza, Siphokazi (2014): »With or Without Us? An Audit of Disability Research in the Southern African Region«, in: African Journal of Disability 3(2), Article #76, 6 pages.
McRuer, Robert (2006): Crip Theory: Cultural Signs of Queerness & Disability, New York/London: New York University Press.
McRuer, Robert (2017): »Compulsory Able-Bodiedness and Queer/Disabled Existence«, in: The Disability Studies Reader, hg. von Lennard J. Davis, Abingdon/New York: Routledge (5. Aufl.), S. 396–405.
McRuer, Robert (2018): Crip Times. Disability, Globalization, and Resistance, New York: New York University Press.
McRuer, Robert/Wilkerson, Abby L. (Hg.) (2003): Desiring Disability. Queer Theory meets Disability Studies, Durham: Duke University Press.
Medeghini, Roberto/D'Alessio, Simona/Marra, Angelo/Vadalà, Giuseppe/Valtellina, Enrico (2013): Disability studies. Emancipazione, inclusione scolastica e sociale, cittadinanza, Trento: Edizioni Erickson.

Meekosha, Helen (2011): »Decolonising Disability: Thinking and Acting Globally«, in: Disability & Society 26(6), S. 667–682.
Meekosha, Helen/Shuttleworth, Russell (2009): »What's so ›Critical‹ about Critical Disability Studies?«, in: Australian Journal of Human Rights 15(1), S. 47–76.
Mercer, Geof (2002): »Emancipatory Disability Research«, in: Disability Studies Today, hg. von Colin Barnes, Mike Oliver und Len Barton, Cambridge: Polity Press, S. 228–249.
Mertens, Donna M./Sullivan, Martin/Stace, Hilary (2011): »Disability Communities: Transformative Research for Social Justice«, in: The Sage Handbook of Qualitative Research, hg. von Norman K. Denzin und Yvonna S. Lincoln, Thousand Oaks/London/New Dehli: Sage, S. 227–240.
Miles, M. (1996): »Community, Individual or Information Development? Dilemmas of Concept and Culture in South Asian Disability Planning«, in: Disability & Society 11(4), S. 485–500.
Millett-Gallant, Ann/Howie, Elizabeth (Hg.) (2017): Disability and Art History, Abingdon/New York: Routledge.
Mitchell, David T./Antebi, Susan/Snyder, Sharon L. (Hg.) (2019): The Matter of Disability: Materiality, Biopolitics, Crip Affect, Ann Arbor: University of Michigan Press.
Mitchell, David T./Snyder, Sharon L. (2000): Narrative Prosthesis: Disability and the Dependencies of Discourse, Ann Arbor: University of Michigan Press.
Mitchell, David T./Snyder, Sharon L. (2015): The Biopolitics of Disability: Neoliberalism, Ablenationalism, and Peripheral Embodiments, Ann Arbor: University of Michigan Press.
Mitchell, David T./Snyder, Sharon L. (Hg.). (1997): The Body and Physical Difference: Discourses of Disability, Ann Arbor: University of Michigan Press.
Mladenov, Teodor (2015): Critical Theory and Disability: A Phenomenological Approach, London/Oxford: Bloomsbury.
Mladenov, Teodor (2018): Disability and Postsocialism, Abingdon/New York: Routledge.
Mladenov, Teodor/Petri, Gabor (2019): »Critique of Deinstitutionalisation in Postsocialist Central and Eastern Europe«, in: Disability & So-

ciety, Ahead-of-print, S. 1-24; DOI: 10.1080/09687599.2019.1680341 (letzter Zugriff: 01.07.2020).
Möckel, Andreas (1988): Geschichte der Heilpädagogik, Stuttgart: Klett-Cotta.
Modes, Marie-Theres (2016): Raum und Behinderung. Wahrnehmung und Konstruktion aus raumsoziologischer Perspektive, Bielefeld: transcript.
Mollow, Anna (2015): »Disability Studies Gets Fat«, in: Hypatia 30(1), S. 199–216.
Mollow, Anna (2017): »Unvictimizable: Toward a Fat Black Disability Studies«, in: African American Review 50(2), S. 105–121.
Morris, Jenny (1993): »Feminism and Disability«, in: Feminist Review 43(1), S. 57–70.
Morris, Jenny (Hg.) (1996): Encounters with Strangers: Feminism and Disability, London: The Women's Press.
Müller, Arne (2015): »Dis/Ability und Prekarität. Inklusion durch Arbeit? Eine Problematisierung des Leistungsprinzips«, in: Prekarisierungen. Arbeit, Sorge, Politik, hg. von Susanne Völker und Michèle Amacker, Weinheim/Basel: Beltz Juventa, S. 111–127.
Müller, Arne (2018): Diskriminierung im Kontext von Behinderung, sozialer Lage und Geschlecht. Eine qualitative Analyse im Anschluss an Pierre Bourdieu, Bielefeld: transcript.
Mürner, Christian (1990): Behinderung als Metapher: Pädagogik und Psychologie zwischen Wissenschaft und Kunst am Beispiel von Behinderten in der Literatur, Bern/Stuttgart: Haupt.
Mürner, Christian (2003): Medien- und Kulturgeschichte behinderter Menschen. Sensationslust und Selbstbestimmung, Weinheim/Basel: Beltz.
Mürner, Christian/Sierck, Udo (2009): Krüppelzeitung. Brisanz der Behindertenbewegung, Hamburg: AG SPAK.
Murphy, Robert F. (1987): The Body Silent: The Different World of the Disabled, New York: Henry Holt.
Musenberg, Oliver (Hg.) (2013): Kultur – Geschichte – Behinderung. Die kulturwissenschaftliche Historisierung von Behinderung, Oberhausen: Athena.
Nadai, Eva/Canonica, Alan/Gonon, Anna/Rotzetter, Fabienne/Lengwiler, Martin (2019): Werten und Verwerten: Konventionen der Beschäf-

tigung von Menschen mit Behinderungen in Wirtschaft und Wohlfahrtsstaat, Wiesbaden: Springer VS.

Naue, Ursula/Waldschmidt, Anne (2021): »Politikwissenschaftliche Disability Studies«, in: Handbuch Disability Studies, hg. von Anne Waldschmidt, Wiesbaden: Springer VS (im Erscheinen).

Nguyen, Xuan Thuy (2018): »Critical Disability Studies at the Edge of Global Development: Why Do We Need to Engage with Southern Theory?«, in: Canadian Journal of Disability Studies 7(1), S. 1–23.

NIDRR – National Institute on Disability and Rehabilitation Research (1997): Building Participatory Action Research Partnerships in Disability and Rehabilitation Research, Washington: US Department of Education.

Niediek, Imke (2010): Das Subjekt im Hilfesystem. Eine Studie zur Individuellen Hilfeplanung im Unterstützten Wohnen für Menschen mit einer geistigen Behinderung, Wiesbaden: VS Verlag für Sozialwissenschaften.

Nielsen, Kim E. (2014): »Property, Disability, and the Making of the Incompetent Citizen in the United States, 1860s–1940s«, in: Disability Histories, hg. von Susan Burch und Michael A. Rembis, Urbana: University of Illinois Press, S. 308–320.

Nieß, Meike (2016): Partizipation aus Subjektperspektive: Zur Bedeutung von Interessenvertretung für Menschen mit Lernschwierigkeiten, Wiesbaden: Springer VS.

Nitschmann, Till (2015): Theater der Versehrten. Kunstfiguren zwischen Deformation und Destruktion in Theatertexten des 20. und frühen 21. Jahrhunderts, Würzburg: Königshausen und Neumann.

Nolte, Cordula (Hg.) (2009): Homo debilis. Behinderte – Kranke – Versehrte in der Gesellschaft des Mittelalters, Affalterbach: Didymos.

Nolte, Cordula (Hg.) (2013a): Phänomene der »Behinderung« im Alltag. Bausteine zu einer Disability History der Vormoderne, Affalterbach: Didymos.

Nolte, Cordula (Hg.) (2020): Dis/ability History Goes Public – Praktiken und Perspektiven der Wissensvermittlung, Bielefeld: transcript.

Nolte, Cordula (2013b): »Disability History der Vormoderne – Umrisse eines Forschungsprogramms«, in: Nolte, Cordula (Hg.): Phänomene der »Behinderung« im Alltag. Bausteine zu einer Disability History der Vormoderne, Affalterbach: Didymos, S. 11–24.

Nolte, Cordula/Frohne, Bianca/Halle, Uta/Kerth, Sonja (Hg.) (2017): Dis/ability History der Vormoderne. Ein Handbuch / Premodern Dis/ability History. A Companion, Affalterbach: Didymos.
Nosenko-Stein, Elena (2017): »›They Fear us Because We are Other‹: Attitudes Towards Disabled People in Today's Russia«, in: Salud Colectiva 13(2), S. 157–170.
Nunkoosing, Karl/Haydon-Laurelut, Mark (2012): »Intellectual Disability Trouble: Foucault and Goffman on ›Challenging Behaviour‹«, in: Disability and Social Theory: New Developments and Directions, hg. von Dan Goodley, Bill Hughes and Lennard J. Davis, Houndmills, Basingstoke/New York: Palgrave Macmillan, S. 195–211.
O'Brien, Patricia/Sullivan, Martin (2005): Allies in Emancipation: Moving from Providing Service to Being of Support, South Melbourne, Victoria: Thomson Dunmore.
Ochsner, Beate (2021): »Kulturwissenschaftliche Disability Studies«, in: Handbuch Disability Studies, hg. von Anne Waldschmidt, Wiesbaden: Springer VS (im Erscheinen).
Ochsner, Beate/Grebe, Anna (Hg.) (2013): Andere Bilder. Zur Produktion von Behinderung in der visuellen Kultur, Bielefeld: transcript.
Ochsner, Beate/Stock, Robert (Hg.) (2016): senseAbility – Mediale Praktiken des Sehens und Hörens, Bielefeld: transcript.
Oliver, Michael (1990): The Politics of Disablement: A Sociological Approach, Houndmills, Basingstoke: Macmillan Education.
Oliver, Michael (1998): »Theories of Disability in Health Practice and Research«, in: British Medical Journal 317(7170), S. 1446–1449.
Oliver, Michael (2009): Understanding Disability. From Theory to Practice, Houndmills, Basingstoke/New York: Palgrave Macmillan (2. Aufl.).
Oliver, Michael (2019): »Activism and the Academy: Losing the Ideological and Material Battles«, in: Disability & Society 34(7–8), S. 1028–1033.
Oliver, Michael/Barnes, Colin (2012): The New Politics of Disablement, Houndmills, Basingstoke/New York: Palgrave Macmillan.
Oliver, Mike (1992): »Changing the Social Relations of Research Production?«, in: Disability & Society 7(2), S. 101–114.
Oliver, Mike/Sapey, Bob/Thomas, Pam (1983): Social Work with Disabled People, Basingstoke: Macmillan.
Osten, Philipp (2004): Die Modellanstalt. Über den Aufbau einer »modernen Krüppelfürsorge«, Frankfurt/Main: Mabuse.

Otten, Matthias (2020): »Kategorisierung und Repräsentation: Methodologische Grenzerkundungen zur Forschung über Flucht und Behinderung«, in: Disability Studies im deutschsprachigen Raum. Zwischen Emanzipation und Vereinnahmung, hg. von David Brehme, Petra Fuchs, Swantje Köbsell und Carla Wesselmann, Weinheim/Basel: Beltz Juventa, S. 151–157.

Owusu-Ansah, Frances E./Mji, Gubela (2013): »African Indigenous Knowledge and Research«, in: African Journal of Disability 2(1), Article #30, 5 pages.

Parsons, Talcott (1958): »Struktur und Funktion der modernen Medizin. Eine soziologische Analyse«, in: Probleme der Medizinsoziologie. Sonderheft 3 der Kölner Zeitschrift für Soziologie und Sozialpsychologie, hg. von René König und Margret Tönnesmann, Opladen: Westdeutscher Verlag, S. 10–57.

Pfahl, Lisa (2011): Techniken der Behinderung. Der deutsche Lernbehinderungsdiskurs, die Sonderschule und ihre Auswirkungen auf Bildungsbiografien, Bielefeld: transcript.

Pfahl, Lisa/Schönwiese, Volker (2021): »Disability Studies in der Erziehungswissenschaft«, in: Handbuch Disability Studies, hg. von Anne Waldschmidt, Wiesbaden: Springer VS (im Erscheinen).

Pfeiffer, David (2002): »The Philosophical Foundations of Disability Studies«, in: Disability Studies Quarterly 22(2), S. 3–23; Link: http://dsq-sds.org /article/view/341/429 (letzter Zugriff: 19.02.2019)

Pieper, Marianne (2016): »Assemblagen von Rassismus und Ableism. Selektive Inklusion und die Fluchtlinien affektiver Politiken in emergenten Assoziationen«, in: movements 2(1), S. 91–116.

Pieper, Marianne/Mohammadi, Jamal Haji (2014): »Partizipation mehrfach diskriminierter Menschen am Arbeitsmarkt. Ableism und Rassismus – Barrieren des Zugangs«, in: Behinderung und Migration. Inklusion, Diversität, Intersektionalität, hg. von Gudrun Wansing und Manuela Westphal, Wiesbaden: Springer VS, S. 221–254.

Pinto, Paula Campos (2018): »From Rights to Reality: Of Crisis, Coalitions, and the Challenge of Implementing Disability Rights in Portugal«, in: Social Policy & Society 17(1), S. 133–150.

Poore, Carol (2007): Disability in Twentieth Century German Culture, Ann Arbor: University of Michigan Press.

Pothier, Dianne/Devlin, Richard (Hg.) (2006): Critical Disability Theory, Vancouver: UBC Press.
Powell, Justin J.W. (2011): Barriers to Inclusion: Special Education in the United States and Germany, Boulder: Paradigm Publishers.
Priestley, Mark (1998): »Constructions and Creations: Idealism, Materialism and Disability Theory«, in: Disability & Society 13(1), S. 75–94.
Priestley, Mark (2003): Disability: A Life Course Approach, Cambridge: Polity Press.
Priestley, Mark (2007): »In Search of European Disability Policy: Between National and Global«, in: ALTER: European Journal of Disability Research | Revue Européenne de Recherche sur le Handicap 1(1), S. 61–74.
Priestley, Mark/Stickings, Martha/Loja, Ema/Grammenos, Stefanos/Lawson, Anna/Waddington, Lisa/Fridriksdottir, Bjarney (2016): »The Political Participation of Disabled People in Europe: Rights, Accessibility and Activism«, in: Electoral Studies 42, S. 1–9.
Priestley, Mark/Waddington, Lisa/Bessozi, Charlotta (2010): »Towards an Agenda for Disability Research in Europe: Learning from Disabled People's Organisations«, in: Disability & Society 25(6), S. 731–746.
Puar, Jasbir K. (2015): »Bodies with New Organs. Becoming Trans, Becoming Disabled«, in: Social Text 33(3), S. 45–73.
Puar, Jasbir K. (2017): The Right to Maim: Debility, Capacity, Disability, Durham, NC: Duke University Press.
Quinn, Gerard/Degener, Theresia (2002): Human Rights and Disability: The Current Use and Future Potential of United Nations Human Rights Instruments in the Context of Disability, New York/Genf: United Nations.
Raab, Heike (2007): »Intersektionalität in den Disability Studies. Zur Interdependenz von Disability, Heteronormativität und Gender«, in: Disability Studies, Kultursoziologie und Soziologie der Behinderung. Erkundungen in einem neuen Forschungsfeld, hg. von Anne Waldschmidt und Werner Schneider, Bielefeld: transcript, S. 127–151.
Raab, Heike (2010): »Shifting the Paradigm. ›Behinderung, Heteronormativität und Queerness‹«, in: Gendering Disability. Intersektionale Aspekte von Behinderung und Geschlecht, hg. von Jutta Jacob, Swantje Köbsell und Eske Wollrad, Bielefeld: transcript, S. 73–94.

Raab, Heike/Ledder, Simon (2021): »Disability Studies und Gender & Queer Studies«, in: Handbuch Disability Studies, hg. von Anne Waldschmidt, Wiesbaden: Springer VS (im Erscheinen).
Rassell, Michael/Iarskaia-Smirnova, Elena (Hg.) (2014): Disability in Eastern Europe and the Former Soviet Union, London: Routledge.
Reaume, Geoffrey (2012): »Disability History in Canada: Present Work in the Field and Future Prospects«, in: The Canadian Journal of Disability Studies 1(1), S. 35–81.
Reed-Sandovala, Amy/Sirvent, Roberto (2019): »Editorial: Disability and the Decolonial Turn: Perspectives from the Americas«, in: Disability and the Global South 6(1), S. 1553–1561.
Reeve, Donna (2012): »Cyborgs, Cripples and iCrip: Reflections on the Contribution of Haraway to Disability Studies«, in: Disability and Social Theory: New Developments and Directions, hg. von Dan Goodley, Bill Hughes and Lennard J. Davis, Houndmills, Basingstoke/New York: Palgrave Macmillan, S. 91–111.
Rembis, Michael (2019): Disability. A Reference Handbook, Santa Barbara, California: ABC-CLIO.
Rembis, Michael (2020): »Challenging the Impairment/Disability Divide: Disability History and the Social Model of Disability«, in: Routledge Handbook of Disability Studies, hg. von Nick Watson und Simo Vehmas, Abingdon/New York: Routledge (2., vollständig rev. u. erw. Aufl.), S. 377–390.
Rembis, Michael/Kudlick, Catherine/Nielsen, Kim E. (Hg.) (2018): The Oxford Handbook of Disability History, Oxford: Oxford University Press.
Rioux, Marcia H./Bach, Michael (Hg.) (1994): Disability Is Not Measles, North York, Ontario: G Allan Roeher Inst Kinsman.
Ritzmann, Iris (2008): Sorgenkinder: Kranke und behinderte Mädchen und Jungen im 18. Jahrhundert, Köln/Weimar/Wien: Böhlau.
Robertson, Steve/Smith, Brett (2014): »Men, Masculinities and Disability«, in: Disabling Barriers – Enabling Environments, hg. von John Swain, Sally French, Colin Barnes und Carol Thomas, Thousand Oaks/London/New Delhi: Sage (3. Aufl.), S. 78–84.
Roets, Griet/Braidotti Rosi (2012): »Nomadology and Subjectivity: Deleuze, Guattari and Critical Disability Studies«, in: Disability and Social Theory: New Developments and Directions, hg. von Dan Good-

ley, Bill Hughes and Lennard J. Davis, Houndmills, Basingstoke/New York: Palgrave Macmillan, S. 161–178.
Rombach, Fabian/Kellermann, Gudrun (2021): »Deaf Studies«, in: Handbuch Disability Studies, hg. von Anne Waldschmidt, Wiesbaden: Springer VS (im Erscheinen).
Römisch, Kathrin (2011): Entwicklung weiblicher Lebensentwürfe unter Bedingungen geistiger Behinderung, Bad Heilbrunn: Julius Klinkhardt.
Rose, Diana (2017): »Service User/Survivor-Led Research in Mental Health: Epistemological Possibilities«, in: Disability & Society 32(6), S. 773–789.
Rosenthal, Keith (Hg.) (2019): Capitalism and Disability. Selected Writings by Marta Russell, Chicago: Haymarket Books.
Rößler, Carl-Wilhelm (2021): »Rechtswissenschaft in den Disability Studies«, in: Handbuch Disability Studies, hg. von Anne Waldschmidt, Wiesbaden: Springer VS (im Erscheinen).
Roulstone, Alan (2013): »Disability Research in the Nordic Context – Progress and Challenges in Investment Welfare States 1970–2013«, in: Scandinavian Journal of Disability Research 15(Supplement), S. 1–12.
Roussel, Céline/Vennetier, Soline (Hg.) (2019): Discours et représentations du handicap. Perspectives culturelles, Paris: Éditions Classiques Garnier.
Rudloff, Wilfried (2003): »Überlegungen zur Geschichte der bundesdeutschen Behindertenpolitik«, in: Zeitschrift für Sozialreform 49(6), S. 863–886.
Rudloff, Wilfried (2016): »Lebenslagen, Aufmerksamkeitszyklen und Periodisierungsprobleme der bundesdeutschen Behindertenpolitik bis zur Wiedervereinigung«, in: Kontinuitäten, Zäsuren, Brüche? Lebenslagen von Menschen mit Behinderungen in der deutschen Zeitgeschichte, hg. von Gabriele Lingelbach und Anne Waldschmidt, Frankfurt/Main: Campus, S. 54–81.
Russno, Jasna (2012): »Survivor-Controlled Research: A New Foundation for Thinking About Psychiatry and Mental Health«, in: FQS – Forum: Qualitative Sozialforschung 13(1), Art. 8, ohne Seiten.
Saerberg, Siegfried (2006): »Geradeaus ist einfach immer geradeaus«. Eine lebensweltliche Ethnographie blinder Raumorientierung, Konstanz: UVK.

Saerberg, Siegfried (2021): »Disability Culture & Disability Arts«, in: Handbuch Disability Studies, hg. von Anne Waldschmidt, Wiesbaden: Springer VS (im Erscheinen).

Samuels, Ellen (2002): »Critical Divides: Judith Butler's Body Theory and the Question of Disability«, in: National Women's Studies Association Journal 14(3), S. 58–76.

Sandahl, Carrie/Auslander, Philipp/Phelan, Peggy (Hg.) (2006): Bodies in Commotion: Disability and Performance, Ann Arbor: University of Michigan Press.

Sanmiquel-Molinero, Laura/Pujol-Tarrés, Joan (2019): »Putting Emotions to Work: the Role of Affective Disablism and Ableism in the Constitution of the Dis/abled Subject«, in: Disability & Society 35(4), S. 542–569.

Scalenghe, Sara (2014): Disability in the Ottoman Arab World 1500–1800, New York: Cambridge University Press.

Scharf, Bertold/Schlund, Sebastian/Stoll, Jan (2019): »Segregation oder Integration? Gesellschaftliche Teilhabe von Menschen mit Behinderungen in der DDR«, in: Geschichte in Wissenschaft und Unterricht 70(1/2), S. 52–71.

Schillmeier, Michael (2007): »Zur Politik des Behindert-Werdens. Behinderung als Erfahrung und Ereignis«, in: Disability Studies, Kultursoziologie und Soziologie der Behinderung. Erkundungen in einem neuen Forschungsfeld, hg. von Anne Waldschmidt und Werner Schneider, Bielefeld: transcript, S. 79–99.

Schillmeier, Michael (2010): Rethinking Disability. Bodies, Senses and Things, Abingdon/New York: Routledge.

Schillmeier, Michael (2014): Eventful Bodies. The Cosmopolitics of Illness, Abingdon/New York: Routledge.

Schipper, Imanuel (Hg.) (2012): Ästhetik versus Authentizität? Reflexionen über die Darstellung von und mit Behinderung, Berlin: Theater der Zeit.

Schlegel, Rouven (2017): »Beyond Judgment: Towards Critical Disability Studies«, in: Culture – Theory – Disability. Encounters between Disability Studies and Cultural Studies, hg. von Anne Waldschmidt, Hanjo Berressem und Moritz Ingwersen, Bielefeld: transcript, S. 103–109.

Schlund, Sebastian (2017): »Behinderung« überwinden? Organisierter Behindertensport in der Bundesrepublik Deutschland (1950–1990), Frankfurt/Main: Campus.
Schmidt, Marion/Werner, Anja (Hg.) (2019): Zwischen Fremdbestimmung und Autonomie. Neue Impulse zur Gehörlosengeschichte in Deutschland, Österreich und der Schweiz, Bielefeld: transcript.
Schmidt, Patrick (2017): Bettler, Kriegsinvaliden, Körpersensationen. Beeinträchtigte Menschen in printmedialen Diskursen des 17. und 18. Jahrhunderts, Frankfurt/Main: Campus.
Schmuhl, Hans-Walter (1987): Rassenhygiene, Nationalsozialismus, Euthanasie. Von der Verhütung zur Vernichtung »lebensunwerten Lebens«, 1890–1945, Göttingen: Vandenhoeck & Ruprecht.
Schmuhl, Hans-Walter (2010): Exklusion und Inklusion durch Sprache – Zur Geschichte des Begriffs Behinderung, Berlin: IMEW.
Schmuhl, Hans-Walter/Winkler, Ulrike (Hg.) (2013): Welt in der Welt. Heime für Menschen mit geistiger Behinderung in der Perspektive der Disability History, Stuttgart: Kohlhammer.
Schneider, Werner (2005): »Der Prothesen-Körper als gesellschaftliches Grenzproblem«, in: Soziologie des Körpers, hg. von Markus Schroer, Frankfurt/Main: Suhrkamp, S. 371–397.
Schneider, Werner/Waldschmidt, Anne (2012): »Disability Studies. (Nicht-)Behinderung anders denken«, in: Kultur. Von den Cultural Studies bis zu den Visual Studies. Eine Einführung, hg. von Stephan Moebius, Bielefeld: transcript, S. 128–150.
Schönwiese, Volker (1982): »Die Einbeziehung Betroffener in die Rehabilitationsforschung. Referat bei dem Symposium ›Rehabilitationsforschung in Österreich‹ des Instituts für Arbeitswissenschaftliche Forschung«, Wien, 25.9.1981, in: Schriftenreihe Arbeitswissenschaftliche Forschung 3, S. 13–15.
Schönwiese, Volker (2020): »Partizipativ und emanzipatorisch: Ansprüche an Forschung im Kontext der Disability Studies«, in: Disability Studies im deutschsprachigen Raum. Zwischen Emanzipation und Vereinnahmung, hg. von David Brehme, Petra Fuchs, Swantje Köbsell und Carla Wesselmann, Weinheim/Basel: Beltz Juventa, S. 114–131.
Schreiner, Mario (2017): Teilhabe am Arbeitsleben. Die Werkstatt für behinderte Menschen aus Sicht der Beschäftigten, Wiesbaden: Springer VS.

Schulz, Miklas (2017): Hören als Praxis. Sinnliche Wahrnehmungsweisen technisch (re-)produzierter Sprache, Wiesbaden: Springer VS.
Schulz, Miklas/Geese, Natalie (2021): »Critical Blindness Studies«, in: Handbuch Disability Studies, hg. von Anne Waldschmidt, Wiesbaden: Springer VS (im Erscheinen).
Schur, Lisa/Kruse, Douglas/Blanck, Peter (2013): People with Disabilities: Sidelined or Mainstreamed? New York: Cambridge University Press.
Schweik, Susan M. (2010): The Ugly Laws: Disability in Public, New York: New York University Press.
Scott, Joan W. (1986): »Gender: A Useful Category of Historical Analysis«, in: The American Historical Review 91, S. 1053–1075.
Scott, Robert A. (1969): The Making of Blind Men – A Study of Adult Socialization, New York: Russell Sage Foundation.
Seekins, Tom/White, Glen W. (2013): »Participatory Action Research Designs in Applied Disability and Rehabilitation Science: Protecting Against Threats to Social Validity«, in: Archives of Physical Medicine and Rehabilitation 94(1 Suppl 1), S. 20–29.
Shah, Sonali/Mark Priestley (2011): Disability and Social Change. Private Lives and Public Policies, Bristol: Polity Press.
Shakespeare, Tom (1994): »Cultural Representation of Disabled People: Dustbins for Disavowal?«, in: Disability & Society 9(3), S. 283–299.
Shakespeare, Tom (1996): »Rules of Engagement: Doing Disability Research«, in: Disability & Society 11(1), S. 115–119.
Shakespeare, Tom (2006): Disability Rights and Wrongs, Abingdon/New York: Routledge.
Shakespeare, Tom (Hg.) (1998): The Disability Reader: Social Science Perspectives, London: Continuum.
Shakespeare, Tom/Watson, Nicholas (2002): »The Social Model of Disability: An Outdated Ideology?«, in: Research in Social Science and Disability 2, S. 9–28.
Sherry, Mark (2008): Disability and Diversity. A Sociological Perspective, New York: Nova Science Publishers.
Shildrick, Margrit (2002): Embodying the Monster: Encounters with the Vulnerable Self, Thousand Oaks/London/New Delhi: Sage.
Shildrick, Margrit (2009): Dangerous Discourses: Subjectivity, Sexuality and Disability, Houndmills, Basingstoke/New York: Palgrave Macmillan.

Shildrick, Margrit (2017): »Border Crossing. The Technologies of Disability and Desire«, in: Culture – Theory – Disability. Encounters between Disability Studies and Cultural Studies, hg. von Anne Waldschmidt, Hanjo Berressem und Moritz Ingwersen, Bielefeld: transcript, S. 137–152.

Shildrick, Margrit (2020): »Critical Disability Studies. Rethinking the Conventions for the Age of Postmodernity«, in: Routledge Handbook of Disability Studies, hg. von Nick Watson und Simo Vehmas, Abingdon/New York: Routledge (2., vollständig rev. u. erw. Aufl.), S. 32–44.

Siebers, Tobin (2001): Disability Theory, Ann Arbor: University of Michigan Press.

Siebers, Tobin (2009): Zerbrochene Schönheit. Essays über Kunst, Ästhetik und Behinderung, Bielefeld: transcript.

Siebers, Tobin (2010): Disability Aesthetics, Ann Arbor: University of Michigan Press.

Sierck, Udo (2019): Macht und Gewalt – Tabuisierte Realitäten in der Behindertenhilfe, Weinheim/Basel: Beltz Juventa.

Sierck, Udo/Radtke, Nati (1989): Die Wohltäter-Mafia. Vom Erbgesundheitsgericht zur Humangenetischen Beratung, Frankfurt/Main: Mabuse (erw. Neuaufl.).

Slorach, Roddy (2016): A Very Capitalist Condition: A History and Politics of Disability, London: Bookmarks Publications.

Smith, Bonnie G./Hutchinson, Beth (Hg.) (2004): Gendering Disability, New Jersey: Rutgers University Press.

Snyder, Sharon L./Brueggemann, Brenda J./Garland-Thomson, Rosemarie (Hg.) (2002): Disability Studies: Enabling the Humanities, New York: Modern Language Association Press.

Snyder, Sharon L./Mitchell, David T. (2001): »Re-Engaging the Body: Disability Studies and the Resistance to Embodiment«, in: Public Culture 13(3), S. 367–389.

Snyder, Sharon L./Mitchell, David T. (2006a): Cultural Locations of Disability, Chicago: University of Chicago Press.

Snyder, Sharon L./Mitchell, David T. (2006b): »Afterword – Regulated Bodies: Disability Studies and the Controlling Bodies«, in: Social Histories of Disability and Deformity: Bodies, Images and Experiences, hg. von David M. Turner und Kevin Stagg, Abingdon/New York: Routledge, S. 175–189

Snyder, Sharon L./Mitchell, David T. (2006c): »Diversity«, in: Encyclopedia of Disability, Volume 1, hg. von Gary L. Albrecht, Thousand Oaks/London/New Delhi: Sage, S. 508–510.
Söder, Mårten (2009): »Tensions, Perspectives and Themes in Disability Studies«, in: Scandinavian Journal of Disability Research 11(2), S. 67–81.
Söder, Mårten (2013): »Swedish Social Disability Research: A Short Version of a Long Story«, in: Scandinavian Journal of Disability Research 15(Supplement), S. 90–107.
Söderfeldt, Ylva (2013): From Pathology to Public Sphere. The German Deaf Movement 1848–1914, Bielefeld: transcript.
Soldatic, Karen (2020): »Social Suffering in the Neoliberal Age. Surplusisty and the Partially Disabled Subject«, in: Routledge Handbook of Disability Studies, hg. von Nick Watson und Simo Vehmas, Abingdon/New York: Routledge (2., vollständig rev. u. erw. Aufl.), S. 237–240.
Soldatic, Karen/Meekosha, Helen (Hg.) (2014): The Global Politics of Impairment and Disability. Processes and Embodiments, Abingdon/New York: Routledge.
Spöhrer, Markus (2016): »Wie ich zum CI-Borg wurde: Das Cochlea-Implantat und die Übersetzungen des transhumanen Körpers«, in: Body Politics 3, S. 309–327.
Spöhrer, Markus (2017): »A Cyborg Perspective: The Cochlear Implant and Actor-Networking Perception«, in: Applying the Actor-Network Theory in Media Studies, hg. von Markus Spöhrer und Beate Ochsner, Hershey, PA: IGI Global, S. 80–95.
Spörke, Michael (2008): Behindertenpolitik im aktivierenden Staat. Eine Untersuchung über die wechselseitigen Beziehungen zwischen Behindertenverbänden und Staat, Kassel: kassel university press.
Stammberger, Birgit (2011): Monster und Freaks. Eine Wissensgeschichte außergewöhnlicher Körper im 19. Jahrhundert, Bielefeld: transcript.
Stienstra, Deborah (2020): »Race/Ethnicity and Disability Studies: Towards an Explicitly Intersectional Approach«, in: Routledge Handbook of Disability Studies, hg. von Nick Watson und Simo Vehmas, Abingdon/New York: Routledge (2., vollständig rev. u. erw. Aufl.), S. 453–466.
Stiker, Henri-Jacques (2007): »The Contribution of Human Sciences to the Field of Disability in France over Recent Decades«, in: Scandinavian Journal of Disability Research 9(3-4), S. 146–159.

Stiker, Henri-Jacques (2013): Corps infirmes et sociétés. Essais d'anthropologie historique, Paris: Éditions Dunod (3. Aufl.).
Stoll, Jan (2014): »›Behinderung‹ als Kategorie sozialer Ungleichheit. Entstehung und Entwicklung der ›Lebenshilfe für das geistig behinderte Kind‹ in der Bundesrepublik in den 1950er und 1960er Jahren«, in: Archiv für Sozialgeschichte 54, S. 169–192.
Stoll, Jan (2017): Behinderte Anerkennung? Interessenorganisationen von Menschen mit Behinderung in Westdeutschland seit 1945, Frankfurt/Main: Campus.
Stone, Emma/Priestley, Mark (1996): »Parasites, Pawns and Partners: Disability Research and the Role of Non-Disabled Researchers«, in: The British Journal of Sociology 47(4), S. 699–716.
Strnadová, Iva/Walmsley, Jan/Johnson, Kelley/Cumming, Therese M. (2016): »Diverse Faces of Inclusive Research: Reflecting on Three Research Studies«, in: Scandinavian Journal of Disability Research 18(1), S. 52–64.
Stroman, Duane F. (2003): The Disability Rights Movement. From Deinstitutionalization to Self-Determination, Lanham/New York/Oxford: University Press of America.
Swain, John/French, Sally (2000): »Towards an Affirmation Model of Disability«, in: Disability & Society 15(4), S. 569–582.
Swain, John/French, Sally/Barnes, Colin/Thomas, Carol (Hg.) (2014): Disabling Barriers – Enabling Environments, Thousand Oaks/London/New Delhi: Sage (3., überarb. Aufl.).
Tacke, Alexandra (Hg.) (2016): Blind Spots – eine Filmgeschichte der Blindheit vom frühen Stummfilm bis in die Gegenwart, Bielefeld: transcript.
Tervooren, Anja (2002): »Freak-Shows und Körperinszenierungen. Kulturelle Konstruktionen von Behinderung«, in: Behindertenpädagogik 41(2), S. 173–184.
Tervooren, Anja (2003): »Der verletzliche Körper. Überlegungen zu einer Systematik der Disability Studies«, in: Kulturwissenschaftliche Perspektiven der Disability Studies. Tagungsdokumentation, hg. von Anne Waldschmidt, Kassel: bifos e.V., S. 37–48.
Thomas, Carol (1999): Female Forms. Experiencing and Understanding Disability, Buckingham/Philadelphia: Open University Press.

Thomas, Carol (2007): Sociologies of Disability and Illness, Contested Ideas in Disability Studies and Medical Sociology, Houndmills, Basingstoke/New York: Palgrave Macmillan.
Thompson, Hannah (2017): »French and Francophone Disability Studies«, in: French Studies 71(2), S. 243–251.
Titchkosky, Tanya (2015): »Normal«, in: Keywords for Disability Studies, hg. von Rachel Adams, Benjamin Reiss und David Serlin, New York/London: New York University Press, S. 130–133.
Titchkosky, Tanya/Michalko, Rod (2012): »The Body as the Problem of Individuality: A Phenomenological Disability Studies Approach«, in: Disability and Social Theory: New Developments and Directions, hg. von Dan Goodley, Bill Hughes and Lennard J. Davis, Houndmills, Basingstoke/New York: Palgrave Macmillan, S. 127–142.
Traustadóttir, Rannveig/Sigurjónsdóttir, Hanna B./Egilson, Snæfríður T. (2013): »Disability Studies in Iceland: Past, Present and Future«, in: Scandinavian Journal of Disability Research 15(Supplement), S. 55–70.
Tremain, Shelley (2000): »Queering Disabled Sexuality Studies«, in: Sexuality and Disability 18(4), S. 291–299.
Tremain, Shelley (2001): »On the Government of Disability«, in: Social Theory and Practice 27(4), S. 617–636.
Tremain, Shelley (2002): »On the Subject of Impairment«; in: Disability/Postmodernity: Embodying Disability Theory, edited by Mairian Corker und Tom Shakespeare, London: Continuum, S. 32–47.
Tremain, Shelley (2006): »On the Government of Disability: Foucault, Power, and the Subject of Impairment«, in: The Disability Studies Reader, hg. von Lennard J. Davis, Abingdon/New York: Routledge, S. 185–196.
Tremain, Shelley (2017): Foucault and Feminist Philosophy of Disability, Ann Arbor: University of Michigan Press.
Tremain, Shelley (Hg.) (2015): Foucault and the Government of Disability, Ann Arbor: University of Michigan Press (2., erw. u. überarb. Aufl.).
Tschanz, Christoph/Staub, Ivo (2017): »Disability-Policy Models in European Welfare Regimes: Comparing the Distribution of Social Protection, Labour-Market Integration and Civil Rights«, Disability & Society 32(8), S. 1199–1215.
Turner, Bryan S. (2001): Disability and the Sociology of the Body, in: Handbook of Disability Studies, hg. von Gary L. Albrecht, Katherine

D. Seelman und Michael Bury, Thousand Oaks/London/New Dehli: Sage, S. 252–266.
Turner, David M. (2012): Disability in Eighteenth-Century England: Imagining Physical Impairment, New York: Routledge.
Turner, David M./Stagg, Kevin (Hg.) (2006): Social Histories of Disability and Deformity: Bodies, Images and Experiences, Abingdon/New York: Routledge.
Unger, Hella von (2012): »Partizipative Gesundheitsforschung: Wer partizipiert woran?«, in: FQS – Forum: Qualitative Sozialforschung 13(1), Art. 7, ohne Seiten.
Unger, Hella von (2014): Partizipative Forschung, Wiesbaden: Springer VS.
Unger, Hella von (2018): »Partizipative Forschung«, in: Handbuch Interpretativ forschen, hg. von Leila Akremi, Boris Traue, Hubert Knoblauch und Nina Baur, Weinheim/Basel: Beltz Juventa, S. 161–182.
Unger, Hella von/Block, Martina/Wright, Michael T. (2007): Aktionsforschung im deutschsprachigen Raum: Zur Geschichte und Aktualität eines kontroversen Ansatzes aus Public Health Sicht. Wissenschaftszentrum Berlin für Sozialforschung, Forschungsschwerpunkt Arbeit, Sozialstruktur und Sozialstaat, Forschungsgruppe Public Health, Discussion Paper 2007-303. Berlin: Wissenschaftszentrum Berlin für Sozialforschung.
United Nations (UN), Enable (Hg.) (2006): »Convention on the Rights of Persons with Disabilities and Optional Protocol«. United Nations General Assembly, A/61/611, Distr.: General, 6 December 2006, New York: United Nations; Link: http://www.un.org/esa/socdev/enable/rights/convtexte.htm (03.07.2020).
UPIAS/Disability Alliance (1976). »Fundamental Principles of Disability«. Being a Summary of the Discussion Held on 22nd November, 1975, and Containing Commentaries from Each Organization. London: Union of the Physically Impaired Against Segregation; Link: https://disability-studies.leeds.ac.uk/wp-content/uploads/sites/40/library/UPIAS-fundamental-principles.pdf (letzter Zugriff: 17.07.2018).
Vann, Barbara H./Šiska, Jan (2006): »From ›Cage Beds‹ to Inclusion: the Long Road for Individuals with Intellectual Disability in the Czech Republic«, in: Disability & Society 21(5), S. 425–439.

Vehmas, Simo/Watson, Nick (2016): »Exploring Normativity in Disability Studies«, in: Disability & Society 31(1), S. 1–16.
Waddington, Lisa/Quinn, Gerard/Flynn, Eilionóir (Hg.) (2009–2015): European Yearbook of Disability Law, Volumes 1–5, Cambridge: Intersentia.
Waldschmidt, Anne (1997): »Distanz oder Parteilichkeit? Behinderte Frauen als Objekte und Subjekte der Forschung«, in: Geschlechterverhältnisse in der Behindertenpädagogik. Subjekt/Objekt-Verhältnisse in Wissenschaft und Praxis, hg. von Wolfgang Jantzen, Luzern: Edition der Schweizerischen Zentralstelle für Heilpädagogik, S. 179–188.
Waldschmidt, Anne (1998): »Flexible Normalisierung oder stabile Ausgrenzung: Veränderungen im Verhältnis Behinderung und Normalität«, in: Soziale Probleme 9(1/2), S. 3–25.
Waldschmidt, Anne (2003a): Kulturwissenschaftliche Perspektiven der Disability Studies. Tagungsdokumentation, Kassel: bifos e.V.
Waldschmidt, Anne (2003b): »Ist Behindertsein normal? Behinderung als flexibelnormalistisches Dispositiv«, in: Wie man behindert wird. Texte zur Konstruktion einer sozialen Rolle und zur Lebenssituation betroffener Menschen, hg. von Günther Cloerkes, Heidelberg: Universitätsverlag Winter, S. 83–101.
Waldschmidt, Anne (2005): »Disability Studies: Individuelles, soziales und/oder kulturelles Modell von Behinderung?«, in: Psychologie & Gesellschaftskritik 29(1), S. 9–31.
Waldschmidt, Anne (2007a): »Behinderte Körper: Stigmatheorie, Diskurstheorie und Disability Studies im Vergleich«, in: Marginalisierte Körper. Beiträge zur Soziologie und Geschichte des anderen Körpers, hg. von Torsten Junge und Imke Schmincke, Münster: Unrast, S. 27–43.
Waldschmidt, Anne (2007b): »Die Macht der Normalität: Mit Foucault ›(Nicht-)Behinderung‹ neu denken«, in: Michel Foucaults Machtanalytik und Soziale Arbeit. Eine kritische Einführung und Bestandsaufnahme, hg. von Roland Anhorn, Frank Bettinger und Johannes Stehr, Wiesbaden: VS Verlag für Sozialwissenschaften, S. 119–133.
Waldschmidt, Anne (2009): »Disability Policy of the European Union: The Supranational level«, in: ALTER: European Journal of Disability Research | Revue Européenne de Recherche sur le Handicap 3(1), S. 8–23.

Waldschmidt, Anne (2010): »Das Mädchen Ashley oder: Intersektionen von Behinderung, Normalität und Geschlecht«, in: Gendering Disability. Intersektionale Aspekte von Behinderung und Geschlecht, hg. von Jutta Jacob, Swantje Köbsell und Eske Wollrad, Bielefeld: transcript, S. 35–60.
Waldschmidt, Anne (2011): »Symbolische Gewalt, Normalisierungsdispositiv und/oder Stigma? Soziologie der Behinderung im Anschluss an Goffman, Foucault und Bourdieu«, in: Österreichische Zeitschrift für Soziologie 36(4), S. 89–106.
Waldschmidt, Anne (2012): Selbstbestimmung als Konstruktion. Alltagstheorien behinderter Frauen und Männer, Wiesbaden: VS Verlag für Sozialwissenschaften (2., korr. Aufl.).
Waldschmidt, Anne (2013a): »Eine andere Geschichte schreiben? Überlegungen zur Historiografie von ›Behinderung‹ im Anschluss an die Disability Studies«, in: Kultur – Geschichte – Behinderung. Die kulturwissenschaftliche Historisierung von Behinderung, hg. von Oliver Musenberg, Oberhausen: Athena, S. 101–120.
Waldschmidt, Anne (2013b): »Geschlecht und Behinderung intersektional denken: Anschlüsse an Gender Studies und Disability Studies«, in: Gender in Bewegung. Aktuelle Spannungsfelder der Queer und Gender Studies, hg. von Elke Kleinau, Dirk Schulz und Susanne Völker, Bielefeld: transcript, S. 151–163.
Waldschmidt, Anne (2014a): »Jenseits der doppelten Diskriminierung? Disability, Gender und die Intersektionalitätsdebatte«, in: Vielfalt und Zusammenhalt. Verhandlungen des 36. Kongresses der Deutschen Gesellschaft für Soziologie in Bochum und Dortmund 2012, Teilband 2, hg. von Martina Löw, Frankfurt/Main: Campus, S. 871–883.
Waldschmidt, Anne (2014b): »Macht der Differenz: Perspektiven der Disability Studies auf Diversität, Intersektionalität und soziale Ungleichheit«, in: Soziale Probleme 25(2), S. 173–193.
Waldschmidt, Anne (2015): »Who is normal? Who is deviant? ›Normality‹ and ›Risk‹ in Genetic Diagnostics and Counseling«, in: Foucault and the Government of Disability, hg. von Shelley Tremain, Ann Arbor: University of Michigan Press (2., erw. u. überarb. Aufl.), S. 191–207.
Waldschmidt, Anne (2018): »Disability – Culture – Society: Strengths and Weaknesses of a Cultural Model of Dis/ability«, in: ALTER: European

Journal of Disability Research | Revue Européenne de Recherche sur le Handicap 12(2), S. 67–80.
Waldschmidt, Anne (2019): »Behindertenpolitik (in) der Europäischen Union: Geschichte und aktueller Stand«, in: Aufbrüche und Barrieren. Behindertenpolitik und Behindertenrecht in Deutschland und Europa seit den 1970er Jahren, hg. von Theresia Degener und Marc von Miquel, Bielefeld: transcript, S. 79–105.
Waldschmidt, Anne (Hg.) (2021): Handbuch Disability Studies, Wiesbaden: Springer VS (im Erscheinen).
Waldschmidt, Anne/Berressem, Hanjo/Ingwersen, Moritz (Hg.) (2017): Culture – Theory – Disability. Encounters between Disability Studies and Cultural Studies, Bielefeld: transcript.
Waldschmidt, Anne/Bösl, Elsbeth (2017): »Nacheinander/Miteinander: Disability Studies und Disability History«, in: Dis/ability History der Vormoderne. Ein Handbuch / Premodern Dis/ability History. A Companion, hg. von Cordula Nolte, Bianca Frohne, Uta Halle und Sonja Kerth, Affalterbach: Didymos, S. 40–49.
Waldschmidt, Anne/Karačić, Anemari/Sturm, Andreas/Dins, Timo (2015): »›Nothing About Us Without Us‹: Disability Rights Activism in European Countries – A Comparative Analysis«, in: Moving the Social 53, S. 103–137.
Waldschmidt, Anne/Karim, Sarah/Ledder, Simon (2020): »Wie lässt sich ›dis/ability‹ mit Hilfe des Dispositivkonzepts nach Michel Foucault theoretisch denken und empirisch untersuchen? Eine Einführung«, in: Disability Studies im deutschsprachigen Raum. Zwischen Emanzipation und Vereinnahmung, hg. von David Brehme, Petra Fuchs, Swantje Köbsell und Carla Wesselmann, Weinheim/Basel: Beltz Juventa, S. 158–164.
Waldschmidt, Anne/Schillmeier, Michael (2021): »Theorieansätze in den Disability Studies«, in: Handbuch Disability Studies, hg. von Anne Waldschmidt, Wiesbaden: Springer VS (im Erscheinen).
Waldschmidt, Anne/Schneider, Werner (Hg.) (2007): Disability Studies, Kultursoziologie und Soziologie der Behinderung. Erkundungen in einem neuen Forschungsfeld, Bielefeld: transcript.
Waldschmidt, Anne/Sépulchre, Marie (2019): »Citizenship: Reflections on a Relevant but Ambivalent Concept for Persons with Disabilities«, in: Disability & Society 34(3), S. 421–448.

Walgenbach, Katharina (2007): »Gender als interdependente Kategorie«, in: Gender als interdependente Kategorie. Neue Perspektiven auf Intersektionalität, Diversität und Heterogenität, hg. von Katharina Walgenbach, Gabriele Dietze, Antje Hornscheidt und Kerstin Palm, Opladen/Farmington Hills: Barbara Budrich Verlag, S. 23–64.

Walmsley, Jan (2004): »Inclusive Learning Disability Research: the (Non-disabled) Researcher's Role«, in: British Journal of Learning Disabilities 32, S. 65–71.

Walmsley, Jan/Johnson, Kelley (2003): Inclusive Research with People with Learning Disabilities. Past, Present and Futures, London/Philadelphia: Jessica Kingsley Publishers.

Wansing, Gudrun/Westphal, Manuela (Hg.) (2014): Behinderung und Migration. Inklusion, Diversität, Intersektionalität, Wiesbaden: Springer VS.

Wansing, Gudrun/Windisch, Matthias (Hg.) (2017): Selbstbestimmte Lebensführung und Teilhabe. Behinderung und Unterstützung im Gemeinwesen, Stuttgart: Kohlhammer.

Wasserman, David/Asch, Adrienne/Blustein, Jeffrey (2016): »Disability: Definitions, Models, Experience«. First published Friday, Dec 16, 2011, substantive revision Monday, May 23, 2016, in: The Stanford Encyclopedia of Philosophy, hg. vom Center for the Study of Language and Information (CSLI), Stanford University; Link: https://plato.stanford.edu/entries/disability/ (letzter Zugriff: 17.03.2020).

Waterfield, Bea/Whelan, Emma (2017): »Learning Disabled Students and Access to Accommodations: Socioeconomic Status, Capital, and Stigma«, in: Disability & Society 32(7), S. 986–1006.

Watermeyer, Brian/McKenzie, Judith/Swartz, Leslie (Hg.) (2019): Palgrave Handbook of Disability and Citizenship in the Global South, Cham, Switzerland: Palgrave Macmillan.

Watson, Nick (2020): »Agency, Structure and Emancipatory Research: Researching Disablement and Impairment«, in: Routledge Handbook of Disability Studies, hg. von Nick Watson und Simo Vehmas, Abingdon/New York: Routledge (2., vollständig rev. u. erw. Aufl.), S. 127–141.

Watson, Nick/Vehmas, Simo (Hg.) (2020): Routledge Handbook of Disability Studies, Abingdon/New York: Routledge (2., vollständig rev. u. erw. Aufl.).

Wendell, Susan (1996): The Rejected Body: Feminist Philosophical Reflections on Disability, New York: Routledge.
Wesselmann, Carla (2021): »Disability Studies in der Sozialen Arbeit«, in: Handbuch Disability Studies, hg. von Anne Waldschmidt, Wiesbaden: Springer VS (im Erscheinen).
Whitburn, Ben/Michalko, Rod (2020): »Blindness/Sightedness. Disability Studies and the Defiance of Di-Vision«, in: Routledge Handbook of Disability Studies, hg. von Nick Watson und Simo Vehmas, Abingdon/New York: Routledge (2., vollständig rev. u. erw. Aufl.), S. 219–233.
White, Glen W./Suchowierska, Monika/Campbell, Margaret (2004): »Developing and Systematically Implementing Participatory Action Research«, in: Archives of Physical Medicine and Rehabilitation 85(4 Supplement 2), S. S3–S12.
WHO (1980): International Classification of Impairments, Disabilities and Handicaps. A Manual of Classification Relating to the Consequences of Disease, Geneva: World Health Organization.
WHO (2001): International Classification of Functioning, Disability and Health: ICF, Geneva: World Health Organization.
Wilkerson, Abby (2015): »Embodiment«, in: Keywords for Disability Studies, hg. von Rachel Adams, Benjamin Reiss und David Serlin, New York/London: New York University Press, S. 67–70.
Wolbring, Gregor (2012): »Expanding Ableism: Taking Down the Ghettoization of Impact of Disability Studies Scholars«, in: Societies 2(3), S. 75–83.
Zander, Michael (2021): »Psychologie in den Disability Studies«, in: Handbuch Disability Studies, hg. von Anne Waldschmidt, Wiesbaden: Springer VS (im Erscheinen).
Zarb, Gerry (1992): »On the Road to Damascus: First Steps towards Changing the Relations of Disability Research Production«, in: Disability, Handicap & Society 7(2), S. 125–138.
Zemp, Aiha/Pircher, Erika (1996): »Weil das alles weh tut mit Gewalt«. Sexuelle Ausbeutung von Mädchen und Frauen mit Behinderung, Wien: Frauenministerium.
Zola, Irving K. (1972): »Medicine as an Institution of Social Control«, in: Sociological Review 4, S. 487–504.
Zola, Irving K. (1982): Missing Pieces: A Chronicle of Living with a Disability, Philadelphia: Temple University Press.

Zola, Irving K. (1989): »Toward the Necessary Universalizing of a Disability Policy«, in: The Milbank Quarterly 67(Supplement 2, Part 2), S. 401–428.

Zola, Irving K. (1994): »Towards Inclusion: The Role of People with Disabilities in Policy and Research Issues in the United States. A Historical and Political Analysis«, in: Disability Is Not Measles, hg. von Marcia H. Rioux und Michael Bach, North York, Ontario: G Allan Roeher Inst Kinsman, S. 49–66.

Anne Waldschmidt, ist Professorin für Soziologie und Politik der Rehabilitation, Disability Studies an der Humanwissenschaftlichen Fakultät der Universität zu Köln. Sie leitet die Internationale Forschungsstelle Disability Studies (iDiS). In ihrer Forschung verknüpft sie Disability Studies und Disability History mit Wissenssoziologie, Körpersoziologie, politischer Soziologie, Intersektionalitäts- und Biografieforschung, Diskurs- und Dispositivanalyse. Zu ihren Buchveröffentlichungen gehören u.a. *Handbuch Disability Studies* (Hg.) (2021), *Culture – Theory – Disability. Encounters between Disability Studies and Cultural Studies* (Hg. mit Hanjo Berressem und Moritz Ingwersen) (2017), *Selbstbestimmung als Konstruktion. Alltagstheorien behinderter Frauen und Männer* (2012) und *Das Wissen der Leute. Bioethik, Alltag und Macht im Internet* (mit Anne Klein und Miguel Tamayo Korte) (2009).